# 张其成全解道德经

张其成 著

华夏出版社
HUAXIA PUBLISHING HOUSE

图书在版编目（CIP）数据

张其成全解道德经 / 张其成著 . -- 2 版 . -- 北京：华夏出版社，2017.6（2025.11 重印）
（张其成国学经典全解丛书）
ISBN 978-7-5080-9171-6

Ⅰ.①张… Ⅱ.①张… Ⅲ.①《道德经》-研究 Ⅳ.① B223.1

中国版本图书馆 CIP 数据核字（2017）第 067540 号

## 张其成全解道德经

| | |
|---|---|
| 作　　者 | 张其成 |
| 责任编辑 | 黄　欣 |
| 责任印制 | 周　然 |

| | |
|---|---|
| 出版发行 | 华夏出版社有限公司 |
| 经　　销 | 新华书店 |
| 印　　刷 | 三河市少明印务有限公司 |
| 装　　订 | 三河市少明印务有限公司 |
| 版　　次 | 2017 年 6 月北京第 2 版<br>2025 年 11 月北京第 10 次印刷 |
| 开　　本 | 787×1092　1/16 开 |
| 印　　张 | 19 |
| 字　　数 | 350 千字 |
| 定　　价 | 42.00 元 |

华夏出版社有限公司　　地址：北京市东直门外香河园北里 4 号　　邮编：100028
　　　　　　　　　　　　网址：www.hxph.com.cn　　　电话：（010）64618981
若发现本版图书有印装质量问题，请与我社联系调换。

# 自 序

我们李家有一副对联:"道德五千言门第,皇王三百载人家。"我把它称为史上最牛的对联!这上联说的就是老子李耳,我们李家的祖先老子写了五千字的《道德经》。这下联谁都知道,是说我们李家唐朝当皇帝当了三百年,唐朝实际上是二百八十九年,约等于三百年。

"老子天下第一"!你瞧,我们姓李的多么自豪!老子是我们李家的骄傲。你一定会问了:"你怎么一口一个我们李家?你不是姓张吗?怎么姓李了?"是啊,我姓李啊,我真的姓李,姓是不能开玩笑的,我们发誓的时候常常会说:我姓字倒着写。"我本该姓李,因为我爸姓李(李济仁),我妈姓张(张舜华)。我爸嫁给了我妈,我妈家"张一帖"是祖传中医(已被列入第三批国家级非物质文化遗产),我爸曾跟我外公学医后来成了张家的上门女婿。当年他们结婚的第一个条件就是生个儿子要姓张,我是长子,所以我就姓张了。我给自己刻了一方闲章叫"张冠李戴"。你们看,我和"道"真是太有缘啊!我们李家始祖老子是道家创始人,我们张家先祖张道陵是道教的创始人。我和道家、道教有一种天然的、不寻常的缘分。另外还有一个小秘密,我小的时候,有一个远房亲戚,是一个还俗的道士,他经常给我讲道家的一些故事,教我道教的一些术数。后来我走上了国学研究这条"道",可能与这些先祖们有一定关系吧!

老子《道德经》是常读常新的,也是永远读不尽、读不透的!

2008年我出版了一本《张其成讲读老子大道之门》,这几年一直边阅读边思考,又有不少新的感悟、新的启发。这本《张其成全解道德经》,除保留并修订《张其成讲读老子大道之门》全部内容外,增加了近一倍的内容。

老子《道德经》五千个字,如果用一个字概括,显然就是"道",这个"道",当然包括天道、地道、人道,就人道来说,就有"见素抱朴"的为人之道、"以柔克刚"的谋事之道、"复归婴儿"的养生之道、"无为而治"的管理之道……

人生怎么才能圆满走完自己的"道"?世人只知道追求"多",老子却告诉我们要追求"少";世人只知道往上爬,老子却告诉我们要往下走;世人只知道坚强，老子却告诉我们要柔弱。越"少"才能越快乐，越"下"才能越高贵，越"柔"才能越强大。老子要我们反向思考、反向行动，你这样去做了，就可以使自己从浮躁的社会中获得一份宁静，回归自己的本性，回归淡定从容的心灵家园。

读《道德经》，让你改变人生态度和生命方式！

读《道德经》，让你获得心灵的从容、安宁、静美！

读《道德经》，帮你打开智慧、幸福的大门！

# 目 录 Contents

导语：打开智慧的大门　1
　　老子姓什么　1
　　老子生在什么时候　2
　　老子是哪里人　3
　　老子是个什么人　4
　　老子骑青牛紫气东来　4
　　老子和孔子的关系　6
　　《老子》这本书是谁写的　8
　　《老子》的版本　9
　　《老子》的注本　11
　　老子是暗解《周易》，孔子是
　　　　明解《周易》　12
　　《老子》的哲学——"道"　15
　　宇宙本原之道　16
　　变化规律之道　19
　　认识方法之道　20
　　《老子》的人生智慧　21
　　"无为而治"的治国之道　22
　　"复归婴儿"的养生之道　24
　　"见素抱朴"的为人之道　26
第一章　道可道，非常道　30
第二章　天下皆知美之为美　42
第三章　不尚贤　48
第四章　道冲不盈　52
第五章　天地不仁　55

第六章　谷神不死　57
第七章　天长地久　59
第八章　上善若水　62
第九章　功成身退　67
第十章　营魄抱一　71
第十一章　三十辐共一毂　74
第十二章　五色令人目盲　78
第十三章　宠辱若惊　81
第十四章　视之不见　85
第十五章　古之善为道者　89
第十六章　致虚极守静笃　93
第十七章　太上不知有之　97
第十八章　大道废有仁义　100
第十九章　绝圣弃智　102
第二十章　唯之与阿　105
第二十一章　孔德之容　109
第二十二章　曲则全　112
第二十三章　希言自然　115
第二十四章　企者不立　119
第二十五章　有物混成　122
第二十六章　重为轻根　127
第二十七章　善行无辙迹　130
第二十八章　知雄守雌　134
第二十九章　圣人三去　138
第三十章　不以兵强天下　141

| 第三十一章 | 兵者不祥之器 | 144 | 第五十七章 | 以正治国 | 221 |
| 第三十二章 | 道常无名 | 147 | 第五十八章 | 其政闷闷 | 224 |
| 第三十三章 | 自知之明 | 151 | 第五十九章 | 治人事天 | 228 |
| 第三十四章 | 大道泛兮 | 155 | 第六十章 | 治大国若烹小鲜 | 231 |
| 第三十五章 | 执大象,天下往 | 158 | 第六十一章 | 大国者下流 | 234 |
| 第三十六章 | 欲取先予 | 161 | 第六十二章 | 道者万物之奥 | 237 |
| 第三十七章 | 道常无为而无不为 | 164 | 第六十三章 | 为无为 | 240 |
| 第三十八章 | 上德不德 | 167 | 第六十四章 | 其安易持 | 243 |
| 第三十九章 | 昔之得一者 | 171 | 第六十五章 | 古之善为道者 | 246 |
| 第四十章 | 反者道之动 | 175 | 第六十六章 | 江海为百谷王 | 249 |
| 第四十一章 | 上士闻道 | 179 | 第六十七章 | 我有三宝 | 252 |
| 第四十二章 | 道生一 | 182 | 第六十八章 | 善为士者 | 259 |
| 第四十三章 | 天下之至柔 | 185 | 第六十九章 | 用兵有言 | 262 |
| 第四十四章 | 名与身孰亲 | 187 | 第七十章 | 吾言甚易知 | 265 |
| 第四十五章 | 大成若缺 | 190 | 第七十一章 | 知不知 | 267 |
| 第四十六章 | 天下有道 | 192 | 第七十二章 | 民不畏威 | 269 |
| 第四十七章 | 不出户知天下 | 194 | 第七十三章 | 勇于敢则杀 | 271 |
| 第四十八章 | 为学日益 | 197 | 第七十四章 | 民不畏死 | 274 |
| 第四十九章 | 圣人无常心 | 199 | 第七十五章 | 民之饥 | 277 |
| 第五十章 | 出生入死 | 202 | 第七十六章 | 人之生也柔弱 | 280 |
| 第五十一章 | 道生之 | 205 | 第七十七章 | 天之道 | 282 |
| 第五十二章 | 天下有始 | 208 | 第七十八章 | 天下莫柔弱于水 | 285 |
| 第五十三章 | 使我介然有知 | 211 | 第七十九章 | 和大怨必有余怨 | 289 |
| 第五十四章 | 善建者不拔 | 213 | 第八十章 | 小国寡民 | 291 |
| 第五十五章 | 含德之厚 | 216 | 第八十一章 | 信言不美 | 294 |
| 第五十六章 | 知者不言 | 219 | | | |

# 导语：打开智慧的大门

如果说孔子是中华民族的第一圣人，那么老子无疑就是中华民族的第一智者、第一哲人。

老子写的《道德经》（又称《老子》）如果用一个字来概括，那就是"道"。所以老子是道家的创始人，他的《道德经》为道家奠定了理论基础，是道家的开山之作。其实《道德经》更是一部充满智慧和哲理的经典，老子是中华民族智慧的最高代表，为我们打开了一扇智慧大门。

## 老子姓什么

老子是不是姓"老"？"老"究竟是什么意思？有人说就是一个姓，就是姓老。也有人说这个"老"就是一个尊称，对年长者的尊称，这个到现在谁也没有搞清楚。不过，中国历史上的的确确有姓老的，这个没问题。我们在史籍里面能找到好多姓老的。

可是我们老百姓一般都知道老子不姓老，而是姓李。这是源于司马迁的说法。《史记·老子韩非列传》中说："老子者……姓李氏，名耳，字伯阳。谥曰聃。"所以李家都把老子当成自己的祖先。到了唐朝，开国皇帝李渊追尊老子为始祖。唐玄宗李隆基非常崇拜老子，封老子为"玄元皇帝"，后来还有更高的称谓。他还为

《道德经》作批注。他执政期间建造规模宏大的"太清宫",供奉老子。现在苏州"玄妙观"里还保留一块老子"三绝"碑,碑文就是唐玄宗写的,颜真卿书,吴道子画。

老子叫李耳,又叫李伯阳,去世后叫老聃(音单)。"聃"就是耳朵。"聃"是谥号,就是去世之后给他的称号,"聃"就是根据"耳"而来的。李耳,老聃,意思上是相通的。

老子的字叫伯阳,伯就是老大,古代兄弟排行次序为伯、仲、叔、季,或孟、仲、叔、季。史书上没有记载老子有没有兄弟,但从这个"伯"上可以断定老子排行老大。孔子排行老二,因为孔子字仲尼。为什么老子要取字为"阳"?我们大家都了解老子是崇尚"阴"的,为什么要叫伯阳?还有《老子》的通行版本是八十一章,为什么用八十一这个数?九九八十一,九九是最大的阳数,可是他却取了这个最大的阳数,为什么?其实一想就明白了,物极必反,阳到极点就变为阴了。"伯阳"不是一般的阳,而是到了极点的阳,所以马上就变为阴了。

## 老子生在什么时候

老子像

《史记》说老子有三个:第一个老子是春秋中期的,就是李耳,又叫老聃;第二个老子是春秋晚期人,叫老莱子;第三个老子是战国后期人,叫太史儋。"儋"与"聃"同音。

我们说的老子当然就是这第一个老子李耳。这位老子生活在人类文化的"轴心期时代"。老子、孔子、释迦牟尼这三位东方圣人都是那个时代的。简单介绍一下,老子是东方三圣中年纪最大的,生于公元前五八五年农历二月十五(夏历),所以每年农历二月十五被称为"老诞日",即老子诞生的日子。年纪其次的是释迦牟尼,生于公元前五六五年四月初八(夏历)。第三位是孔子,生于公元前五五一年八月二十七(夏历),公历九月二十八日。从这里看，我们知道老子早于孔子三十多岁。历史有记载，说孔子曾经向老子问过礼仪，孔子事后对他的弟子说："吾今日见老子，其犹龙邪！"可见老子在当时是一个非常有影响力的人。老子在这三人中年龄最大，究竟活了多少岁呢？有记载说活了八十五岁，可是《史记》记载为"不知所终"，就是说不知道活了多少岁。

《史记》又补充作了说明："盖老子百有六十余岁，或言二百余岁，以其修道而养寿也。"有人说他活了一百六十多岁，也有人说活了二百多岁，就是因为修道而长寿，所以历代道家都追求长寿。

## 老子是哪里人

那么，老子是哪里人呢？按照《史记·老子韩非列传》的记载："老子者，楚苦县厉乡曲仁里人也。"老子出生于春秋时期楚国的苦县厉乡曲仁里这个地方，相当于现在说的一个村，这写得很详细，在所有的诸子百家中，唯独对老子的出生地说得是最具体的，具体到了村。

正因为如此具体，所以反而搞不清楚了。一般认为《史记》记载的是现在河南省鹿邑县这个地方。后来，安徽的涡阳也找到了大量可信的依据，证明老子是涡阳人。其实鹿邑和涡阳离得很近，这一带在当时都属于楚国苦县。怎么知道的呢？我们可以去查一本书，是谭其骧教授写的，他是著名的历史地理学家，中国科学院的院士，他有一本代表作，叫《中国历史地图集》，我查过，当时苦县这一带，实际上就是涡阳、鹿邑这一片。所以老子可能在这两个地方都生活过。我到河南去讲课时就说，老子是我们河南鹿邑人。我到安徽去讲课时，我就说，老子是我们安徽涡阳人。你看，他们都喜欢我吧。你要说了，你这个人怎么能这样没有原则呢？不急，我先告诉你一个关于诸葛亮草庐之争的故事。

诸葛亮当年隐居的草庐究竟在哪里？是河南南阳卧龙岗还是湖北襄阳古隆中呢？这个问题从明代开始一直争论不休，直至清咸丰年间，有一个人写了一副对联，争论才有所停息。这个人是湖北人，但却做了南阳郡守，叫顾嘉衡，他写的对联是："心在朝廷，原无论先主后主；名高天下，何必辨襄阳南阳？"就是说，诸葛亮心在朝廷，一心为朝廷，无论是先主刘备，还是后主刘禅，他都是忠心耿耿地侍奉君主。他的名声已经遍满天下了，究竟是在襄阳还是在南阳又何必要去争论，要去分辨呢？这胸怀多博大。所以我们还是要心量放大一点，没有必要非去争个你死我活。究竟老子是哪里人呢？你千万不要考证到外国去就行了。总之，老子就是一个了不起的中国人。现在，对名人的故里之争已经愈演愈烈。这个争论虽然也是好事情，但是在没有可信的证据、没有新的考古发现的情况下，为利益而争，过于较真，甚至于意气用事，那就对不起古人了！

## 老子是个什么人

《史记》中记载老子做过"周守藏室之史"，也就是周代的国家守藏室的史官。老子生活的那个时代是东周。守藏室是什么呢？就是收藏图书、档案的地方，相当于国家图书馆、档案馆。当然，里面不仅仅是有图书、档案，还有文物，就是说老子是周代的国家图书馆的馆长，当了三十年的馆长。所以他特别有学问。注意是"史"不是"吏"，有人搞错了，说老子是守藏吏。"吏"的地位很低，比如孔子做过委吏，那只是一个管理仓库的小官。"史"却不同，地位很高，级别很高。

老子静心博览群书，冷眼观望世界，一心"修道德"。这是司马迁对老子的总结，"老子修道德。其学以自隐无名为务"。他的人生目标、他的学问追求概括起来就一个，那就是"自隐无名"。"务"，就是追求。

老子无意为官，"居周久之，见周之衰，乃遂去"。老子居住在周的首都，当时是东周，首都就是现在的洛阳，在那里居住了很久。他看见周朝已经日渐衰落，当时周天子已经不能命令天下诸侯了，所以他决定离开首都。到哪里去呢？他往西走，从洛阳继续往西走，到了函谷关，这个关口就像是凹下去的山谷，所以叫函谷，也就是现在的河南省灵宝市境内一个幽深险峻的关口。老子在函谷关给我们留下了一个美丽的故事。

## 老子骑青牛紫气东来

当时函谷关的关令叫尹喜，又名关尹子，这个人后来被道教奉为著名的真人——尹真人，又称文始真人，在道教地位很高。

尹喜精通天文。有一天，尹喜观察天象，突然发现"紫气东来"，一团紫色的瑞气从东边慢慢地飘拂而来，他立即预感到肯定会有一个不平凡的"贵人"到来，于是他走出关外去迎接，果然看到一个老人，白白的胡子，白白的头发，骑着一头青牛缓缓而来。尹喜立即迎上去，施大礼，并力邀老子去他的隐居之地。当时人只知道尹喜是周朝的大夫，却不知道他还善于内学星宿，服精华，擅医道。老子一看此人不俗，是个奇人，就答应了他的要求，跟他一起到了"结草为楼，夜观天象"的草楼上，这就是后来被称为道教第一道观的"楼观台"（位于现在的陕西省周至县境内）。在这个楼上，尹喜十分诚恳地对老子说："子将隐矣，强为我著书。"意思是，你马上就要归隐了，可是你没有留下只言片语，你的伟大思想不就要埋没了吗？这是多么可惜啊。请勉强为我们留下你的思想吧，烦劳你给我们写一本书吧。就这样，老子勉为其难，写了这本《道德经》，寥寥数语，几千个字。当然，我们现在看到的这本《道德经》，是后来经过了多次修改、补充的。现在楼观台这个地方，还保留

老子出关图

有老子说经台、老子墓、尹喜观星楼，秦始皇也到这里朝拜过，所以留下了秦始皇的清庙，后来汉武帝等历代很多皇帝都去过，楼观台就成为天下第一福地。道教里讲三十六洞天，七十二福地，这个楼观台，就成为道教第一观。尹喜也成为老子的第一个弟子。

老子留下这本《道德经》之后，就离开了。"言道德之意五千余言而去，莫知其所终。"写完之后，尹喜还继续挽留他，希望他在这里传道。可是老子没有答应，而是骑着青牛继续向西走，这一去就没有人知道到哪里去了，也不知道他何时去世了。这是《史记》的记载，叫"莫知其所终"。到汉代的时候，有一种说法，说老子最后去了古印度，到古印度之后，最终变成了释迦牟尼，这是东汉人的说法，这是"老子化胡"说，化成一个胡人了。当然，这种说法是不可信的。那时正是佛教传入中国的时候，当时的汉人一开始是排斥佛教的，后来发现释迦牟尼的佛教和老子学说很相近，就编造了这种说法。

《史记》还记载了老子的后代："老子之子名宗，宗为魏将，封于段干。宗子注，注子宫，宫玄孙假，假仕于汉孝文帝。而假之子解为胶西王卬太傅，因家于

齐焉。"如果做一个家谱，那就是：老子李耳——李宗（曾经当过魏国的大将，封地在段干）——李注——李宫……李假（汉文帝的时候做过官）——李解（曾经做过胶西王卬的太傅，后来定居在齐国）。

## 老子和孔子的关系

处于同时代的两位巨人——老子和孔子是不是见过面呢？《史记·老子韩非列传》上有一段记载，显示两人见过面，孔子特地到周去拜见过老子，向老子请教过礼仪。按这种说法，二人还有一点师生关系呢。《史记》说"孔子适周"，适是什么意思？适是走字旁，和走路有关，是去、往的意思。孔子到了周这个地方，也就是到了洛阳。"将问礼于老子"，他要向老子问礼仪，问周礼。从前面说过的孔、老、释三个人的出生时间可以看出，老子比孔子要大三十多岁，所以这个是比较符合事实的。孔子曾经拜年长的老子为师，但这个老师主要是教他礼仪。这是《史记》的记载，一般来说，春秋战国时期诸子百家的生平事迹，所依据的最有力的材料就是《史记》，因为它去古不远，况且作者司马迁受到那么大的身心磨难还顽强写作，怎么会说假话呢？从这里就可以看出，孔子曾经向老子问过礼。当时已是礼崩乐坏，知道周礼的人非常少了，老子作为周守藏室的史官，当然知道周礼。我们从近年出土的《老子》竹简本中可以看出，老子并不反对礼。

孔子见老子图

那么，老子是怎么回答孔子的呢？老子说："子所言者，其人与骨皆已朽矣，独其言在耳。且君子得其时则驾，不得其时则蓬累而行。吾闻之，良贾深藏若虚，君子盛德容貌若愚。去子之骄气与多欲，态色与淫志，是皆无益于子之身。吾所以告子，若是而已。"从这段话里，就可以看出老子的为人和思想。老子好不客气地说："你说的那些懂得礼仪的人，都已经腐朽了，骨头都烂了。唯独他们说的言论还在。那么，作为一个君子，他不是说要懂得这种礼仪，就能够通行天下，而是要看这种礼仪，是不是符合这个时代的精神，如果合时、适时，那就能够统治天下，就像大鹏一样高瞻远瞩；如果不合时，那就只能像鸟雀在低矮的蓬蒿中飞行。我听说，善于做生意的人把财产深深地藏起来，不露富，好像空无一物。君子品德高尚，但他们的容貌却像很愚钝，不会让你从外表看出来。你一定要去除你身上的那种骄气，那种欲望，那种华贵的外貌，还有那种过分的意志，那些东西对于你的身体是没有一点好处的。我所以这么直截了当地告诉你，就是这个原因。除了这些话，我不能教你什么了。"这就是老子和孔子的一番对话。

孔子听了之后，十分佩服。孔子离开老子后，弟子们就问孔子的感受，孔子说了一段非常精彩的话。从这段话里，我们可以看出孔子对老子的无限崇敬之情。孔子说："鸟，吾知其能飞；鱼，吾知其能游；兽，吾知其能走。走者可以为罔，游者可以为纶，飞者可以为矰。至于龙，吾不能知，其乘风云而上天。吾今日见老子，其犹龙邪！"意思是说，对于鸟，我知道它们能在空中飞；鱼，我知道它们能在水中游；兽，我知道它们能跑（古代的走就是跑）。走兽我可以用网逮住它，游鱼可以用渔网捕获它，飞鸟可以用箭射下它。老子像什么？他既不是飞鸟，又不是走兽，

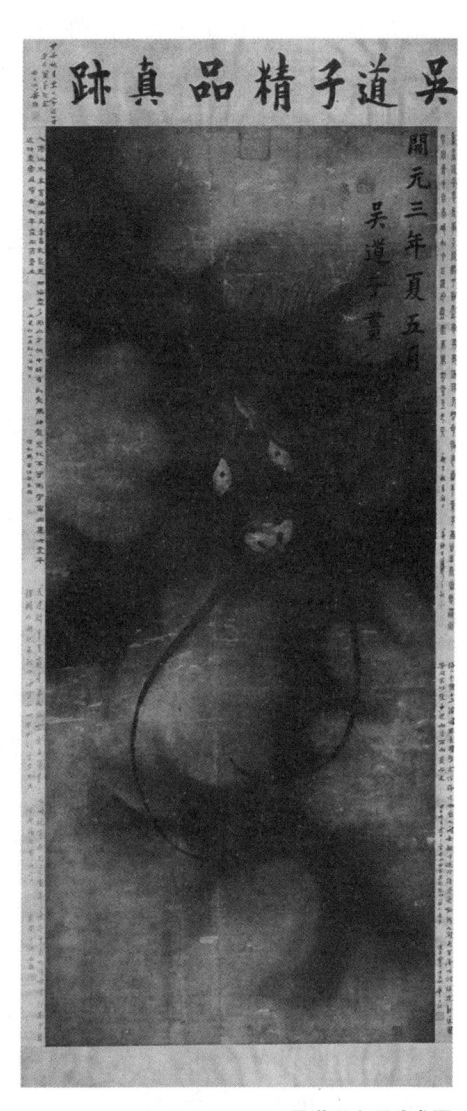

吴道子老子犹龙图

也不是游鱼，他是龙。至于龙，我不知道用什么办法能获取它，因为它可以乘风云而直上青天。我今天拜见了老子，老子就像一条神龙啊！

　　这个故事就是历史上非常有名的"二子相见"，应该说比较符合事实。孔子曾经向老子问过礼，可是老子没有教他，反而还把他教训了一番，但是孔子不仅没有生气，反而十分佩服，并把老子比喻为不可捉摸、见首不见尾的神龙。很多人都以为这个故事是以孔子来反衬老子，其实是互相映衬。你看，孔子在受到老子教训之后，不恼不怒，心悦诚服，谦卑礼敬，这是多么宽广的胸怀！

　　可是后世学者往往把老子和孔子、道家和儒家对立起来，"世之学老子者则绌儒学，儒学亦绌老子"。后世道家贬低儒家，儒家贬低道家。"'道不同不相为谋'，岂谓是邪？李耳无为自化，清静自正。"道不同不相为谋，大概说的就是这回事吧。司马迁把老子的全部学术思想，归纳为八个字——无为自化，清静自正。这八个字太重要了，是对老子之"道"的最简明的概括，我们后面会详细说明。

## 《老子》这本书是谁写的

　　《史记》说有三个老子，一个是李耳，也就是做过周守藏室之史、孔子问过礼的老子，另外还有两个老子，一个是老莱子，一个是太史儋。先看第二个老子，"或曰，老莱子亦楚人也，著书十五篇，言道家之用，与孔子同时云"。也就是说，第二个老子老莱子比老聃要稍微小一点，和孔子同时，也是楚国人，写了一本书有十五篇，阐发道家之理。关于老莱子的历史记录较少。

　　再看第三个老子，"自孔子死之后一百二十九年，而史记周太史儋见秦献公曰：'始秦与周合而离，离五百岁而后合，合七十岁而伯王者出焉。'或曰儋即老子，或曰非也，世莫知其然否"。这个周太史儋，就是第三个老子，他在孔子去世之后一百二十九年曾拜见秦献公，可见他是战国晚期人，也是掌管图书、历史档案的官员，他曾经协助秦献公而霸天下。多种古籍记载了他西出函谷关见秦献公的事迹。有可能老子西出函谷关作《老子》的传说与这位太史儋有关系。他对秦献公说："早先我们秦和周是合在一起的，后来分开了，分开了五百年又合在一起，分久必合，合久必分，分分合合，合合分分，合在一起七十年后，霸王秦穆公就出现了。"太史儋写的书，是讲帝王怎样成就霸业，是给帝王看的，称为"南面之术"。所以有人怀疑《老子》这本书就是太史儋写的。世人有的说太史儋就是老子，有的说不是。我们不去管他了，就说《老子》这本书。

《老子》这本书究竟是哪个老子写的？是不是第一个老子（李耳）写的？后来人对此有争议。所幸的是，近几十年来出土了《老子》的竹简本和帛书本。竹简本《老子》是战国中期的，帛书本《老子》是汉代初年的，这两个版本和通行本《老子》有较大的区别。从内容上分析，可以看出，竹简本与第一个老子关系最大，通行本则与太史儋的关系最大。

由此看来，《老子》这本书不是一人一时的著作，而是经过了至少两个"老子"的创作而成。

## 《老子》的版本

《老子》之所以又叫《道德经》，是因为这本书分为《道经》和《德经》两大部分。

《老子》至少有三个版本，一个是通行本，一个是帛书本，一个是竹简本。通行本主要指魏晋时期王弼注释的底本，帛书本是一九七三年从湖南长沙马王堆汉墓中出土的，分为甲、乙两种，是战国末期到汉代初年的版本，字数在五千字左右。竹简本是一九九三年从湖北荆门郭店楚墓中出土的，分甲、乙、丙三种，是战国中期的版本，字数近两千字。

比较这三个版本，通行本与帛书本最大的不同是排序不同，通行本是《道经》在前，《德经》在后；帛书本是《德经》在前，《道经》在后。除了文字上的差异外，内容差异不是很大。但竹简本与通行本的差异则很大，竹简本（楚简本）比通行本少三千多字，很多内容没有，还有一些内容不同。

最大的不同是通行本有反对仁义、礼仪的内容，而竹简本却没有。比如通行本第十九章提出要"绝圣弃智"、"绝仁弃义"，而竹简本却写着"绝智弃辩"、"绝伪弃诈"。通行本第十八章"大道废，有仁义；智慧出，有大伪；六亲不和，有孝慈；国家昏乱，有忠臣"，郭店竹简本却多了一个"安"字："大道废，安有仁义；六亲不和，安有孝

马王堆汉墓帛书《道德经》

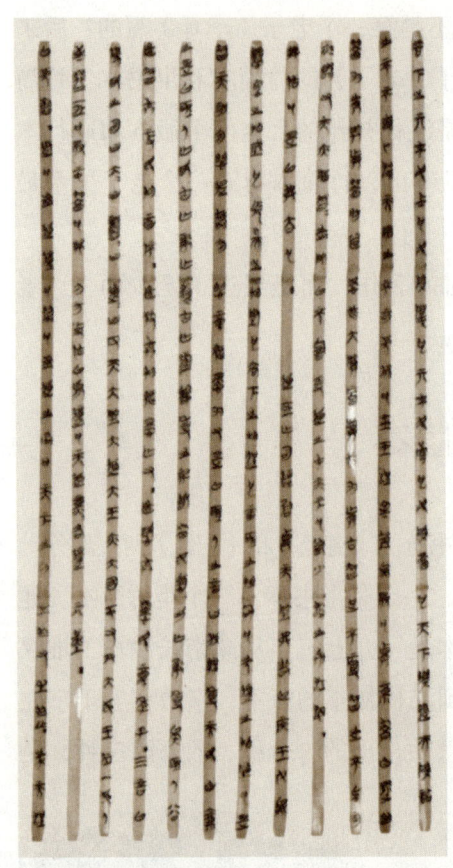

郭店楚墓竹简《道德经》

慈；邦家昏，（安）有正臣。"帛书甲本也有"案（安）"字："故大道废，案有仁义；知快出，案有大伪；六亲不和，案有畜兹；邦家闷乱，案有贞臣。"帛书乙本基本相同："故大道废，安有仁义；知慧出，安有□□；六亲不和，安有孝兹；国家闷乱，安有贞臣。""安"是疑问词，有"哪里"、"难道"的意思。大道废弃了，哪里还有仁义？而通行本却是：大道废弃了，才有仁义。意思恰好相反。很明显，通行本《老子》是反对仁义的，而竹简本《老子》是不反对仁义的，这与孔子问礼于老子的记载是一致的。如果老子反对礼仪或不懂礼仪，那孔子怎么会不远千里去向老子讨教呢？通行本这么强烈地反对仁义的思想，是后人（老莱子、太史儋）的思想。也就是说老子和孔子还是和平共处、互相尊崇的，后来的道家和儒家才截然对立、针锋相对。

　　我有一个好朋友专门研究竹简本和帛书本，有一次他对我开玩笑地说："老张，你研究通行本没有我研究竹简本和帛书本有价值，因为你研究的比我研究的时间上要晚得多了。"当时我是这么回答的："你的研究价值的确非常大，竹简本、帛书本的历史价值、学术价值的确非常高。可通行本的思想价值、文化价值也是不可低估的。通行本在历史上流传将近两千年了，竹简本才挖出来十多年，帛书本也才三十多年，所以对中国历史的影响，对中国思想文化的影响，还是通行本大啊。"不久以前，有一位晋城的朋友给我打电话："网上在传说你反对研究竹简本、帛书本，只研究通行本就可以了。这是真的吗？"当时我是哭笑不得，我从来没有反对，也没有资格反对研究竹简本、帛书本，虽然自感资质愚钝，也对简帛本做过粗略研究。就对先秦、汉初学术史、思想史的发生、流变而言，简帛本十分重要；就对中国汉晋以后文化史、思想史的影响而言，通行本十分重要。三个版本各有千秋，不可替代。所以这本书就是以通行本为主要底本，也参考了竹简本和帛书本。

# 《老子》的注本

《老子》这本书在历史上有什么样的影响？对我们今天还有没有价值？对这个问题，我们只要考察一下历史就会发现，《老子》的影响甚至比《论语》的影响还要早、还要长。早在战国时期，就有一个非常有名的人叫韩非子，谁都知道他是法家的集大成者，他写的书叫《韩非子》。他的书就把《老子》收录了，而且还进行了解释。《韩非子》中有两篇关于《老子》的文章，一篇叫《解老》，一篇叫《喻老》。这两篇文章可以看成是老子的最早注本。值得一提的是，《解老》的次序正是《德经》在前，《道经》在后，和帛书本次序一样。可见《老子》是《韩非子》思想的重要来源，无怪乎《史记》将老子和韩非子合在一起作传，叫《老子韩非列传》。

历史上先后有五位皇帝给《老子》作过注释。第一位是梁武帝，第二位是唐玄宗，第三位是宋徽宗，第四位是明太祖，第五位是清世祖顺治皇帝。由此可见《老子》的影响有多大。

历史上解释《老子》的书非常多。有一个人对《老子》的传播作出了非常大的贡献，他通过解释《老子》开创了中国的本土宗教——道教，这个人就是东汉时期的张道陵。张道陵是怎么创立道教——"五斗米教"的呢？就是因为他借《老子》写了一本书，叫《老子想尔注》，他在里面说了这么一句话："散形为气，聚形为太上老君。"将老子神化为太上老君。老子讲"道"，"道"是一个最高的本体，这个"道"散开之后就变成气了，气又融化在万事万物当中，也融化在我们每个人的心里。"道"汇聚起来，就变成太上老君，太上老君就是老子，他把所有的精气，包括日月之神气、天地之灵气，都汇集起来。老

太上道德天尊图

子——太上老君，就是"道"的化身，是最高本体的化身，所以就成为道教最高的神、最高的主宰。张道陵尊老子为教主，创立了"五斗米教"，也就是道教。

在汉代还有一个叫河上公的人，他从养生的角度解释《老子》，将《老子》看成一部养生宝典。

魏晋时期的王弼注释则被公认是第一流的。王弼只活了二十四岁，可他留下了两部经典的注本，并成了千古绝唱，一本是《老子注》，一本是《周易注》。这两本书的影响太大了，所以这两本书的版本就成为《老子》和《周易》的通行版本。王弼也成为魏晋玄学的奠基人。王弼《老子注》成为第一部系统地阐述玄学理论的著作，标志着哲学由宇宙论向本体论、由神学向思辨哲学的转变，代表和影响了一个时代哲学发展的趋向。他的书不仅是后世《老子》的通行版本，而且是研究《老子》最重要的版本。

历史上还有很多名人注释过《老子》，如魏徵、王安石、苏轼、朱熹、归有光等。许多佛门高僧也注释过《老子》。

本书所采用的版本主要就是王弼的注释本，此外还参考了现代出土发现的竹简本和帛书本。本书的注释除了参考王弼注和其他各家注释外，主要还是自己多年的感悟。本书每一章的题目不是原本上有的，而是为了大家阅读方便，根据每章的意思加上去的。

## 老子是暗解《周易》，孔子是明解《周易》

中国文化的源头是"六经"——易、书、诗、礼、乐、春秋，当代国学大师马一浮说："国学者，六艺之学也。"六艺就是六经，而《易》为六经之首，大道之原。史书记载：伏羲作八卦，神农炎帝作了第一部《易经》——《连山易》，所以神农氏又称连山氏；轩辕黄帝作了第二部《易经》——《归藏易》，所以轩辕氏又称归藏氏；周文王姬昌作了第三部《易经》——《周易》。史书又记载，夏代尊崇《连山易》，商代尊崇《归藏易》，周代尊崇《周易》。遗憾的是，前两部《易经》早就失传了。那么究竟是不是神农作《连山易》，黄帝作《归藏易》？《连山易》《归藏易》究竟是什么样子？这些问题已经成了千古之谜。

不过在春秋战国时期，《连山易》《归藏易》还是存世的，这从当时的诸子著作中可见端倪。我有一种强烈的感觉，墨子是受到了《连山易》的影响，老子是受到了《归藏易》的影响，而孔子则毫无疑问受到了《周易》的影响。为什么这么说？因为虽然《连山易》《归藏易》失传了，但这两部《易经》的第一卦还是可以推出来的，《连山易》的第一卦是艮卦，《归藏易》的第一卦是坤卦。艮卦为山，为止，代表了山民的思想，墨子的兼爱、非攻、尚贤、尚同、节用、节葬、非乐、天志、明鬼、非命，与艮卦大义可谓一脉相承。再看坤卦，坤为大地，为母亲，老子思想是对坤卦的最完美、最典型的发挥。至于孔子思想则是对《周易》第一卦乾卦的最完美、最典型的发挥。

孔子是明解《周易》，这一点已被越来越多的人所认同。本来孔子解《易》不是什么问题，孔子自己就说过："假我数年，五十以学《易》，可以无大过矣。"《史记》也记载："孔子晚而喜《易》，序《彖》《系》《象》《说卦》《文言》，读《易》，韦编三绝。"可是偏偏后来有人就怀疑，从北宋欧阳修开始怀疑，到了"五四"以后，疑古派更是怀疑一切、否定一切，说孔子根本就没有作《易传》，这一说法几成定论。好在二十世纪七十年代以来陆续出土了一批帛书、简牍，这些出土文献用铁的事实告诉我们，古人没有说谎，没有骗人！你想古人要骗你干吗？他要你的钱吗？要你的人吗？无端怀疑古人，对古圣先贤没有敬畏之心，对圣人之言没有敬畏心，这正是当代中国最大的危机——信仰危机！

竹简本《周易》

一九七三年，湖南长沙马王堆汉墓出土了帛书本《周易》，其中《易传》中的"子曰"很多地方直接写作"孔子曰"，比如在《二三子问》这一篇中，对乾（键）卦、坤（川）卦等卦爻辞的解释就直接写作"孔子曰"。在《要》篇中明确说："夫子老而好《易》，居则在席，行则在囊。"随着阜阳汉简《周易》、上海博物馆收藏的战国楚简《周易》这些文献的发掘出土，已有越来越多的证据说明孔子作《易传》是真实的，当然不一定是孔夫子亲自写的，而是孔子的弟子或者弟子的弟子写的，好比《论语》，《易传》和《论语》一样反映了孔子的思想，这一点是确定无疑的。

再来看老子，刚才讲了《老子》是对《归藏易》的继承和发扬，不过遗憾的是《归藏易》后来失传了，虽然一九九三年湖北江陵王家台出土了战国简书《归藏易》，但毕竟不全，还有待以后进一步的出土发现和深入研究。我们现在只来看一看《老子》和《周易》的关系。《老子》这本书中并没有直接提到《周易》卦爻象、卦爻辞，但并不能说两者没有关系。我认为老子是暗解《周易》。首先从时间上看，《周易》经文至迟是西周初年成书的，比东周春秋末期的老子要早四五百年，老子又是国家图书馆馆长，不可能不对《周易》这本重要的典籍进行研究。再来看《老子》书中的一些重要论述。

老子是崇尚"道"的，老子的"道"是无为之道、柔弱之道、虚静之道，这是对《周易》坤卦的最好发挥。孔子崇尚乾卦，崇尚阳刚之道；老子崇尚坤卦，崇尚阴柔之道。老子将"道"比喻成女性（童女、母亲、玄牝）——"无名天地之始，有名万物之母。""谷神不死，是谓玄牝。玄牝之门，是谓天地根。"《周易》坤卦就是女性，就是母亲，坤卦卦辞说"利牝马之贞"，"牝"就是雌性生殖器，与"牡"——雄性生殖器刚好相对。老子重阴轻阳，将阴放在第一位，"万物负阴而抱阳"，说"阴阳"，而不说"阳阴"。这和孔子重阳轻阴恰好相反。

"易"的最基本意思就是变易、变化，这种思想对老子产生了重要影响，老子的"道"是变动不居的，变易、变动是"道"的最基本属性之一，而变易、变动的基本规律就是"反"、"反动"——"反者道之动"，反向地运动、周而复始地运动。这正是对《周易》的最好解读，"周易"的"周"固然有周文王、周代的意思，可深层意思却是"周期、周旋"，"周易"就是周期变化，《周易》六十四卦从乾、坤开始到既济、未济结束，表明就是一个大的循环周期，到既济是第一个周期的结束，未济又是下一个周期的开始，周而复始，循环往返，永不停止。这个秘密被老子一语道破——"反者道之动"。老子多次提到"反"，如："大曰逝，逝曰远，远曰反。"有时候说"复"、说"归"，如"复归于无物"、"复归于婴儿"、"复归于无极"、"复归于朴"、"夫物芸芸，各复归其根。归根曰静，是谓复命；复命曰常，知常曰明。"这是对《周易》复卦"反复其道"的最好解读。

此外，老子的一些深层思想如果不结合《周易》是很难解释的，如为什么"三生万物"（第四十二章）？"三"究竟是什么？实际上"三"既是虚指"中和"，又是实指"三"，这个"三"当然不是第三种东西，而是暗合了三爻组成的八卦，阴阳二爻组合三次就是八卦，八卦就代表了万事万物。

为什么"治人事天莫若啬"（第五十九章）？《周易》坤卦为吝啬，坤为母亲，为母爱，为爱惜，为吝啬。老子解读为无论是治理人民还是敬奉天道，都要吝啬，要珍惜，不能随意耗散精气神。遗憾的是，现在一提"啬"就认为是贬义词。

为什么"上善若水"（第八章）？《周易》水为坎卦，坎卦有下陷的意思，表示居下、不争。坎卦"有孚维心，亨，行有尚"，虽然处于坎坷危险的地方，可是因为始终用诚信维系一颗纯真、质朴的心，所以能够化险为夷，行为举止才能亨通、高尚。老子从中看出越是往低处走，反而越高尚、越高明。

为什么"不如守中"（第五章）？《周易》六十四卦每一卦都是由阴阳两爻六次组合而成，每一卦又可看成两个三爻的八卦，而第二爻和第五爻分别处在下卦的中间和上卦的中间，这两根处于中位的爻往往都是吉的。

这样的秘密还有很多很多，你如果不寻根求源，不用《周易》来解释，是很难解开这些秘密的。

这里我还要说一个秘密，你们知道老子和孔子的坐骑吗？他们的坐骑是不同的，老子骑牛，孔子骑马——坐马车，为什么？要知道这两个不同的坐骑就是他们思想的象征，是两个文化符号，这是告诉我们老子重阴、孔子重阳，你如果看过《周易》就知道了：马为乾卦，为阳刚；牛为坤卦，为阴柔。

## 《老子》的哲学——"道"

《老子》是一部伟大的哲学著作。什么是哲学？权威的定义是：关于世界观的学说，是自然知识和社会知识的概括和总结。"哲学"源出希腊语 philosophia，转换成英文 philosophy，意即爱智慧。一八七四年日本学者西周第一次用汉文翻译成"哲学"。《说文解字》说："哲，智也。"

《老子》就是这样一部关于世界观的伟大的智慧学。中国哲学所研究的世界观最重要的是人生观、生命观。胡适在《中国哲学史大纲》中指出："凡研究人生且要的问题，从根本上着想，要寻求一个且要的解决。"这样的学问叫做哲学。冯友兰在《中国哲学简史》中提出哲学定义："就是对于人生的有系统的反思的思想。"我仿照先师的定义，曾下过一个定义："哲学是使人获得终极关怀和心灵提升的智慧乐园。"（《中医哲学基础》）当然这样的哲学主要是中国哲学，老子、孔子就是伟大的中国哲学家。

比较而言，老子更像一个哲学家，因为他除了讲人生根本问题以外，还讲了宇宙的根本问题。用《老子》的话说就是"道"，这个"道"既是人生之道，又是天地之道。老子了不起的地方就是明天道以推人事，明人道以应天地。

《老子》哲学的核心用一个字来概括，就是"道"。"道"的内涵用一个字来解释，就是"无"，也就是司马迁说的"无为自化，清静自正"，具体地说就是无为自然、无欲不争、无形自化、无动清静、无强柔弱。

好多人觉得这个"道"太玄乎了，"道"是说不清、道不明的，不可捉摸，简直没办法掌握。老子很慈悲，他怕我们后人不懂，就打了比喻，他把"道"比喻成两个东西，一个就是自然界中的"水"，一个就是人中的"婴儿"。《老子》第八章："上善若水。水善利万物而不争，处众人之所恶，故几于道。"

"道"像水一样，柔弱、居下、无为不争。水具备最高的善德，具体说有"七善"。

"道"又像婴儿。《老子》第十章说："抟（音团）气致柔，能如婴儿乎？"第五十五章说："含德之厚，比于赤子。"婴儿有四大秘密，从这四大秘密中我们可以体会到，"道"是柔弱的、纯朴的，是最接近本真的，实际上"道"就是本真、本原、本体的代名词。

正因为"道"是本真、本原、本体，所以才可以成为世界万物的最高主宰。基督教说世界的最高主宰是上帝，老子说世界的最高主宰是"道"。"道"并不是一个具体的人，也不是一个具体的东西，而是世界的本真，自然的规律。这样的"道"可以统领一切，可以运用在各个方面，比如天地，比如人生，所以"道"的外延很大，包括了天道、地道、人道。"天地之道"包括：宇宙本原之道，变化规律之道，认知方法之道，等等；"人生之道"包括："见素抱朴"的为人之道，"复归婴儿"的养生之道，"无为而治"的管理之道，等等。但不管是叫什么"道"，其实只有一个"道"。

## 宇宙本原之道

宇宙世界从哪里来？世界的本原是什么？万物是怎样生成的？这是自古以来哲学家所思考的终极问题。在中国的思想家中，老子是第一个对这个问题做了系统探究与思索的人，可以说老子是中国第一位哲学家。

## 道生万物

老子第一个提出了"道"为万物之宗,"道"为天下之母的思想,回答了世界的本原问题,提出了"道"本体论,明确提出天地万物的本原不是天帝,而是"道"。通行本第一章开宗明义:"道可道,非常道;名可名,非常名。无名天地之始;有名万物之母。"

"无"是创生天地的本始,"有"是生育万物的根源,先有"无",后有"有",无中生有,"无"和"有"是"道"运行时的两个阶段、两种状态:"天下万物生于有,有生于无。"(第四十章)

老子进一步指出:"有物混成,先天地生;寂兮寥兮,独立而不改,周行而不殆,可以为天下母。吾不知其名,强字之曰道。"(第二十五章)

意思是,这个浑然一体的东西,先于天地之前而产生,独立存在而不改变,永不懈怠地运行着,它就是天地的母亲,万物的根本,就是道。"道"作为天地万物之母,生成万物的具体过程是怎样的呢?老子说:"道生一,一生二,二生三,三生万物。万物负阴而抱阳,冲气以为和。"(第四十二章)

由道产生出一团混沌的元气,由元气产生出阴阳二气,阴阳二气和合、冲和就是"三"(参),阴气、阳气的冲和,化生万物。"道"生万物的过程,也可以表示为:"道"(无)→"一"(有)→"二"(阴阳)→"三"(阴阳和合)→"万物"。

宇宙生成的过程既是从"无"到"有"的过程,也是从"一"到"多"的过程。神奇的"道"产生了天下万物,那么它是什么样子的呢?老子指出:"道之为物,唯恍唯惚。惚兮恍兮,其中有象;恍兮惚兮,其中有物。窈兮冥兮,其中有精,其精甚真,其中有信。"(第二十一章)

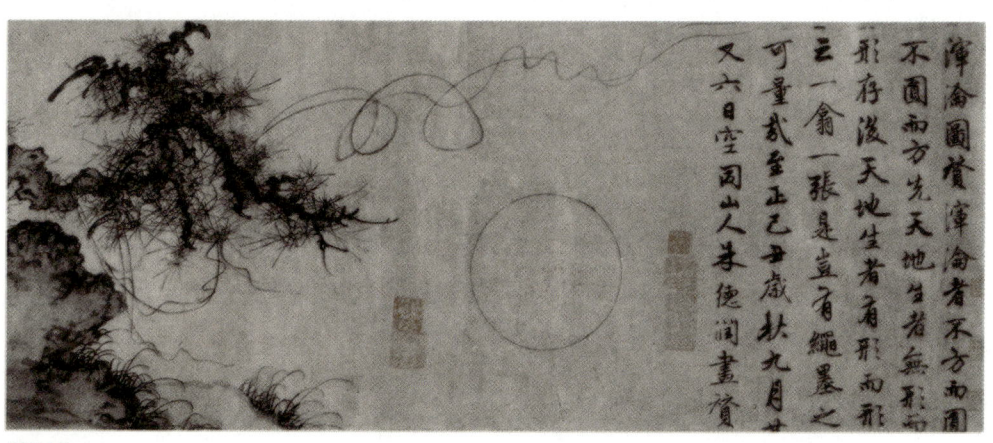

浑沦图

在恍恍惚惚之中，又有一个混成之物存在，这个无形的实在，无名无象，处于质朴的状态。老子又指出："视之不见，名曰夷；听之不闻，名曰希；搏之不得，名曰微。此三者不可致诘，故混而为一。其上不皦，其下不昧，绳绳兮不可名，复归于无物，是谓无状之状，无物之象，是谓惚恍。迎之不见其首，随之不见其后。"（第十四章）

道是看不见、听不到、摸不着的东西，不是具体的存在物。从老子对"道"的状态描述中可以看到，"道"是混沌的，合一的，"道"既不是纯粹的物质，也不是纯粹的精神，而是物质和精神互渗的。

## 道法自然

"道法自然"是老子思想中一个重要的命题，也是道家学说的主旨之一。老子说："道大，天大，地大，人亦大。域中有四大，而人居其一焉。人法地，地法天，天法道，道法自然。"（第二十五章）

在老子看来，天地之间有四种东西是最重要的，即道、天、地、人。人的行为以地为法则，地的行为以天为法则，天的行为以道为法则，道的行为以自然为法则。人所以以地为法则，这是因为大地与人类关系最为密切，大地负载和生养万物，人类须臾不可离，人类必然要遵循和效法地的行为。地与天的

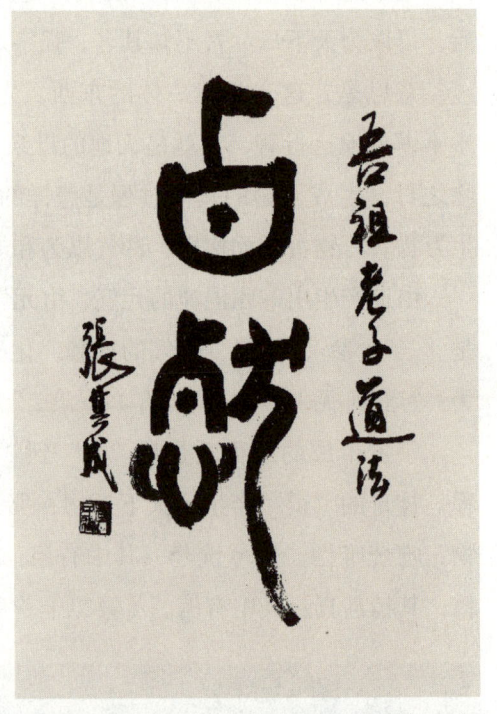

关系最为密切，大地需要天降雨露、空气、阳光，四季之交替、阴阳之交合，都不能离开天，所以地要遵循和效法天的行为。但天的运行也不是盲目的，也要遵循一定的规律，要效法"道"。"道法自然"并不是说"自然"高于"道"，而是说"道"的运行以其自己的本然为法则。这里的"自然"并不是自然界，而是自然而然。以"自然"为法则，即顺应万物的自然本性。这种思想是很了不起的，"道法自然"，而不是"法天命"，从而否定了"上帝"、"天帝"能够主宰自然与社会的天命、天志思想。

# 变化规律之道

宇宙万物怎么运行？运动变化有没有规律？老子在阐明"道"产生宇宙万物的同时，也指出自然界和人类社会的运动、发展都遵循一个总的规律，即事物向相反的方向运动与发展，总要返回到原来的始基状态。事物向相反的方向发展，是"道"运动的结果。老子提出"反者道之动"的辩证法和运动观。

## 有无相生

《老子》一书中提出了许多相对待的概念。如有无、难易、正反、美丑、祸福、强弱、雌雄等。这些相对待概念的提出与阐述揭示了事物对立统一的规律。

对待的双方是相互联系的，一方的存在以另一方的存在为条件。老子说："天下皆知美之为美，斯恶已；皆知善之为善，斯不善已。故有无相生，难易相成，长短相形，高下相倾，音声相和，前后相随。"（第二章）这是说当天下人都知道美所以为美就有了丑，当天下人都知道善所以为善就有了恶。因此有和无相互化生，难和易互相促成，长和短互相比较，音和声互相和谐，前和后互相追随，对待的双方是相互联系、相互依存的。

《老子》还指出相反的事物中有同一性、可变性："曲则全，枉则直，洼则盈，敝则新，少则得，多则惑。"（第二十二章）老子看到没有曲也就没有全，没有枉也就没有直，没有洼也就没有盈，没有敝也就没有新。老子对于事物既对立又统一关系的大量论述，反映了他的辩证法的思想水平，同时也反映了他对世界认识的高度。

## 反者道之动

老子概括了当时的社会现象与自然现象，指出了事物无不向自己的对立面转化。向相反的方面转化是"道"自身运动的结果，这是一个基本规律，如老子说："祸兮，福之所倚；福兮，祸之所伏。孰知其极？其无正也，正复为奇，善复为妖。"（第五十八章）意思是说，幸福倚傍在灾祸里，灾祸隐伏在幸福中，谁能知道事物演变的终极呢？这是没有定准的。正可以转化为邪，善可以转化为恶，一切事物的转化无不走向自己的反面。老子从这一原则出发建立了他的贵柔的人生哲学与认识世界的态度，老子说："物壮则老，是谓不道，不道早已。"（第三十章）这是说事物强大了就会引起衰老，有意造成事物的强大，是违反道的原则的，会使他过早死亡。最好处在柔弱的地位，就可以延缓走向死亡的结局。"故坚强者死之徒，柔弱者生之徒。是以兵强则灭，木强则折。"（第七十六章）老子又说："弱之胜强，柔之胜刚。"（第七十八章）

因此他要人们以委曲求全的态度对待生活。他希望人们向水的品质学习："上善若水，水善利万物而不争。"（第八章）"天下柔弱莫过于水，而攻坚强者莫之能胜。"（第七十八章）

老子还要人们"知其雄，守其雌"、"知其荣，守其辱"、"知其白，守其黑"，深知雄强，安于柔雌；深知尊荣，安于卑辱；深知光彩，安于暗昧。这并不是让人们不思进取、消极自保，而是给人一种更积极的生存智慧指导。

老子对辩证法的贡献是巨大的，他的辩证思想对后世的影响极其深远。这些思想除了有无相生、相反相成、阴阳转化以外，还包括：量变引起质变的思想；"欲进先退"的思想；事物发展不同阶段相似，实质上提高的思想；万物运动发展从"道"出发，复归于"道"的思想。

老子无愧为世界上第一位辩证法大师。

## 认识方法之道

宇宙万物可不可以认识？怎样认识？用什么方法来认识？

既然世界来源于"道"，而"道"又是混沌的，不可捉摸的，那么世界是不是就不可把握、不可认识了呢？老子的回答是，世界是可以认识的，规律是可以把握的，但这种认识能力如果在浮躁的心态下是不可能具备的。为此老子提出了"知常""静观""玄览"等认识论。

### 知常

老子是可知论者。他认为人有认识"道"的能力，"道"也是可被认识和运用的。因此，他要求人们掌握规律，按规律行事。"常"就是恒常不变，在老子哲学里指的是规律，就是"道"。"复命曰常"，复归本性是事物变化的规律。"知常"就是认识规律："知常曰明。""不知常，妄作凶。"（第十六章）知道事物运动的规律叫明，不知道事物运动的规律，轻举妄动，就会遭凶险。

老子说："知常容，容乃公，公乃全，全乃天，天乃道，道乃久，没身不殆。"（第十六章）他告诉人们按事物的规律来办事，才能免遭危险，把事情办好。老子认为要认识"道"即事物的规律，就要反对主观主义的认识方法。他指出："前识者，道之华而愚之始。"（第三十八章）那些自作聪明、没有调查就作出结论的行为，是愚昧的开始。他告诉那些有作为的大丈夫：要"处其厚，不居其薄；处其实，不居其华"（第三十八章）。有真智慧的大丈夫要立身于淳厚坚实之处，不置身于风气浮华之处。也就是说要求实求真，反对浮华之风。

### 静观、玄览

老子的认识论是和以"道"为最高本体的宇宙观相统一的。他把"道"看做宇宙万物的本原，看做认识的最终目的。"道"不是依靠理性外求的，而只能通过非理性来直觉体悟。他说："不出户，知天下；不窥牖，见天道。其出弥远，其知弥少。是以圣人不行而知，不见而明，不为而成。"（第四十七章）不出家门，可知天下之事；不望窗外，能熟知天体运行规律。圣人无所作为能获得成功。这不是脱离实际的玄思冥想，而是直觉体悟的结果。

老子是用体悟的方法达到对"道"的认识的。老子认为要认识"道"，就需要"致虚极，守静笃"。人们认识事物时，要使自己的心灵极度空虚，不存一点固有成见，还需达到极度虚静的境界，只有二者兼备，才能客观地、正确地认识事物真相。他把处于这样一种心灵状态称为"玄览"，即心如明镜，不沾一点灰尘。心虚则容物，心静则察物，最终达到与"道"的同一。老子"静观""玄览"的认识方法，是认识史上积极的探索，它启发人们从多种方式、多种渠道探究本体，以挖掘人们潜在的认识能力，使所认识的本体更贴近客观世界的真相。

## 《老子》的人生智慧

《老子》是讲智慧的，因为老子这个人就是一个智慧的化身。《老子》这本书讲天地之道的目的还是在讲人生之道，也就是人生的大智慧。人生智慧无外乎就是两个方面：第一是做人；第二是做事。

做人做事是连在一起的，先做人再做事。做成什么样的人就知道能做成什么事，能做多大的事。做人包括修德，也包括养生；做事有做大事有做小事，对领导来说，最大的事莫过于治国、治企。《老子》告诉我们"见素抱朴"的为人之道，"复归婴儿"的养生之道，"无为而治"的管理之道。

无论是从做人还是做事，都可以简单地分成三个阶段，第一个阶段是有为，第二个阶段是无为，第三个阶段是无不为。无不为是什么意思？就是通过无为的手段达到无不为，无不为就是没有什么不做的，没有什么是做不成的。所以老子是一个最大的积极主义者，看上去是用消极的方法，实际上"消极"里面就蕴含着最大的积极。

在现在这个时代，《老子》离我们有两千五百多年，好多人以为这么遥远的一个人，然后讲的又是这么难懂的话，对我们现在有什么意义呢？实际上我认为老子在诸子百家里面对我们今天的意义应该是最大的，跟我们当代的人生关系是最为密切的。因为我们这个时代是一个竞争非常激烈的时代，生活节奏越来越快，选择越来越多，环境破坏、生态失衡，自然灾害加剧，所以我们人心变得越来越浮躁，越来越焦虑，我们的困惑越来越多，幸福指数越来越低。在这种情况下我们最需要的是什么？最需要做什么？就是要修心，要开智慧。而老子恰恰就是这么一个看破红尘、洞见世界的智者，是一个心地清静、心态平和、心灵纯净的哲人。《老子》就是教我们怎么修心，教我们怎么开智的。

所以读《老子》，我们的心就可以沉静下来，就没有那么多浮躁、那么多焦虑。好多人问我读《周易》《老子》这些古书有什么用，我不敢说有多大的作用，但至少有三个最小的作用，就是三个"不会"：第一，不会自杀；第二，不会郁闷；第三，不会痴呆。

## "无为而治"的治国之道

好多人都认为孔子是入世的，老子是出世的；孔子是积极的，老子是消极的。这就大错特错了。其实老子是最大的入世者，也是最大的积极者。《老子》这本书，历史上称它为"君王南面之术"，就是帝王的统治之术，《老子》是教帝王怎么治理国家的。这还不是入世吗？这还不积极吗？只是老子是在看透世界以后，以出世的心做入世的事，以貌似消极的方法来达到最积极的目的。这是多么的了不起！所以我经常以无限崇敬的心情来赞美我们这位李家的祖先："老子是一位伟大的'阴'谋家！""阴"字要打个引号，老子从"阴"入手，实际上是以阴制阳、以阴胜阳，最后达到最大的阳。

也就是说，《老子》这本书是写给帝王看的，不是给一般老百姓看的，帝王按照《老子》的这些思想，就可以治理国家。汉代以及后世的帝王往往都尊崇《老子》，比如："窦太后好黄帝、老子言，帝及太子诸窦不得不读黄帝、老子，尊其术。"(《史记·外戚世家》)再比如唐玄宗更是尊崇老子,将老子奉为玄元皇帝,读《老子》可以治理国家:"我烈祖玄元皇帝,秉大圣之德,蕴至道之尊,著五千文,用矫时弊,可以理国家。"(唐玄宗:《命两京诸路各置玄元皇帝庙诏》)

我们现在要管理一个企业,管理一个单位、一个部门,都可以从《老子》中汲取智慧。推而言之,《老子》是给企业董事长,单位、部门一把手看的。当然在我们这个社会,任何一个管理者,看了《老子》都会有启发。而一个企业、一个组织的最高领导,那是一定要看《老子》的。

"无为而治"是老子治国之道的核心,他的一整套治国方略都是围绕这一思想展开的。老子主张:"处无为之事,行不言之教。"用"无为"去处事,用"不言"去教导百姓。"我无为而民自化,我好静而民自正,我无事而民自富,我无欲而民自朴。"(第五十七章)

"无为"并非无所作为,而是不可妄为,不可强为,要顺其自然,"自然无为"。做君王的须知民意、顺民心,让百姓自然发展。"去甚,去奢,去泰",即去掉极端的、偏激的、奢侈的为政态度,也就是要求君王为政不要对百姓太苛刻,不把个人意志强加给百姓。"圣人"就是得"道"的君王,他是没有固定意志的,他以百姓的意志为意志,百姓意志好的要善待,不好的也要善待,这样就得到了大善;百姓意志可信的要待以诚信,不可信的也要待以诚信,这样就得到了大信。这就是"无为而无不为",通过"无为"而达到了最积极的"有为"。

"无为而治"是一种高明的治国艺术。老子认为最好的统治者是"太上不知有之",不知道有你的存在,是"悠兮其贵言,功成事遂,百姓皆谓:我自然"(第十七章)。

好的统治者是悠闲地治理自己的国家,很少向百姓发号施令,事情成功了,百姓未受任何侵扰,百姓都说自己本来就是这样。这样的帝王便可"无为而无不为"了。

老子的"无为而治"也是古代帝王统治术的总结。他指出:"天下神器,不可为也,不可执也。为者败之,执者失之。"(第二十九章)国家是非常神圣的东西,是不能勉强去治理的,谁去人为地治理天下,谁就会把天下搞乱;谁要用心地把持天下,谁就会失去天下,帝王应"以无事取天下"。"无为而治"的理想社会是什么样子呢?老子设想一个"小国寡民"的理想社会:"小国寡民。使有什伯之器而不用;使民重死而不远徙;虽有舟舆,无所乘之;虽有甲兵,无所陈之。使民复结绳而用之。甘其食,美其服,安其居,乐其俗。邻国相望,鸡犬之声相闻,民至老死不相往来。"(第八十章)这个社会没有阶级,没有战争,人与人之间和睦相处。这样的社会理想为后代中外哲学家所借鉴,影响深远。

有些人觉得《老子》这个"无为"跟市场经济是不吻合的,甚至是背道而驰的。"无为"是消极的,而市场经济讲的是积极有为。这些人是把"无为"理解错了,把"无为"理解为无所作为,理解为什么都不做。实际上,《老子》这个无为不是不做,而是不要人为地去做,就是不要妄为,不要强为,就是要顺其自然,就是不要违背自然规律地去做,当然也指不要违背市场规律去做。我们说在市场经济大潮当中,一个企业家,如果你去妄为,你强行去为,你违背市场的规律,这样做的话,你肯定会失败。所以《老子》的无为不是消极的,他是最深层次的,就是说不要为了一个外在的利益、一个所谓的经济指标、一个个人的需求而违背了自然规律,违背了市场规律,尤其是违背了整个企业的人心,这样去做,一达不到目标,二就算达到了目标也会很快垮掉,这才是《老子》"无为"的真正意思。

《老子》讲无为的目的是什么?是无不为,最后的目的就是什么都为了,什么都成功了,这是他的核心思想。这就是"为"和"无为"的辩证关系,从"无为"入手,最后要达到一个"无不为"的顶峰。

## "复归婴儿"的养生之道

老子认为人可以"长生",虽然不能像天地那样"天长地久",但只要按照养生之道,只要"深其根、固其柢",是可以"长生久视"的。那么一个人的"根"和"柢"在哪里?人身的"根柢"就是人身清静的本质,虚无的本性,也就是人生之"道"。怎样才能使"根""柢"坚固呢?老子认为只有回归到虚静之"道",才能"深根固柢"。

养生就在于依"道"而行,如果违背了"道"去"益生"、"厚其生",不仅不能养生,反而加速灭亡。老子说:"盖闻善摄生者……以其无死地。"(第五十章)

善于养生的人,没有致命的要害,没有进入死地,所以总能逢凶化吉、遇难呈祥。

怎样养生?老子是不是说了一些秘诀?其实老子的养生之道与治国之道、为人处世之道是一脉相承、一以贯之的,就是"自然无为"、"不争"、"居下",这也是养生的基本原则。

养生的基本取向就是"复归于婴儿"、"复归于朴"、"复归于无极"、"复归其根"。老子多次提到"婴儿"、"赤子",在第五十五章中赞美婴儿的特性,并分析了原因是"精之至"、"和之至",可见养生首先要养精,首要是和谐。不要使自己强壮,因为"物壮则老",要像婴儿那样柔弱,才能长寿不老。

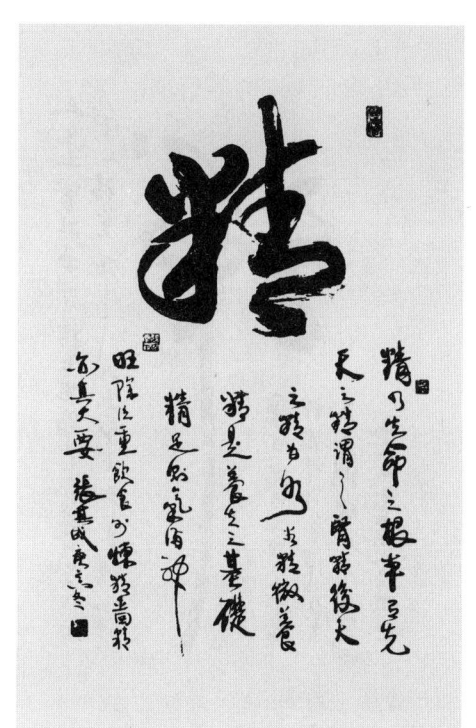

养生实际上分为养精、养气、养神三大方面,老子都作了论述。其中养神是最重要的。老子提出了"少私寡欲"、"致虚极,守静笃"、"尊道而贵德"、"守中"、"静曰复命"的思想,其实都是在强调养神的重要性。第十章说:"载营魄抱一,能无离乎?抟气致柔,能如婴儿乎?涤除玄览,能无疵乎?"可以看成是养神的系统论述。首先要魂(营)魄合一,就是精神专一,不可散失,形神合一而不分离。后来道教引申出行气练功的内丹功法,专心于一念,意守丹田,神不外驰,形神合一,这是练功运气的前提,是第一步功法。第二步是"抟气致柔",就

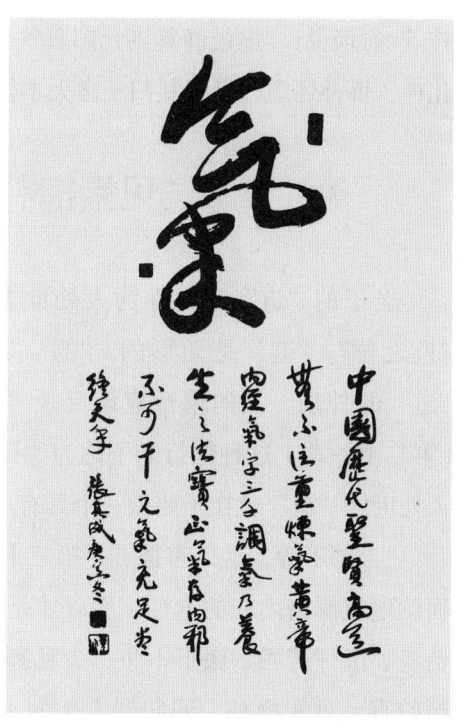

是像婴儿那样柔弱但却充满生机,就是丹道功气聚丹田,丹田之气盈满以后,运营全身,使全身充满元气而柔软调和。第三步是"涤除玄览",就是涤除杂念,只

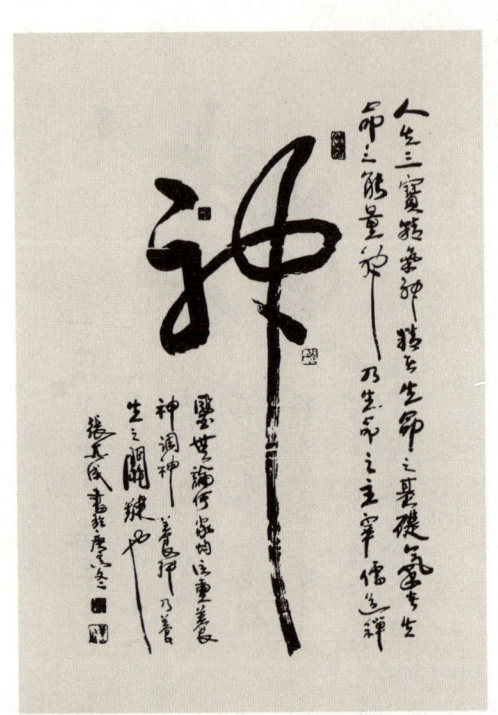

有将纷乱的思绪、念头以及各种欲望彻底摒除，才能使元气流行无碍，才能使元神清净、纯洁。所谓"玄览"就是内观，只有澄明之心才能内观精、气、神的运行、变化，才能与天地自然融为一体，从而达到祛病健身、与天地同寿的目的。老子的养生思想对后世道家、道教、医家的养生学说产生了极为重大的影响。仅以养神为例，如中医第一经典《黄帝内经》在开篇《上古天真论》中就说："恬淡虚无，真气从之，精神内守，病安从来？是以志闲而少欲，心安而不惧。形与神俱，而尽终其天年，度百岁乃去。"后世中医无不重视养神。历代道家、道教更是如此。河上公说："人能养神则无死。"孙思邈说："炼气养神。"俞琰说："虚极静笃则元阳真气自复也。"道教金丹派周天功炼精化气、炼气化神、炼神还虚，最终复归于虚无本体，就可以"长生久视"了。

## "见素抱朴"的为人之道

老子的"道"表现在为人处世方面就是"人之德"，"人之德"直接体现了"道之德"。"道"是无形的，"德"是有形的；"道"是"德"的内涵，"德"是"道"的外现。人的德行应该反映"道"、服从"道"："孔德之容，唯道是从。"（第二十一章）这种德行老子称为"孔德"（大德）、"上德"、"广德"、"玄德"。为人处世之"道"就在于要做一个具有"上德"、"广德"、"玄德"之人。

"上德不德，是以有德。"（第三十八章）上德的人不是刻意地修德，而是自然而然地流露出内在的本性，所以才是真正的有德。具体表现就是自然无为、清静恬淡、虚怀若谷、谦下不争、少私寡欲，这一切其实都是"道"的外现，都是返璞归真，见素抱朴，回归到人生的本性之中，老子说："见素抱朴，少私寡欲。"（第十九章）要表现并保持住人本来纯朴、淳厚的德行，要减少自己的私欲。"少私寡欲"不等于无私无欲，不是灭绝人的一切欲望，而是在满足人的基本需求

高逸图

以后不再有别的欲望。老子反对纵欲,反对追求声色名利。第十二章就指出"五色"、"五音"、"五味"等会造成人"目盲"、"耳聋"、"口爽"。

老子认为:"祸莫大于不知足,咎莫大于欲得。"(第四十六章)"甚爱必大费,多藏必厚亡。"(第四十四章)人一旦不知足,欲望无限膨胀,就会招来莫大的灾祸。过分地贪爱、收藏反而招来更大的丧失。所以老子主张"致虚守静",内心要恬淡、清静、虚空。因为天道是虚静的:"天地之间,其犹橐籥乎!虚而不屈,动而愈出。"(第五章)

所以人也应该效法天道,要放空自己,排除私欲杂念,回复人的自然本性。老子将为人之道——为人处世的基本原则归纳为"三宝",拥有"三宝"的人就是"上德"、"玄德"之人。

老子说:"我有三宝,持而宝之:一曰慈,二曰俭,三曰不敢为天下先。"(第六十七章)"慈"就是慈爱,"俭"就是节俭,"不敢为天下先"就是退后、谦下、不争。

第一宝"慈"表现出老子对人以及众生的生命关爱之心、悲悯之情。"慈"是"爱"的体现,而"爱"是一切圣人、一切宗教的第一要义。老子讲"慈爱",孔子讲"仁爱",墨子讲"兼爱",释迦牟尼讲"慈悲",基督讲"博爱"……老子的"慈"表现了一种母性的大爱,是慈母对孩子的爱。韩非子解释说:"爱子者慈于子,重生者慈于身,贵功者慈于事。慈母之于弱子也,务致其福……圣人之于万事也,尽如慈母之为弱子虑也,故见必行之道。"(《韩非子·解老》)

慈母对于柔弱的孩子当然是关怀备至、爱护备至,当弱子遇到危险的时候,

导语:打开智慧的大门

母亲可以毫不考虑自己，甚至牺牲自己去全力保护孩子。而在危急时刻，由母爱爆发出来的力量是常人无法企及的，正如莎士比亚所说："女子虽弱，为母则强。"所以老子说："慈故能勇。"这个"勇"不是一般的争强好胜，更不是逞凶斗狠，而是一种无私无畏的勇气，是一种在面临危险时奋不顾身、舍己为人的勇气。不是"勇于敢"，而是"勇于不敢"，"勇于敢"是指逞凶、掠夺、侵犯别人，其结果是被"杀"；"勇于不敢"是勇于拒绝，勇于保护，勇于防守。为保护弱小者可以上刀山，下火海，大无畏，大慈悲。所以"慈"充满了悲性、悲情，有"慈悲"的意思，是对母爱的升华。"慈爱"的对象是众生，是对众生的宽恕、悲怜。

第二宝是"俭"，就是节俭、俭约、俭朴，老子还用了另外一个同义词"啬"。老子说："治人事天莫若啬。""俭"和"啬"是为人的基本原则，是人生三大法宝之一。老子要人们爱惜精神智慧，要克制自己的私欲，不要为满足欲望而浪费财物、耗费精力。当然老子并不是一个禁欲主义者，并不完全否定私欲，而是反对过分沉湎于私欲之中，老子说："甚爱必大费，多藏必厚亡。"（第四十四章）

老子认为"不知足"，不知节俭是造成一切灾祸的根源；反之，"俭，故能广"。"俭"不仅是为人谋事、养生修身的法宝，而且也是爱国治民的法宝。诸葛亮告诫自己的孩子说："静以养身，俭以养德。非淡泊无以明志，非宁静无以致远。"（《诫子书》）司马光说："有德者皆由俭来也。"（《训诫示康》）可见"俭"是修德之本。

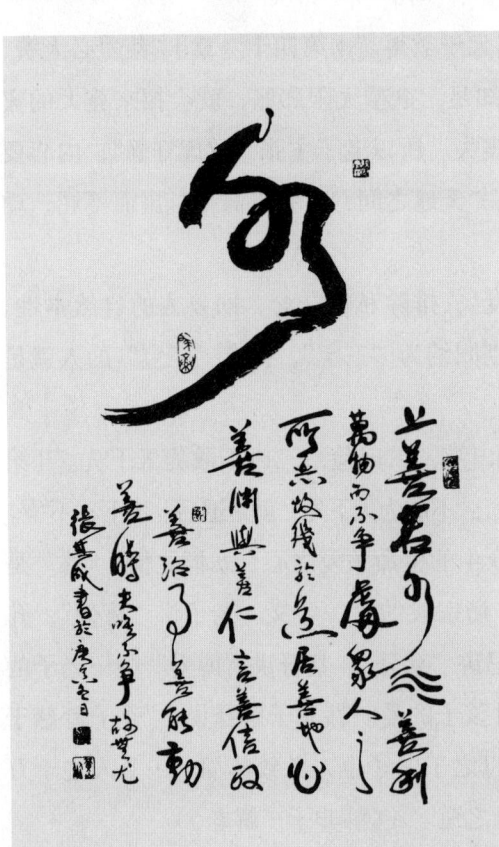

第三宝是"不敢为天下先"，如果用一个字来表示就是"后"。这是要我们为人处世不要处处争先，要退后、谦虚、忍让、居下、不争。万事万物中只有"水"具有这一美德，所以老子十分推崇"水"："上善若水。"（第八章）"江海所以能为百谷王者，以其善下之，故能为百谷王。"（第六十六章）"天下莫柔弱于水，而攻坚强者莫之能胜。"（第七十八章）

人要像水一样居下、不争、柔弱、谦让，要低姿态、高境界。实际上人生能做到像水一样，反而可以无往而不胜、无坚而不摧。老子还要人们："知雄守雌，知白守黑，知荣守辱。"（第二十八章）老子的意思就是要后退、守弱，这并不是要人自甘堕落、不思进取。恰恰相反，这是为了保全自身、发展壮大、攻强克刚。这就是"进道若退"。看似后退，其实恰恰是前进，是最有智慧的人生之道。正如《尚书》中所说："满招损，谦受益。"毛泽东也说过："谦虚使人进步，骄傲使人落后。"老子在说到"后"的作用时说："不敢为天下先，故能成器长。"谦虚、退让才能成为众人尊敬、信服、遵从的人。

可见，老子"三宝"的作用是巨大的，是为人处世的根本，如果抛弃它，是非常危险的："今舍慈且勇，舍俭且广，舍后且先，死矣！"（第六十七章）

老子将人生的最高品德称为"玄德"，将人生的最高境界称为"玄同"。"玄同"就是："挫其锐，解其纷；和其光，同其尘。"（第五十六章）达到这个境界的人，消除一切锋芒和纷扰，没有丝毫争强好胜之心，和尘世之人完全相同，与天地万物齐同。只有在这个境界中，人才能和"道"合一，物我无别，才能成为宁静、逍遥自在、长生久视的"玄德"之人。

最后我要说一下，老子讲的治国之道、管理之道、为人之道、谋事之道、养生之道，实际上是一回事，都要服从天地之道，也都是天地之道的具体反映。"道"只有一个，这一个"道"是一个最高本体，最高主宰，它运用在做人做事的各个方面，各个方面的"道"都是这一个"道"的体现。这就好比佛家说的"月印万川"，也好比儒家说的"万物一太极，物物一太极"。所以不是说为人之道要"见素抱朴"，养生之道要"复归婴儿"，管理之道要"无为而治"，"见素抱朴"、"复归婴儿"、"无为而治"都可以用在为人、养生、管理上，都可以用在做人做事的各个方面。

# 第一章　道可道，非常道

道可道，非常道。名可名，非常名。无名，天地之始，有名，万物之母。故常无欲以观其妙，常有欲以观其徼。此两者同出而异名，同谓之玄。玄之又玄，众妙之门。

【语译】

道，如果可以说出来，那就不是永恒不变的道了；名，如果可以叫得出来，那就不是永恒不变的名了。无，是天地的开始；有，是万物的母亲。所以，从永恒的"无"中可以观察出道的奥秘，从永恒的"有"中可以观察到自然的边界。"无"和"有"这两者有相同的来源，但名称却不相同。它们共同叫做玄妙。玄妙又玄妙，是一切奥秘的大门。

【解读】

老子的思想如果要用一个字概括，那肯定就是"道"字。"道"字甲骨文写作"𣥒"，从行从止，"行"是大路，"止"是脚趾，表示人用脚在大路上行走；金文字形演变为从行从首，是路与头的象形，已开始抽象化了，表示头脑思悟的道路。小篆从路从首，会意字，继承了这个意思。楷书沿用至今。"道"从开始的有形道路，逐渐演变为无形的道理、方法等意思。这样"道"的涵义就越来越丰富，有道路、途径、方法、思路、准则、规律、述说等意义。老子的"道"就是思悟的大道，是认识天地万物、自然生命的方法之道，是天地万物、自然生命的本原之道，是运动变化的规律之道。当然也包括为人之道、谋事之道、养生之道……其实对自然和生命之道的探究是人类永恒的追求。只是中西方求"道"途径有所不同，西方人在有形的物体结构中求"道"，中国人在无限的运动过程中求"道"。

金文"道"字

"道可道，非常道。"关于这两句的解释简直多得不得了。我给它简单地归类，主要分为两种。一种解释是，"道"如果可以说出来，就不是恒常的道了。另一种解释是，"道"是可以说出来的，它是一种不平常的道。两种解释对这一句的理解从语法上说都是对的，"道可道"中的前一个"道"是个名词，后一个"道"是个动词，这个是毫无疑问的。因为学过古汉语的都知道这个"可"字是个能愿动词，后面肯定是跟着动词。有很多解释，不把后面的"道"解释为动词的，肯定是不对的，语法上讲不通。所以"道可道"的意思就是说，"道"（最高范畴的道）如果可以"道"出来。那么后面这个"道"究竟是什么意思呢？有解释为说、说出来、说明白，也有解释为走，因为"道"的本意就是路，所以做动词用，意为走在路上，引申为实践。后一句"非常道"，两种解释差别很大，前一种解释为不是恒常的"道"，不是永恒不变的

小篆"道"字

隶书"道"字

"道"；后一种解释为不是一般的、平常的"道"。关键在对"常"字的解释不同。对关键词的理解不同，导致对前后两句关系的理解也不同，第一种解释前后两句是假设关系，"道"如果可以说出来，就不是恒常不变的"道"了；第二种解释前后两句是并列关系，"道"是可以说明的，它不是平常的"道"。

两种解释究竟哪一种正确呢？我们不能只看这两句话本身，一定要看《老子》的全文，要看其他版本。如果纠结在"道可道，非常道"这六个字里面，那么你怎么解释你都是对的，所以一定要看全文。

你只要读过《老子》全文，你马上就明白，第一种解释符合《老子》本意，

第二种解释显然是错误的。有一次我在机场看见一本解释《老子》的书，我粗略地翻了一下，它把"道"分为"常道"和"非常道"两类，觉得这个"非常道"才了不起，对"非常道"大加赞扬，认为老子的"道"就是"非常道"，而不是"常道"。我看了之后，真是哭笑不得。老子在天上有知，一定会气得活过来。这个"常"不是平常的意思，"非常"不能解释为"不一般"。这个"常"字，是恒常、永恒不变的意思。马王堆帛书上写作"恒"，永恒的"恒"，"恒"就是"常"。为什么要写成"常"？就是为了避汉文帝刘恒的名讳而改成"常"的。

那么老子说的"道"是"常道"还是"非常道"？当然是"常道"，其实"常"在《老子》中就是"道"的代称。如第十六章说："复命曰常，知常曰明。不知常，妄作凶。知常容。"这个"常"就是道，因为道是恒常不变的本体。河上公解释"常道"就是"自然生长之道"。"常道当以无为养神，无事安民，含光藏晖，灭迹匿端，不可称道。"

"道"是不可言说、不可描述的。这从第十四章的论述中可以得到证明，"道"是"视之不见""听之不闻""搏之不得""不可致诘"的。所以说"道"是不可以言说的，也是不可形容、不可名状的，一旦说出来就不是"道"了。但说不出来，不等于没有，它是能够真切地感受到、体会到的。

我们来看一看佛祖释迦牟尼在灵山法会上传法，佛祖没有说话，只是手里拈了一朵花，此时大众默然寂静，都不知道是什么意思，这时只有大弟子迦叶破颜微笑，只有他悟道了。佛祖于是把"道"传给了迦叶。所以真正的"道"不是语

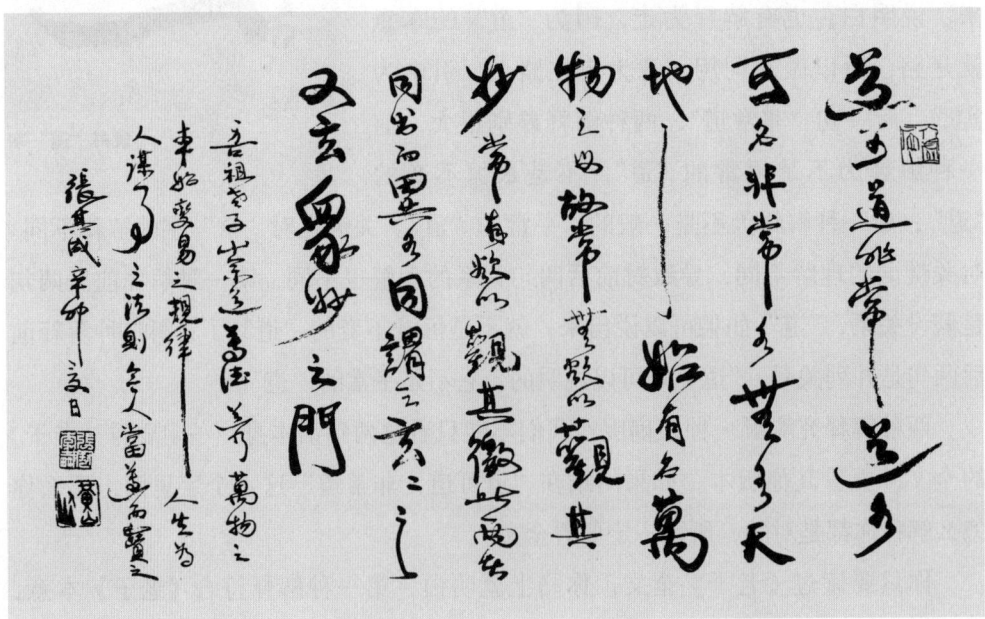

言文字所能表达的，只能以心会心，默契感应。可一旦悟道，它的微妙真是不可思议，而悟道的快乐又真是无法言说。

学过《周易》的人都知道，"易"有三个含义，即简易、变易、不易。佛家有三法印的说法，诸行无常，诸法无我，涅槃寂静。"道"、"易"和"三法印"实际上说的是同一个真理。"道"是永恒不变的，涅槃寂静的。第十六章是这么说的："夫物芸芸，各复归其根。归根曰静，是曰复命。"复命就是回复"道"，这个"道"是寂静的、虚静的、始终不变的。但是"道"说的万事万物又都是变化的，是诸行无常的。所以"道"也是变与不变的统一。很好理解，"道"作为世界万物的本体，作为万物运动变化的规律，是永恒不变的，而万事万物又是时时刻刻都在运动变化的。

我们知道"道可道，非常道"的意思以后，也就明白"名可名，非常名"的意思了。同样，前面的"名"是名词，意思是名称、概念、范畴，后面的"名"是动词，意思是名状、描述、形容。"非常名"，与"非常道"一样，意思是不是恒常的名称。两句话连在一起就是，名称（概念）如果可以描述的话，那也不是恒常的名称（概念）了。比如说"道"就是一个名，一个名称，一个范畴，一个概念，这种概念是不可描述的，是说不出来的，你要是说出来的话就不是那个名了。对这句话的解释也特别多，其实它是对"道可道，非常道"的进一步解释，所以不要解释得太复杂。

接下去几句话就是详细解释这个"道"。究竟是什么"道"？怎么去体悟这个"道"？这里面讲了三个关口，体道你要经过三关。第一关为初关，就是要知道这个"道"的内涵是什么。这一关就是要观出"道"的无和有："无名天地之始，有名万物之母。故常无欲以观其妙，常有欲以观其徼。"第二关叫玄关，这一关是要从无和有中观出两者的"同"："此两者，同出而异名，同谓之玄。"第三关叫玄玄关，又叫重玄观，这一关是要从无和有的"同"中观出"道"的大门："玄之又玄，众妙之门。"

"无名，天地之始；有名，万物之母。"这一句是从"道"的内涵说的。这一句大部分书上是这么标点的。我认为应该这么断句："无，名天地之始；有，名万物之母。""无"和"有"是高于"无名、有名"的范畴，"道"的内涵如果用一个字来表述，那就是"无"，包括了无名，也包括无为、无欲、无形、无己等等。"道"是"无"，"道"又是"有"。"无"和"有"都是"道"的内涵，但"有"是从"无"中生出来的，"无"不是什么都没有，而是孕育着"有"。"无"是第一位的，是第一阶段，是"始"；"有"是第二位的，是第二阶段，是"母"。无中生有，有从无中生。关于"无"和"有"的关系，老子怕我们不懂，特地用了两个比喻。"无"就像是"始"，"有"就像"母"。什么是"始"？什么是"母"？我们注意看老子的用字，老子在说明"道"的时候用了很多带女字旁的字。先看这个"始"字,《说文解字》说:"始,女之初也。从女,台声。""女"这个部首是一个什么形状呢？是女人下跪状。"始"就是童女、少女。"无"就像是童女、少女。到了"有"这个阶段,是"万物之母"。这个"母"字的形状就是在女字的基础之上加两点,这两点就是女人的两个乳房,表示成熟的女人。这样就很清楚了,"道"由"无"和"有"构成,其中"无"是第一阶段,是童女、少女；"有"是第二阶段,是母亲、少妇。童女和母亲、少女和少妇是一个人而不是两个人,是一个人的两个阶段,说明"无"和"有"是一个东西,不是两个东西,是一个东西的两个阶段。从无到有,就是从童女到母亲、从少女到少妇。无中生有,"无"不能直接产生万物,只有到"有"这个时候才能产生万物。大家想一想,童女、少女能不能生孩子？当然不能。只有成熟了,来天癸了,任脉通,太冲脉盛,那个时候才可以生孩子。有人说少女怎么不可以生孩子,有的女孩十来岁就生孩子了,有没有？有的。但是生孩子的女孩再怎么小也肯定是来月经了,现在来月经不是大大提前了吗？但无论你多小,只要生了孩子,都不再是少女了,而是母亲、少妇了。所以"无"是少女,"有"就是少妇。这是一个人的两个阶段。

这一句话告诉我们至少有三个意思,第一,"道"的本质就是"无","无"是世界万物的本原。王弼说,老子是"以无为本","无形无名者,万物之宗也"。魏晋时期的一批高僧就用"无"来解释佛教《般若经》中的"空"。后来中国的禅宗就以"无"或"空"作为根本,《坛经》就提出了著名的三无说:"无念为宗,无相为体,无住为本。"第二,"无"和"有"不是两个东西。"无"不是什么都没有,"无"里面孕育着"有"。"无"是第一阶段,"有"是第二阶段。"无"中有"有","有"中有"无"。有无相辅相成,有无不二,即有即无,即体即用。按佛家真空妙有的说法,"无"就是真空,"有"就是妙有。如果我们能体悟到真空妙有的境界,那就证得了真如法界。佛家说"空有不二"。真空就是妙有,妙有就是真空。"无"好比是"空"（真空）,"有"好比是"色"（妙有）。《心经》说的"色不异空,空不异色,色即是空,空即是色",就是这个意思。第三,"无"中生"有","有"中生万物。当"道"还是"无"的时候是不能生万物的,只要到了"有"的时候,就可以生成万物了。"道"的一个最大的作用是生孩子,生万物。就人而言,有生孩子功能的当然是女人。老子崇尚女性,常用女性作比喻,而孔子崇尚男性。可见老子早于孔子,因为我们都知道先有母系社会,再有父系社会。老子崇尚的是阴性,崇尚的是女性,反映了典型的母系社会的思想,孔子崇尚男性,崇尚阳性,反映了典型的父系社会的思想。

如果把女人比喻成文学体裁,那么少女就像诗歌。为什么像诗歌？因为少女是一种朦胧美。诗歌就讲究朦胧的美，常言道：少女的脸三月的天。说变就变，连她自己都不知道下一刻将会怎样。你说她长得真漂亮，她脸就红了，一种含蓄的美、朦胧的美、模糊的美，这就是"道"的第一阶段，"无"的阶段。到了少妇，第二阶段，她生了孩子，当母亲了，这个时候的女人我看就好比是散文，具有一种清晰、开朗、豪放的美。这时女人的"徼"是清楚的，有的少妇开个玩笑，男人都会脸红。老年的女人是什么呢？就像小说，因为她有着丰富的人生阅历，丰富的生活经验。那么，三个女人在一起就是戏剧了。

山水图

既然道有从"无"到"有"两个阶段，那么，从"无"到"有"的关键在哪里呢？打个比方来说，"无"就是少女、童女，"有"就是少妇，这最大的区别在哪里？怎么使少女变成少妇？如果从人来说，关键在天癸，才能从"始"到"母"。天癸是《黄帝内经》第一次提出的，是主管生殖的一种物质，这种物质藏在肾精里面，是液体，像水一样。"癸"的字形就是四面之水汇聚在一起。怎么从"无"到"有"？就人来说要有天癸，女子十四岁来天癸，男子十六岁来天癸。来了天癸就可以生孩子了。从事物来说就是要有水——天水。中西方哲学第一个命题几乎是相同的，都提出世界万物来源于水。古希腊哲学家泰勒斯提出水为万物之母。一九九三年在湖北荆门郭店楚墓发现的战国竹简中，就有一篇《太一生水》。这和老子的观点是相同的，老子就说过只有水最接近于"道"，老子最崇尚的一个是水，一个是婴儿，都是阴柔之物。《尚书》五行中第一就是水，《易经》第一卦乾卦第一条爻辞第一个字就跟水有关，"潜龙勿用"，"潜"字水字旁，就是潜水、找水。

老子将"道"的第一阶段的作用比喻成少女的朦胧与玄妙，在朦胧与玄妙中

蕴藏有巨大的生命能力和无限的创造能量。那么，到了第二个阶段，一个女人的生育能力已经成熟了，创生功能非常清晰了，这时她有一个最大的功能，就是创生万物了。很多人问我"道"究竟是"有"还是"无"？其实"无"和"有"是相生的，缺一不可。当然"无"是第一位的，是第一阶段，而第一总是最重要的。所以老子的"道"如果简单地说，它的内涵就一个字——"无"。但这个"无"，不是什么都没有，而是无中生有，然后又生万物。正因为是"无"，所以老子的"道"就是朦胧的，玄妙的，说不清道不明的。也正因为是"无"，所以它的作用是最大的，任何"有"的东西都无法和它相比。

前面讲了道是说不出来的，是说不明白的，说出来的就不是道了。但是道是可以"观"的，有四个"观"，观无、观有、观妙、观徼。实际上是两个层次的"观"，一是从"无"中观妙，一是从"有"中观徼。观出无有的妙和徼，就通过了体道的第一关。"观"在中国思想史中具有重要的地位。《周易》有一卦，叫观卦，风地观，上面是风，下面是地。"观"是古人认知万事万物最重要的方法，无论儒家、道家、佛家，都用这个方法。佛家观前世后世，生生世世，儒家观过、观言行、观喜怒哀乐。佛经里有很多地方都讲到"观"字，《金刚经》最后一个字就是"观"，"一切有为法，如梦幻泡影，如露亦如电，应作如是观"。《心经》第一个字也是"观"，摩诃般若波罗蜜多心经，"观自在菩萨，行深般若波罗蜜多时，照见五蕴皆空，度一切苦厄"。佛家要观空，观五蕴，观前世后世，怎么观？用眼睛？够呛。"无"的境界怎么观？这就要用心观，也不是用心观，而是要以物观物，通过这种方法，才能观出来。这是第一个阶段，才能观出妙来。第二个阶段，观有，这个比较好观，可以用眼睛，也可以用心观，可以观有、观徼，有界限的东西，一下就能观出来。

"故常无欲以观其妙，常有欲以观其徼。"对这一句的断句也有两种，一种是"故常无，欲以观其妙；常有，欲以观其徼"。另一种是"故常无欲，以观其妙；常有欲，以观其徼"。我赞成第一种断句法，理由和上句一样。"无"、"有"是高于"无欲"、"有欲"的范畴。这句话的意思是从永恒的"无"中可以观察出道的奥秘，从永恒的"有"中可以观察出自然的边界。这是从"道"的作用说的。从"无—无欲"中可以观出"道"的"妙"。"妙"是什么？也是女字旁，少女为妙。本来指少女的朦胧美，引申为玄妙、微妙、奥妙。从"有—有欲"中可以观出"道"的"徼"。什么是"徼"？这个"徼"字是一个双人旁，就是指小路，双人旁组成的字都有小路的意思，它是从"行"字旁中引申而来的。"行"是四通八达的道路，只要是"行"字旁的字都表示大路，比如街道的"街"，四海通衢的"衢"都是行字旁，都指大路。"行"的一半就是小路。从"有"中可以观出小路，这是什么意思？这是说到了第二个阶段，从"有"当中能看出"道"的边界了。有了路了，就有界限。第一个阶段是朦胧的少女，第二个阶段就是清晰的、有边界的少妇了。

要过第一关，要明白"道"、明白"无"，只有用观的方法，不仅是眼观，还要心观，最主要的是要无观，把自己的心彻底泯灭了，回到自然当中才能体会出道，而不是光说说而已。

我们要认识"道"，体悟"道"，第一关就是要知道"道"就是"无"，先无后有，无中生有，"无"是第一阶段，"有"是第二阶段，相对应而言，"无"就是阴，"有"就是阳。第二关要知道"此两者同出而异名，同谓之玄"，这就叫玄关。到玄之又玄的时候，叫重玄，叫重玄关。

第一关的重点在"异"，也就是"无"和"有"是异名，是不同的，有先后的。第二关的要点就一个字"同"。"同谓之玄"，这个很了不起，在老子看来，"无"和"有"虽然名称不同，但实质是一回事，是"同"。《老子》第五十六章提出一个词叫"玄同"，挫锐解纷、和光同尘，就是玄同。这个观点后来被庄子发挥了，《庄子》第二篇叫《齐物论》，万事万物都是等齐的，"天地与我并生，万物与我为一"，"彼亦一是非，此亦一是非"，都是一回事。"有"里面就有"无"，"无"里面就有"有"，这是相同的，同出而异名，但名称却不相同，说法不同而已。这就完全奠定了中国人"玄同"的思维方式，玄是黑色，是玄妙，里面就有大同。

这和佛家说的完全一样，佛家说不要有分别心，万般都是不二的，叫"不二法门"。我经常说，按照易学太极思维，阴和阳不是截然对立的，阴阳是可以互变的。阴阳之间没有一道不可逾越的横沟。万物混同，一回事。贫富一回事，悲喜一回事，高低、贵贱一回事。推而广之，好坏也是可变的，坏人可以变好，好人也可以变坏。我原来说，除那些犯罪的以外，人分什么好坏？后来仔细一想，犯罪的也是人啊，我发现原来说的不对，犯了罪如果不能变好，那还要监狱干吗？还要改造干吗？

到了有无齐同的境界，就到了第二关：玄关。什么是玄关？后世丹道功夫中有"玄关一窍"、"玄关祖窍"的说法。玄关又叫祖窍、玄牝、归根窍、众妙门、复命关等，说明这个地方是生命的关口，这个关口一打开，那么任督二脉气血就打通了，元精和元神就接上了。但这个玄关是什么，在哪里？这个问题历代争论不已。有人说是上丹田，有人说是中丹田，有人说是下丹田，也有人说是别的穴位。至于三个丹田究竟在什么地方，各家各派的说法又不尽一致。总之谁也说服不了谁。但有一点是公认的，那就是各门派都承认只要找到这个玄关，只有修玄关才是"正道"，否则统统都是"旁门"。其实这个玄关不在身上，又不离身上；或在身内，或在身外；不属于有，不属于无；有形可观，有相可得。"要知些子玄关窍，不在三千六百门。"为什么对玄关的感知有这么大的不同？我认为是每个人的根器不同、功夫法门不同，所以每个人感知的玄关也不同。当你修炼到气血畅通、智慧开发、性光显现、物我两忘、明心见性之时，那就是真正的玄关。玄关就好比佛家说的真如、自性，玄关境界，就好比禅悟的境界。

我们学道、体道、悟道，第一步好理解，第一关好过，只要搞清楚"道"的内涵，体悟本无就可以了。但第二步不太好理解，第二关"玄关"不太好过，这也是体道、悟道的关键。第二关就是无和有的玄同。无即有，有即无；无当有，有当无。这个就是佛家说的"色不异空，空不异色，色即是空，空即是色，受想行识，亦复如是"。色就是有的阶段，色就是物质，看得见的物质，色就是空。玄是黑色的，混同是黑色的，道家最崇尚黑色，在传统阴阳五行思想里面，水也是黑色的，所以道就是水。从阴阳来说，阳不异阴，阴不异阳，阳即是阴，阴即是阳。理解了这个，就算过了第二关啊。

"无"和"有"这两者有相同的来源，但是名称却不相同，它们都可以共同称为玄妙。这是从"无"和"有"的关系说的。"无"和"有"这两者实际上是同样的出身，都有同样的来源，但是却是不同的名称。同在哪里？同在"道"上，同在"玄"上。"无"和"有"的同就称为玄同。"玄"是一个象形字。甲骨文的"玄"字像用一根小棍在寻找细微的东西，金文和小篆基本相同，引申为追本溯源，追溯人的始祖与生命

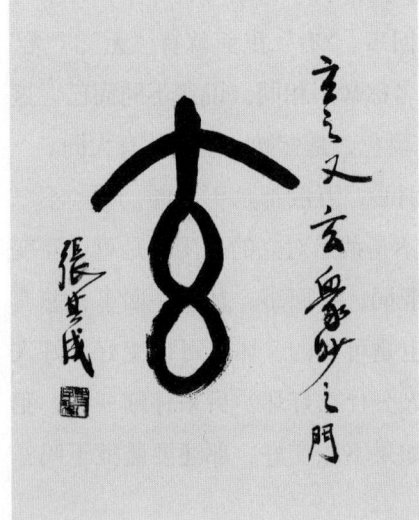

本原，所以又引申为幽远、深奥。《说文解字》解释："幽远也。"下面的"幺"像孩子初生的形象，表示微小、微妙的意思，又有幽深、幽远的意思，你看幽深的"幽"就是两个"幺"陷进坑里。扬雄解为"幽攤万类"，张衡解为"无形"，苏辙解为"玄色"，范应元解为"不可分别"，吴澄解为"不可测知"，朱谦之解为"变化不测"。老子讲的"道"，像是朦胧幽深的少女、童女，虽然到第二个阶段变成了少妇，但从本质上说仍然具有女人阴柔、含蓄的特点，所以说都是玄妙的，都是美的。老子的"道"因为本质是"无"，所以是最美的，也是能量最大、作用最大的。好多人问我，学哲学有什么用？我说哲学的最大作用就是"无用"，正因为"无用"，所以才具有最大的作用。

更高的一关叫重玄关，后来道家有个学派叫重玄学派，重玄就是"玄之又玄"，"玄之又玄，众妙之门"。两个玄字重起来了，所以叫重玄。重玄派认为老子的要义就是"玄之又玄"，老子的"道"不滞于"有"和"无"，要超越有无，这就是"玄"；但又不可滞于"玄"，要超越"玄"，这就是"又玄"。使"玄"也不存在了，就归于虚无大道。这就是"重玄"。

过了这个关，达到重玄的境界，就打开"道"的大门了。这扇门就是"众妙之门"啊。妙是什么？狭义的理解就是少女，广义的理解就是万物开始阶段的美妙状态。众妙的门户是什么？打开这扇门，能产生万事万物的门就打开了。重玄关就是"门"。这个门是什么？后面有一章就说了，"谷神不死，是谓玄牝，玄牝之门，是谓天地根"。这个门，就叫做玄牝，牝就是女性的生殖器。它代表了伟大的女阴，是黑色的，能产生万事万物，生生不息。

老子的道，玄之又玄，玄妙又玄妙，不是一般的玄妙，是加倍的玄妙、重复的玄妙啊！正是这个玄而又玄的"道"才是"众妙"的大门啊！什么是"众妙"？从字面上看是众位美妙少女，这里是形容万事万物玄妙的状态，引申为宇宙间所有美妙、玄妙的事物。众妙之门又推广为一切新生事物、一切玄妙事物的大门。玄妙的事物从哪里来？是从"道"中来的，所以"道"是玄妙事物的大门，

"道"也就是玄之又玄。"门"字也是象形字,两扇为门,单扇为户。

孕育我们的是母亲的子宫,生出我们的是母亲的门户。众妙之门就是女性的生殖器,老子将"道"比喻成一个伟大的女性生殖器,它能够产生出万事万物,而女性生殖器是空的,是玄妙的,是"无"。正因为"无",所以能产生万物,这就是老子"道"的最重要的功能,叫无中生有。"无"才是门户,才能生育万物;"有"不可能是门户,它已经成型。所以无形的力量高于有形的力量。"无"和"有"用易学的阴和阳来说,"无"属于阴,"有"属于阳。在老子看来是阴比阳更重要,无比有更重要。无中生有,阴柔能胜阳刚。老子是一个伟大的"阴"谋家,他总是从阴性入手,最后胜过刚强,达到最高境界,这就是老子的智慧。请大家静下心来想一想我们的人生,我们的为人处世,包括企业管理,什么是"道"?什么是"无",什么是"有"?再想一想究竟是"无"的作用大,还是"有"的作用大。精神属于阴,物质属于阳,是精神的作用大,还是物质的作用大?不要急于回答,慢慢地反思,用"观"的方法观象,再慢慢地在老子的五千言中寻找答案。

总结一下第一章的意思,主要告诉我们两个问题:第一,"道"是什么;第二,怎么修道。

第一个问题,"道"是什么?一开始描述"道"的特性,"道"是说不清道不明的,这是就它的特征、特性说的,后面的第十四章、第二十五章进一步说明了这个特性,说明"道"具有不可言说性,具有神妙性。接着指出"道"的内涵是无和有,说明了无和有的关系。第二个问题,怎么去修道?需要经过三个关:初观、玄关、重玄关。只有到重玄关的时候,才真正打开了道的大门。

我们来比较一下《老子》"道"的大门和《周易》"易"的大门。《周易》里经常讲"门"字,前面说过,门是两扇对开的,两扇的叫门,一扇的叫户。"易"的大门就是乾坤,也就是阴阳。《周易》说"乾,其静也专,其动也直","坤,其静也翕,其动也辟",这扇大门一扇是阴,一扇是阳,准确地说,左边这一扇是阳,右边这一扇是阴。《周易》说乾卦,安静的时候是团的,动的时候是直的,坤卦相反,静的时候是合的,动的时候是开的。这是指什么?乾卦,就是指男性生殖器;坤卦,就是指女性生殖器,只有在阴阳相合的时候,才组成大门。所以纯女人不能生孩子,纯男人同样不能。从这里可以看出《老子》和《周易》都讲阴阳和合。但两者在阴阳究竟谁是第一位这个问题上却不相同。我们来比较一下儒家和道家的区别,你马上就知道了。

孔子在《易传》中说乾是"始"(童女、少女),坤是"母"(母亲、少妇):

"大哉乾元，万物资始，乃统天。""至哉坤元，万物资生，乃顺承天。"乾卦是"始"，也就是天是第一位的，男人是第一位的，阳性事物是第一位的；坤卦是"生"，生孩子的是什么？当然是母亲，所以坤为母，也就是地是第二位的，女人是第二位的，阴性事物都是第二位的。后来儒家思想就是男尊女卑，天尊地卑，君君臣臣，父父子子，三纲五常。而老子的思想恰好相反，他虽然没说乾和坤，但是他说了"无"和"有"，第四十二章还说了阴和阳。"无"好比是阴，是坤卦，"有"好比是阳，是乾卦。你看老子和孔子的说法恰好相反。老子说"无"是"始"，就是说阴性是第一位的；"有"是母，好比说阳性是第二位的。第四十二章说"负阴抱阳"，先说阴后说阳。我们现在说"阴阳"不说"阳阴"，就是受老子思想的影响。你看这两个哲人正好相反，一个崇尚阳，一个崇尚阴。中华文化就是因为有了一个孔子和一个老子，才走到今天。中华文明为什么在四大文明古国、六种古文明形态中唯一延续至今而没有中断？其原因就是阴阳和合、儒道互补。究其根本，就是"大易之道"的延续和传承。"易道"主张日月互动，阴阳和合，独阳不生，孤阴不长。这种思想是符合宇宙大道的，只有符合宇宙大道的文明才是最有生命力的、永恒不断的文明。试想如果中国历史上只有儒家没有道家，或者只有道家没有儒家，那么中华文明能传到今天吗？不能！我们还要关注西汉末年，佛家传入了中国，反而在中国找到了它生长的土壤，那是因为佛家思想和易学与老子道家思想非常相近。从此以后儒、道、佛三足鼎立，但并不排斥，反而在"易道"基础上和合、圆融。中国文化的这一特征值得大家仔细琢磨。

　　这一章是总纲，所以说得很多。这一章懂了，其他各章也就都能懂了。

# 第二章 天下皆知美之为美

天下皆知美之为美，斯恶已；皆知善之为善，斯不善已。故有无相生，难易相成，长短相形，高下相倾，音声相和，前后相随。是以圣人处无为之事，行不言之教。万物作焉而不辞，生而不有，为而不恃，功成而弗居。夫唯弗居，是以不去。

【语译】

天下人如果都知道美好的东西之所以是美好的原因，这就是丑了；如果都知道善良的东西之所以是善良的原因，这就是不善良了。所以，有和无是相互生成的，难和易是相互完成的，长和短是相互形成的，高和低是相互包容的，音和声是相互和谐的，前和后是相互随从的。因此圣人做的是"无为"的事，实行的是"不言"的教育。万物兴起而不去加以主宰，生育万物而不占为己有，培育万物而不自恃己能，事业成功了而不居功自傲。正因为不居功自傲，所以他的功绩就不会失去。

【解读】

"天下皆知美之为美，斯恶已；皆知善之为善，斯不善已。"为什么知道了美就有了丑呢？为什么知道了善就有了恶呢？这是老子的智慧之处。人人都知道美之所以为美的原因，都知道善之所以为善的原因，也就是已经起了分别心了，就不是玄同了，就已经离开了道的境界。道本来就是圆融的、不二的；世界自然状态本来就是清静的，是虚无的，包括无美丑、无善恶。美丑、善恶，只是人们的一种价值判断，是人们在日常生活中对事物、现象所作的是非判断，是人为的生活态度。自然万物本身无所谓美丑、善恶，从更根本的层面上来说，从形而上的"道"的层面上来说，是没有美丑、善恶之分的，它们是合为一体的，是玄同的。一到分出善恶、美丑就是道德境界了，这是第二位的，是人为的、后起的。人类从自身的角度出发，对自然万物乃至人类自身作出善恶美丑的分别，从而好善恶恶、好美恶丑，为此而引起了世界的纷争。所以老子主张"绝仁弃义"，"天地不仁，以万物为刍狗"，天地间本无所谓仁义，这是道的境界，所以不要分出善恶、美丑，不要起分别心，要回归天地自然境界，因为自然境界是混同的、玄同的，万物都是一回事，所以老子主张道法自然，自然不是"大自然"，而是"本来的样子"，叫"本然"，也就是佛禅说的本来面目。

在老子看来，美与丑、善与恶，都是在对立的关系中产生的，是事物到达第二阶段"有"的阶段以后才出现的，所以两者是相辅相成的，如果没有美就没有丑了，没有善就没有恶了。这些概念都属于形而下的，是可以随着人们的心态、时间、环境的变化而变化的。

这句话给了我们很多人生的启示，在现实生活中是不存在所谓纯粹的美的。有一位80岁的老先生，年轻的时候发誓要找一位完美的女子结婚，结果几十年过去了，仍然孑然一身。有人问他：难道你就没有遇到过一位完美的值得你结婚的人吗？老先生说：有，可是她说她也在找一位完美的男子。可见现实中完美总是存在于普通、平凡之中的。没有绝对的完美，也没有永恒的完美。

形而上的"道"又化生出形而下的"器"，于是就形成这些互为对立的东西，这些东西同时也是变动的。"故有无相生，难易相成，长短相形，高下相倾，音声相和，前后相随。""有无"、"难易"、"长短"、"高下"、"音声"、"前后"，实际上都是后来人为分别的，在本然意义上，它们是混同的，是合一的，是圆融的。有和无是相互生成的，互不可缺，无是第一位的，有是第二位的，借用太极图就可以解释一切：有就是白的，无好比黑的，白中有黑，黑中有白，是混同的、玄同的，不要分别，不要截然两半，一半白一半黑，那就错了。难和易是相互完成、相互形成的，长和短是相互比较的，高和下是相互包容的，音和声是相互和谐的，音是指声音，声是指回声，前和后也是相互追随的，有前才有后，有后才有前，这两者是缺一不可的。有和无是相对的，难和易、长和短、高和下、

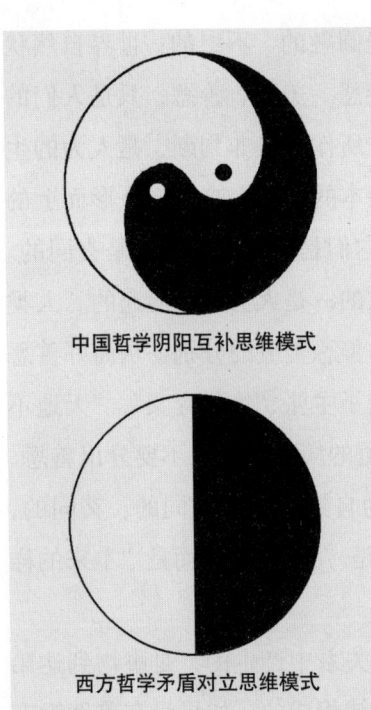

中国哲学阴阳互补思维模式

西方哲学矛盾对立思维模式

音和声、先和后都是相对的,又是相反的,在相对和相反的关系中呈现出它们是相互依赖、相互补充、相互形成的。缺一个,另一个也就不存在了。

更重要的是,相互对立的东西是可以互相转化的,美可以变丑、善可以变恶。老子真是伟大,他从对立的事物中看出了相互之间的关系,这一点和西方人的传统思想是有区别的。西方人在对立中看出的是斗争,所以形成了"二元对立"的思维方式;而老子在对立中看出的是相辅相成、相反相成、相互依存、相互转化,进而形成"阴阳和谐"的思维方式。

既然人世间的一切概念,如美与丑、善与恶,都是人为设定的,都是后来有了价值判断、道德伦理之后才形成的,那么在老子看来就应该要打破这种人为的、执著的设定,打破这种后天的价值判断。

老子认为,正是这些后天人为的东西才造成人世间无休止的争论,甚至战争。所以老子接下来就主张要"处无为之事",要"行不言之教"。什么叫"无为"?就是不要加上主观臆断地去"妄为"。什么叫"不言之教"?就是不要加上自己的言论去教育别人。因为语言是自己思维的外在表现,自己的思维如果陷入后天的价值判断就是主观臆断,何况语言还无法准确地表达自己的思维,所以就有"词不达意"、"言多必失"的说法。人如果有了"二元对立"的矛盾思维方式,有了后天的伦理判断、价值判断,有了各种概念、名称,往往就会远离事实,不能准确地反映自然的、本质的东西。所以老子强调,不要人为,不要主观妄为,不要用语言、概念来教育别人。后人有一句话:"身教胜于言教。"就是源于此。

所以,圣人做的是"无为"的事,采用的是"不言"的教导。"无为"就是老子的道的体现,第一位就是"无为",第二位是"无不为",也就是"有为"。所以做"无为"的事是符合道的。好多人以为老子是消极的,实际上这个观点是错的,因为"无为"里实际上含有"有为",这里的"无为"是不要乱作为的意思,不要硬为,不要违背"道"地去为,违背自然规律地去做。我们现在社会上,很多事情确实违背了自然规律,所以遭到了天谴。无为和自然是连在一起的,叫"自然无为"，"自然"我再说一遍，是指"本来的样子"。比如说水本来就是那么流的，你非要去拦一个大坝，改变了自然，这个是道家决不允许的，那就叫"妄为"。再比如说人活得好好的，你非要用高科技的东西改变生活，这个老子也是反对的，虽然这给人带来了无限的便利，但实际上也是对"道"的否定。老子的思想，仔细看实际上是大生态的思想，是有道理的。老子为什么提出这种思想？因为在战国时期，都是在"妄为"，历代的帝王简直是太妄为了，所以老子所说的圣人和孔子所说的不是一回事，孔子所说的圣人，就是要讲仁义；老子所说的圣人，就是不要讲仁义，讲仁义是因为大道废了，才讲仁义，其实有了道，是不必要去讲仁义的，本来自然人，大家都不会去做不仁义的事，所以也就无所谓讲仁义了。圣人所做

盘车图

的教导，都是不言的，是不说的，"不言之教"这个太重要了，但是现在要达到"不言之教"太困难了，现在大家都在言说。"无为"、"不言"都是"道"的具体做法，老子的"道"本来就是说不出来的。你看释迦牟尼佛，要传法的时候，在灵山法会上，他不说话，举了一朵花，下面上千人都莫名其妙，只有迦叶尊者微笑，他明白了，所以释迦牟尼说，我有大法传给迦叶尊者，不立文字。禅宗第一祖后来是迦叶尊者，传到达摩祖师是第二十八祖，但是达摩祖师是中国东土禅宗的第一祖，到慧能是第六祖，是这么排的。后来禅宗不立文字，因为文字是说不清的，叫"明心见性即可成佛，顿然开悟"啊，所以语言之类，说出来的东西就不符合道了。所以老子写《道德经》是被逼的，言者不知，知者不言，真正的教育是行"不言之教"。

"万物作焉而不辞"，"辞"马王堆帛书上写作"始"，可理解为主宰、创始。这句话反映了老子的本体观，万物没有一个有形的主宰，不受神的主宰。老子的本体观，不同于基督教（包括天主教、新教、东正教）。在基督教看来，世界是有一个主宰的，那就是上帝耶和华。上帝创造万物、统领万物，但在老子看来，万

物是没有主宰的，要说有主宰，那也不是一个神，而是"道"，"道"是虚无的，没有具体的化身。老子不是一个神本体论者，而是一个道本体论者。

"生而不有"，生育万物而不占为己有，没有最高的神来占有它。这个给我们的启发是什么？比如说我们这些做企业的人，为这个企业辛辛苦苦做了这么久了，但一定要注意，企业不是你的，你创造了它，但是不能占有它，占有它就违背了"道"。

"为而不恃，功成而弗居"，培育万物而不自恃己能，事业成功了而不居功自傲。天道就是这样，因为已过天命之年，我更能体会天道一定是公平的，得到什么一定会失去什么，这辈子不能实现的下辈子一定能实现，但我们现在是太不公平了，所以现在不缺儒家，而是缺道家。

为什么我总说老子是伟大的"阴"谋家，你看他什么也不要，不辞、不有、不恃、不居、不为、不言，六个"不"，实际上老子这个人大大的厉害，大大的"狡猾"，这就叫大智慧啊！正因为他什么都不要，所以他才能达到什么都得到："夫唯弗居，是以不去。"正因为不去占有它，所以永远也离不开它；正因为不居功自傲，所以他的功绩就不会失去。所以《老子》这本书是给帝王看的，叫"南面之术"，而不是给下面臣子看的，因为他说"君无为而臣有为，无为而无不为"，君主你不能有占有欲，"普天之下，莫非王土；率土之滨，莫非王臣"，这是《诗经》里讲的，整个天下都是你的，你还去占有它干吗？企业也是这样，你是董事长，企业是你开创的，正因为你不占有它，你想的是全体员工，给全体员工以最大的利益，看起来你吃亏了，实际上员工就会竭尽全力为你的企业创造最大的效益，最终它全是你的。从阴性入手，实际上达到了阳性的最高峰。所以不要说阴性思维是消极的思维，这是一种策略，当然，这种策略最后不是一种故意的，一种技巧、计谋，而是回归大道，回归自然。

这里老子提出了我们人类对待自己的成就和贡献的态度，即四个"不"——不辞、不有、不恃、弗（不）居。老子肯定人们发挥"作"、"生"、"为"、"成"等创造力，创造出繁荣美好的自然与社会，但又强调不能去占有它、支配它。发挥人的创造力，目的不是为了去占有这些东西。大家可以想一想，世界上几乎所有的付出都是以回报、占有为目的的，只有父母对子女的付出是无私的；几乎所有的爱都是以相合相聚为目的的，爱一个东西就想去占有它，拥有它，只有一种爱是以分离为目的的，这种爱就是父母对子女的爱。任何父母都不希望占有自己的儿女，而是希望子女到江湖中去闯荡，有一番作为。"道"生万物，就像父母生育孩子，它对万物有那么大的创造力，却能做到四个"不"，所以是多么伟大！那么，人创造了万物，人有了自己的工作，或是在工作中取得了成就，比如说创立了一个企业，那是不是就应该拥有这个企业，或者占有这个企业，然后自己就骄傲自大了呢？这当然是不符合"道"的。作为一个圣人即有道的人，就应该是能创造它，使它有所作为，但却不去占有它，不去控制它。

很多人都说老子是消极的，其实这种说法是错误的。可以说老子是最积极的，看上去像是在用消极的方式，但却达到了一种积极的效果。比如说成功了但不居功，正因为不居功，所以这个功劳就不会失去。老子的目的正是为了不失去这个功劳，但是，却采用了一种相反的做法——不居功。这一点对于我们应该是有所启发的。我们现代人，大多数是要居功的，总觉得"我创造的就应该是我的"，"我办的企业就应该是我的"。越是想去占有它，就越是把它当成自己的私有财产而执著地不想放手，结果呢，往往越是垮得快。因为你这样做，别人就永远有一种打工的心理，就不会有主人公的意识，人心就会慢慢散失。这一点应该引起大家的警惕。

东篱赏菊图

第二章 天下皆知美之为美

# 第三章　不尚贤

不尚贤，使民不争。不贵难得之货，使民不为盗。不见可欲，使民心不乱。是以圣人之治，虚其心，实其腹；弱其志，强其骨；常使民无知无欲，使夫智者不敢为也。为无为，则无不治。

【语译】

不要崇尚那些有才干的人，使人民不去争功夺利；不看重那些稀有的东西，使人民不去偷盗；不去显耀那些能诱发人欲望的东西，使人民不被扰乱。所以圣人治理天下要净化人民的心灵，要充实人民的肚子；要削弱人民的意志，要增强人民的体魄；要常使人民没有机心、没有欲望，使那些所谓的智者不敢去妄为。要用无为的态度去对待事物，那么就没有什么不可以治理的。

【解读】

"不尚贤，使民不争。不贵难得之货，使民不为盗。"一个不尚，一个不贵，其实意思都是一样的，不要崇尚那些有才干的人，使人民不去争功夺利，不看重那些稀有的东西，使人民不去偷盗。孔子和老子出发点完全一致，孔子从正面说，老子从反面说，一正一反，一阴一阳。孔子发现当时的社会礼崩乐坏，人民相争，有盗贼，所以孔子崇尚仁义，君君臣臣、父父子子，要讲礼仪，要遵循法则，要建立社会伦理纲常，他是从正面在说。老子恰好相反，从反面说，你不要去宣扬贤德的人。大家发现没有？如果企业里把谁立为标兵、楷模，其余的人就嫉妒得不行了，就要争了，否则就不好好干了，要评比干吗？不要评了嘛。所以你崇尚有贤德的人干吗？

**兰亭序图**

再比如说现在的收藏热，那些书法作品，那些艺术品，当然了不起，但一幅画能卖到几百万几千万元，那不是捧起来的吗？这源于大家的一种喜好、一种推崇。试想，如果没有这种推崇，大家就觉得一幅画、一件艺术品、一件难得的东西是平平常常的，那么它的价格就不会被炒上去，也不会有弄虚作假的赝品了，更不会有人为得到它铤而走险、触犯刑律。我家里收集了那么多艺术品，全捐出去了，就没有人记挂去偷了，那些东西生不带来死不带去。

我讲一个故事，香港有一个老板，他和内地另外一个人说，他有一件稀世珍宝，内地这个人说能不能欣赏一下，香港人说可以，然后就去银行保险柜里，经过多重防线，打开给他看。内地人学"佛"，说你这个一点也不值钱，你这个东西，连你自己来看都要经过重重关卡，所以它是毫无价值的。越保存起来，越毫无价值，如果把它展示出来，给大家欣赏，它的价值才能体现出来，至少大家都很愉悦。

"不见可欲，使民心不乱"，不去显耀那些能诱发人欲望的东西，这样人民就不被扰乱。"见"就是"现"。乱的原因，就是欲望太多，欲望不仅藏在心里，而且还表现出来。这必定造成世事的混乱。

"是以圣人之治，虚其心，实其腹；弱其志，强其骨。"这句话在"文革"的时候被批判得一塌糊涂，说老子这是愚民政策。所以圣人——这里是指得道的人，而不是儒家的圣人，治理天下要"虚其心，实其腹"，离卦中间不是空的吗？要虚，不要有那么多欲望，要充实人民的肚子，"虚"和"实"都是使动词，"其"就是指老百姓，因为是给帝王讲的嘛，帝王要治理天下，一定要使老百姓的心虚

第三章 不尚贤

空，放清净，但要使老百姓的肚子填满，也就是说，要"大脑简单，四肢发达"，管子不是说"仓廪实而知礼节"吗？仓库里要有东西能让人民吃得饱，不要让人民思想太复杂了。"弱其志，强其骨"，要削弱人民的意志，要增强人民的体魄。这是让老百姓无欲无求，头脑简单，为什么要这样呢？因为这才符合大道！世上本无事，庸人自扰之。

"常使民无知无欲，使夫智者不敢为也。为无为，则无不治。"要常使人民没有机心、没有欲望，使那些所谓的智者不敢去妄为。要用无为的态度去对待事物，那么就没有什么不可以治理的。他说是要走到最低处，实际上达到了最高境界，他说什么也不要做，别把老百姓的心弄乱了，实际上越是不做，就什么也做了，符合大道——自然无为而无不为。

我们可以想一想，这个世界上人们为什么要去争功夺权、争名夺利？为什么会有偷盗？这是因为有了分别，也就是说有了那些对名利之人的推崇，有了那些对珍宝的贪爱，所以使得人民去争名夺利，甚至有人去偷盗。

为什么现在要提出和谐世界？就是因为现在的世界太不和谐了，有太多的战争了。大家看一看，伊拉克战争，阿富汗战争，还有耶路撒冷战争，说到底都是一种权势之争，地域之争，甚至于是对人心的一种争夺。如果说这些都没有了，没有这种价值判断，没有欲望的追求，那么还会有战争吗？还会有这些纷乱吗？还会有盗贼吗？当然就不会有了。

为什么儒家要讲仁义，那是因为礼崩乐坏了。为什么在古印度产生了讲平等慈悲的佛教？那是因为当时的印度太不平等了，有非常严格的四种姓制度。

现在倒过来看，如果不是礼崩乐坏，那么就没有儒家的仁义；如果没有那四种姓制度，那么也就没有佛教了。

从根本上说，我们要消除这种对立，从根子上就不要去崇尚那些财富，不要去崇尚那些有才干的人，不要去崇尚那些稀有的东西。所以老子提出"虚其心"，"弱其志"。很多人认为老子这是在愚弄老百姓，要简化人民的头脑，削弱人民的意志。其实不然，老子在这里所说的，实际上是让人们不要有那些贪婪的私欲，不要有更多的欲望。如果没有欲望了，天下就不会乱了。这样那些所谓的智者也就没有了市场，也就不敢妄为了。"智者"，这里指那些自作聪明的人。所以老子说的"虚其心"、"弱其志"都是"无为"的体现，不要按照自己的欲望、自己的意志来做，

关山密雪图

而要符合自然，顺应自然，符合人的本性来做，天下就太平，人心就没有混乱了。在这一点上，应该说老子比孔子站得更高，看得更彻底一些。

# 第四章　道冲不盈

道冲，而用之或不盈。渊兮似万物之宗。挫其锐，解其纷；和其光，同其尘。湛兮似或存。吾不知谁之子，象帝之先。

【语译】

道是虚空的，但它的作用却是无穷无尽的。它是那样的渊深，就好像万物的宗主。它已经磨掉了锋芒，解除了纠纷，调和了光泽，混同于尘世。它是那么的幽隐，好像不存在又好像存在。我不知道它是谁的孩子，好像出生在天帝之前。

【解读】

"道冲，而用之或不盈。"冲有两种写法，帛书版本写作"盅"，一个意思是虚空，"道"是空的，第二个意思是通"中"，虽然是空的，但是守中道。这两个意思都对。这个观点实际上和佛家的观点是一致的，佛家讲中，道家讲中，儒家也讲中，所以我们叫"中国"。

道本来是空的，空就是守中的，不偏的。道是虚空的，但它的作用却是无穷无尽的。"不盈"就是不完，正因为是虚空，所以是无限的。老子说"道"往往不说它是什么，而说它不是什么。这里说"道"是虚空的，说明"道"不是形体，不是一个看得见、摸得着的实物。"冲"指虚空，与后面的"盈"恰好相反。正因为道是无形无状的，所以它的作用才是无穷无尽的。凡是有形的东西，它的作用都是有限的。

怎么治理企业？最高明的是用无形的东西来治理，比有形的作用更大。有形的法律法规是必要的，但最多是第二个境界，最高的境界，是你不管了，实际上是用文化，用无形的东西，用一种企业的文化、企业的精神在管理着员工，员工自觉地为这个企业的发展发挥自己的创造性与积极性。首先用有形的，再达到无形的，企业的管理达到了道的境界，这就很了不起了，这个企业就会长盛不衰。所以道的作用是无限的，怎么都不会完。

"渊兮似万物之宗。湛兮似或存。""道"体是虚空的，但"道"用是无限的。虚体中并不是一无所有，它蕴涵着无限的力量。这是一种创造的力量。它看上去是"渊兮"、"湛兮"，深不可测，似有似无。这里用了"渊"、"湛"带"水"字旁的字来描述"道"的特征。

老子说"道"往往用"水"字旁的字和"女"字旁的字，这是因为在物体中"水"最接近于"道"，而在人群中，少女最接近于"道"。

这里有两个似，一个是"似万物之宗"，一个是"似或存"，这是形容"道"，"道"不是说不出来吗？它就好比深渊，汪洋大海，好比万物之宗，其实越深它的作用就越大，所以道是黑色的，像玄牝，像水一样，是柔弱但深邃的。

好多人问我，为什么古人说水是黑色的，是不是污染了？当然不是，这是指水的幽深、神秘，功能无限。水是最低的，所以黑色是最高贵的颜色。"湛"也是深的意思，它的深湛，好像不存在又好像存在。言外之意，它好像有，又好像没

南屏雅集图

有，这就是"道"。

"吾不知谁之子，象帝之先。"我不知道它是谁的孩子，也就是我不知道"道"是从哪里出来的，但是"象帝之先"，好像出生在天帝之前。在商代甲骨文中就有"帝"，就作"上帝"、"天帝"讲，主宰全社会的有形的东西。

老子认为，天帝是第二位的，"道"是第一位的，由无形生出有形。这种思想特别伟大，正因为这种思想，所以我们中国才形成了非宗教信仰的国家。有一个"帝"这样有形的东西，其实它的能量很大，实际上我们大家怕的是有形的东西。

不是有人信邪教吗？邪教就是有形的东西。我们搞国学之人，最反对邪教！我上次在黄山讲课，结果有信邪教的人找我理论，我说我不针对你的宗师，但我认为任何最高的主宰都不可能是有形的，无论是谁。归结到某一个活人身上，绝对不可能主宰。我有时候就想，我怎么成不了某一教的教主呢？后来我仔细想，我当然成不了，因为我们说的都是在传道，而不是在信奉一个什么有形的"帝"。"道"是无形的，但"帝"是有形的。

"道"在哪里？庄子说："道在屎溺。"就是说万物都有道。后来禅宗做得特别好，叫"诃佛骂祖"，佛是什么？佛就是大便，是干屎橛，不再是有形的，是无形的。这反而有生命力，万事万物都有佛性，都能成佛，这其实不是在贬佛，而是说"道"无所不在，无时不有。所以我们都是"道"的化身，叫"道成肉身"。一问"道"是什么，不知道，那就真正得道了。

为什么"道"的作用无穷无尽？因为"道"在天帝之前，"道"创造了天帝，而不是天帝创造了"道"。这一点认识在春秋战国时期是非常了不起的。我们知道，商周时期，"天帝"崇拜普遍盛行，甲骨文中有大量"天"、"帝"的文字记载。当时也有一些思想家对"天帝"有些怀疑或者埋怨，但还没有人敢彻底否定它的存在，也没有人敢贬低它的地位，只有老子以大无畏的精神，第一次提出"天帝"在"道"之下，在"道"之后。"道"才是第一位的，是万物的根源和主宰。这是十分了不起的一次思想解放，是人文智慧的闪光。

这一章中的"挫其锐，解其纷；和其光，同其尘"，又见于第五十六章，所以学者们基本上都以为是搞错了，认为错简重出。不过这意思在这里也能说得通，但还是放到第五十六章更通顺一些，所以到那里我再详细解释。

# 第五章 天地不仁

天地不仁，以万物为刍狗；圣人不仁，以百姓为刍狗。天地之间，其犹橐籥乎？虚而不屈，动而愈出。多言数穷，不如守中。

【语译】

天地无所谓仁爱，将万物当成草狗；圣人无所谓仁爱，将百姓当做草狗。天地之间，不正像一个风箱吗？虽然虚空但不会穷尽，越抽动它的风量越大。话说多了，只会加速失败，不如守着虚静。

【解读】

"天地不仁"与"圣人不仁"不是指天地和圣人不仁爱、不怜惜，而是指天地和圣人无所谓仁爱不仁爱，既不偏爱，也不厌恶。天地是公平的、公正的、平等的，无心于万物，任万物自然生灭。"以万物为刍狗"，把万物当做草狗，刍就是草，刍狗，用草扎成的狗，是用来祭祀神灵的。用的时候不怜惜、不偏爱，用了之后就扔掉了，但也并不是厌恶它、憎恨它，而是任它自生自灭。这句话是说天地宇宙自然是没有偏爱的，对谁都是公平的，这就是我经常说的，万事万物对谁都可能不平等，但天地是绝对公平的。这里从天地的自然而然、无为无造、不偏爱，推广到得道的人、圣人也应该自然无为，不偏爱，不要加上自己的意志和愿望，要让百姓顺应自然之道、自作自息，按照自己的本性生生灭灭。

山水图

"天地之间，其犹橐籥乎？"天地之间，不正像一个风箱吗？橐就是指风箱外面的箱子，籥是里面的送风管。风箱是用来鼓风的，中间是空的，靠籥管在里面抽动。天地就像中间空的箱子，里面充满了气。那籥管是什么呢？古代有人认为就是"元气"。天地产生万物，孕化万物，就是靠元气的鼓动。其实人体也是一个风箱，也靠元气的鼓动，才得以生长。不仅人体的呼吸好比风箱的抽动，而且人体的精—气—神也都像风箱鼓风一样，要不停地升降出入，不断地吐故纳新，生命才能得以生生化育。

"虚而不屈，动而愈出。"老子不愧是一位辩证法大师，他总是在正中看出反，在反中看出正。这里他又从天地形状的"虚"中看出天地作用的"实"，从天地的运动中看出天地能量的产生。天地的运动看似能量消耗、减少，其实能量反而越来越大，好比是风箱，越抽动风量越大。

"多言数穷"，意思就是一多说话就会加速你的穷尽，"数"通"迅速"的"速"，多说了反而伤元气，人就走到头了，加速你的死亡。马王堆帛书本作"多闻数穷"，"多闻"就是博学，老子认为越多学识反而越多困穷，问题就出在"多"字上，越想多就越没有，越少就越有收获。这一点和孔子不同，孔子主张多闻博学、闻一知十。为什么多闻博学反而加速困穷？老子的理由是多闻博学，不免于迷惑，"少则得，多则惑"。越简单越接近真理，越接近真理的东西越简单。所以老子强调要简单，要少，要虚静。"多言数穷"，是要人们少说话甚至不说，正如佛家所说的要戒妄语。"不如守中"，就是说不如守着中道。"道"不说话，保持虚静的状态，但它的作用却没有穷尽，天地间的一切事物都从它那里源源不断地流出来。

# 第六章 谷神不死

谷神不死，是谓玄牝。玄牝之门，是谓天地根。绵绵若存，用之不勤。

【语译】

山谷之神永远不会死亡，这就叫做玄妙女阴。玄妙女阴的门户，就叫做天地的根源。绵绵不绝冥冥存在，它的作用无穷无尽。

【解读】

"谷神不死，是谓玄牝。"老子将"道"比喻成谷神。谷神，是山谷之神，山谷是虚空的，"道"也是虚空的，无形无声，犹如深山峡谷之神。什么是"谷"？两座山的中间叫谷，这个形状又像女阴，所以谷神是女神，不是男神。"道"就像谷神、女神，它是永远不死的。一切有形的东西都会死，只有无形的东西才能无限。你说是"无"重要，还是"有"重要？当然是"无"重要了。这个山谷里面哪里更重要？当然是空的地方最重要。后面将会有大量的例子来告诉我们，"无"有巨大作用。"谷神"帛书本作"浴神"，是以水作比喻，"道"就好

比是水，"上善若水"，所以是浴神、水神。无论是谷神还是浴神，都是强调"道"的虚空、柔弱，深妙难识。老子又把"道"比喻成"玄牝"，"玄"是黑色的，也是玄妙的，黑色的东西才有神秘感，对不对？白色，就没有神秘感了。"牝"就是女性生殖器，《周易》中坤卦卦辞说"利牝马之贞"，"牝"就是雌性生殖器，跟它相对的一个字叫"牡"，是雄性生殖器。道是什么？道是"无"，道是雌性的，是谷神，是空的，就像神秘的、黑色的女阴，它能够孕育、创生万事万物，所以"道"又是伟大的女神。

"玄牝之门，是谓天地根。"玄牝的门户，是产生天地万物的根本，万事万物乃至天帝，都是从这里产生出来的。"道"就像万物生产的门户，天地创造的根源。

"绵绵若存，用之不勤。"伟大的玄牝，好像存在又好像不存在，当然实际上是存在的，而且怎么用它都是用不完的。"勤"就是完了、穷尽，"用之不勤"就是用之不尽、取之不尽，它的作用是无穷无尽的。这就是无的力量，就是"道"。

"神"和"玄"说明"道"的神妙作用、神奇功能。"道"看上去是黑色的，似有似无，似存似亡，绵绵不绝，但它的作用却是无穷无尽的。由此可知"道"是形而上的本体。我们每一个人只有找到自己的本体，自己的个性特征，找到"无"的东西，才能快乐成长，才能成为一个真善美的人。每一个企业只有找到自己的企业精神、企业文化、企业的战略定位，企业才能健康、快速地发展，才能获得有形的利润和财富。

**雪竹文禽图**

# 第七章　天长地久

天长地久。天地所以能长且久者，以其不自生，故能长生。是以圣人后其身而身先，外其身而身存。非以其无私邪？故能成其私。

【语译】

天长地久。天地之所以能长久，就是因为它们不是为了自己而生存，所以反而能长久生存。所以圣人把自己放在后面，反而能领先；把自己置之度外，反而能保全自己。不正是因为他无私心吗？所以反而能成就他自己。

【解读】

天地是不是道？天地不是道，但道在天地之间，天地是由道而生。"天长地久"，天地是最长久的，道也是最长久的。"道"是通过天地、万事万物、我们每一个人体现出来的，道是无形的，所以它是无限的，含在天地里，也藏在每个人心中。这就是天地为什么能长久，因为得道了。

"天地所以能长且久者，以其不自生，故能长生。"老子先是分析了天地长久的原因，在一般人看来，天地长久肯定是采用了各种保持长久的办法，其实不然。老子看到了更根本的原因，那就是天地的长久不是靠什么方法，而是靠自己的本性。因为天地的本性就是无私。天地是最无私的，它们不是为了自己而生存，它们就好像是为了资助万物而生存的。天滋润万物、普照万物，地承载万物、孕育万物。如果是为自己的长生着想，必定不愿意如此付出。而正因为毫不考虑自己，所以反而能够长生不老。

"圣人后其身而身先。"老子说天地的目的，其实是为了说圣人，这里的圣人当然是指得道之人。得道之人就是像天地一样无私的人，他们是无私的、居后的、处下的，结果反而能成就自我，能领先、能处上，反而能赢得人们的爱戴和敬仰。我经常开玩笑地说："越要脸越没有脸，越不要脸越有脸。"其实这不是玩笑，是真理。好多人总是太要脸，太顾及自己的面子，结果往往老没面子。有的人总是觉得自己了不起，眼高手低，自视很高，结果往往成功不了，反而被别人瞧不起。而那些不把自己当一回事，谦虚卑下的人，反而能学到很多东西，能有所成就，被人敬重。

**赵孟頫手书《道德经》**

"外其身而身存。"把自己置之度外，反而能保全自己。是说越不怕死，往往越不会死；越怕死，往往越会死。有一个成语叫"置之死地而后生"，说的就是这个道理。

"非以其无私邪？故能成其私。"这是说：不正是因为天地无私心吗？也就是说天地没有私心，不偏爱万物中的某一种，反而使万物各自都能得以发展，呈现出一派欣欣向荣的景象。天地正因为无私，所以反而能成就它的私心。天地的这种精神，是完全符合大道的，因为大道本来就是无私的，就是不自生的。

有不少学者认为老子这里讲的是要谦逊、不争，这是圣人的美德。谦逊、不争，当然是老子的思想，可是老子是大大的"狡猾"。我曾带着无限景仰的语气赞叹：老子真是一个伟大的"阴"谋家！你看他说的是要谦逊、不争，是要"后其身"、"外其身",要"无私",可最终的目的、最终要达到的结果却恰恰是居上、无不胜,是"身先"、"身存",是"成其私",是从阴性入手最后达到战胜阳性的目的。这真是一种伟大的智慧啊!这种智慧可以应用在我们生活的每一个方面。比如我们现在很多人一心想赚钱,赚了钱总想自己过好一些或者留钱给子女。结果呢?往往事与愿违,

雪堂客话图

有了钱以后不见得就有快乐。而留钱给子女的,子女并不一定就能成才、成器。很多人往往应了中国那句老话:"富不过三代。"为什么?就是私心太重了。越想拥有往往越没有。而那些真正成功的企业家往往不是把钱都视为己有,有的人就悟出"钱越分越多"的道理。钢铁大王安德鲁·卡内基说:"如果一个人到死的时候还拥有巨额财富,那是一种耻辱。"

# 第八章　上善若水

上善若水。水善利万物而不争，处众人之所恶，故几于道。居善地，心善渊，与善仁，言善信，政善治，事善能，动善时。夫唯不争，故无尤。

**【语译】**

最高的"善"就像水一样。水善于滋润万物却不与万物相争，总是处在众人所厌恶的地方，所以最接近于"道"。居住善于择地，心态善于沉静，待人善于仁爱，言语善于诚信，为政善于治理，干事善于发挥才能，行动善于掌握时机。正因为不与万物相争，所以没有过失。

**【解读】**

"上善若水。水善利万物而不争，处众人之所恶，故几于道。"最高的"善"就像水一样。水善于滋润万物却不与万物相争。水有两个作用，第一个就是利于万事万物，第二个是不争，总是处在众人所厌恶的地方。俗话说"人往高处走，水往低处流"，人往高处走，而水恰恰相反，总是处在众人所厌恶的地方，故它最接近于"道"。这里又给道以比喻，之前是玄牝、谷神，现在又说水。所以老子的"道"是不争的道，是利万物的道。

我经常讲，对一些企业领导来说，我们现在最缺的是水性管理，水性思维。水的优点是不争，利万物，往低处走，外柔内刚（外面最柔弱，里面最坚韧），随遇而安（是说水的适应性，遇到地势高的，水就往低处流），渗透能力强，耐得住寂寞，本性静、洁净、清澈，善变（水的变化是所有物质中最大的，固态、液态、气态都能变成），包容、宽容、柔弱。

日本有一个大将军名叫黑田孝高，他说水有五条法则：第一，自己活动，并能推动别人者，水也。这就给我们启发，如果要影响员工，首先自己要动。第二，不断为自己寻找进路者，水也。水要流动，不断寻找自己的方向和路径。第三，遇障碍而能激起百倍努力者，水也。遇到障碍时，能激发出百倍的努力，那时候它的潜能被激发出来了。第四，自洁且能洗涤污浊，清浊皆容者，水也。自己清洁，并且能使别人清洁，无论清浊，都能包容。第五，洋洋乎充满大海，发而为云，结而为雨雪，化而为雾，凝而成晶莹之冰，终不失其性者，水也。变化再大，但水没有失去自己的本性。这是黑田孝高对水的特性的总结。

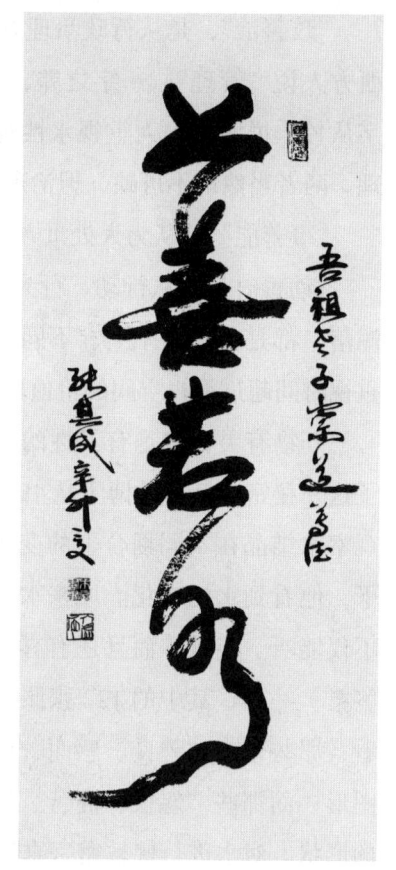

水被老子称为"上善"，是最高的善，最美的德。水的"善"表现在什么地方呢？老子一连用了七个"善"字："居善地，心善渊，与善仁，言善信，政善治，事善能，动善时。"

"居善地"，是从选择居地方面说的，水总是往低处流，选择低下的地方。人总是喜欢往高处走，不喜欢低处，而水偏偏选择人们所讨厌的低处，这就是卑下、谦虚、不争的精神。

"心善渊"，是从心态、心胸说的，水具有大海、深渊一样博大而深沉的胸怀。

"与善仁"，是从与人交往、待人接物方面说的，水具有女性的仁爱、慈悲的特性。

"言善信"，是从言语上说的，言语的"善"表现为诚信，声大水大。水怎么会言语呢？它的波涛、涌动，都是语言。你听到水轰隆隆的声音时，就是发大水。当然水是无法言语的，准确地说水的言语是常人听不懂的，所以这里有拟人化的意味，后面三个"善"都是拟人的说法。

第八章 上善若水

"政善治",是从行政治理方面说的,"治"字说得太好了,中国人说"治理",西方人说"管理",一字之差,却反映了中西方管理的不同。"治"字从水,"管"字从竹。说明中国人重视水性管理——柔性管理,西方人重视刚性管理、阳性管理。两者当然都不可缺,但治理是更高一级的,是"道"这个层面的。

"事善能"是从为人处世方面说的,水善于发挥才能,善于发挥效能。

"动善时"是从行动、行为方面说的,水善于把握时机。你看水涨水消、潮起潮落,都是应不同季节、不同时令而行动的,不会违背时令。这也体现了中国人重视时间超过重视空间的价值取向。

万物有灵,水是有灵性的。日本的江本胜博士对水作了十多年的研究,解开了这一秘密。江本胜博士从1994年起就开始做水结晶的实验,以高速摄影技术来观察水结晶在不同场合下的变化。当他播放莫扎特与贝多芬的名曲时,在显微镜下,他看到水的变化。原来水竟然能够欣赏音乐!经过不断地实验,发现原来水不仅能听、能看,而且还有喜怒哀乐等感情。他们新近发表了实验结果《水知道答案》一书,其中的122张照片展示了鲜为人知的水结晶形态,从照片上的图案看,那些带有"善良、感谢、神圣"等的美好信息,会让水结晶变成非常美丽的图形;而那些"怨恨、痛苦、焦躁"等不良的信息,会让水结晶变成离散、丑陋的形状。对水进行佛教密宗真言加持,或贴上"南无阿弥陀佛",水结晶变得清晰明亮,更为奇妙的是四周出现佛光形状、中央则呈现七彩。无论是文字、声音、意念等各种信息,都带有能量,能使水结晶发生变化。

其实,两千五百年以前的老子就已经看出水是有灵性的,具有"七善"的灵性,真是不可思议!

"夫唯不争,故无尤。"正因为不与万物相争,所以没有忧愁、过失。

老子提倡用水性管理来治理一个大国,我们应该用水性管理来治理一个企业。北京万通集团董事长冯仑在《大象与小鸟的启示》一文中说:"做企业,第一是不争,不要企图吃掉别人,我们不去寻求垄断的机会,不把自己的存在建立在别人痛苦的基础上,而是力求让所有消费者、股东、员工及各界都喜欢我们,认为我们是个不错的公司,大家都需要你。老子说'夫唯不争,故天下莫能与之争'就是这个道理。"讲的就是"上善若水"的道理。

做企业不仅要追求现代化管理,更应该融合中国传统文化的精髓,做到洋为中用,古为今用。实际上,我们现代企业最缺的恰恰就是水性管理。我们现在的企业缺的不是刚性管理,也不是自强不息,否则不可能一路走向成功。我们现在企业家最缺的是水性管理，缺的是柔性，是文化，是顺势而为。

《老子》一直在强调，柔弱胜刚强，要像水一样，水是最柔弱的，所以水是最厉害的。《老子》说"天下之至柔，驰骋天下之至坚"，越柔弱的东西，越可以战胜坚固的东西，《老子》做了很多比喻，比如说柳条枝，是永远吹不断的，但是树干，风一吹就倒了。《老子》的意思是，管理者要学会一套柔性管理和水性管理的方法，这一点非常重要，是我们现代企业家一定要学的。管理一个企业，当然要有必要的制度，要遵守法律法规，这毫无疑问是需要的。但是光靠那个东西，肯定是治理不好企业的。作为一个老板来说，你需要用柔性管理，这就体现在文化上面，要建立一种企业文化，要使企业有一种和谐的氛围，大家有一种凝聚力，不浮躁，不焦虑，每个人的心态都很平和，这样才能踏踏实实为这个企业出谋划策，为这个企业做事。这就是柔性管理。

《老子》说"道"是很朴实，很实在的，不是那么玄妙的，其实水就是《老子》"道"的化身。我们要向大自然学习，要向水学习，从中悟出这个道理，你要是知道了，那才叫真正的知道。

《老子》中水的特征：

第一，水是最柔弱的。老子说："天下莫柔弱于水，而攻坚强者莫之能胜。"说明柔弱是最有生命力的，也是最有战斗力的，柔弱胜过刚强。

第二，水是往低处流的。人喜欢高处，不喜欢低处，而水偏偏流向人们不喜欢的地方，这就叫做低姿态，高境界。这也说明了老子的思维是往低处走的，这是一种反向思维。我们也要从中学习，越把自己放得低，其实你人格就越高。这就是一个人的处世哲学。

第三，水是顺势而为的，它的流动总是顺着地势走的，地势高了它就往高处流，地势低了它就往低处流，它永远顺势而为。

第四，水可以包容万物。水可以载

江天楼阁图

舟,也可以容纳万物、接受万物。这就体现了水的包容性,这一点太重要了。孔夫子有一个学生叫子贡,有一天子贡问孔子:"老师,你能不能给我留下一个字让我奉行终生?"这个子贡挺挑剔,只要一个字,不要两个字。孔子说:"可以,那我就给你一个字——恕。"恕就是宽恕、宽容,就是像水一样具有最大的包容性。

第五,水是最善于变化的。水的变化是所有事物当中最多的,水有三种形态,它可以是液体,可以是气体,也可以是固体。一个东西在自然环境中可以同时变出三态,只有水,找不出第二个来。能有这么大变化,说明它能够随机应变。《周易》中讲了:"穷则变,变则通,通则久。"水就是知道变通,无孔不入,渗透性很强。所以我们在管理企业时要学水的渗透性,只有柔性的东西才能渗透,刚性的东西是不能渗透的。一个小孔,你要把一块很大的石头塞进去肯定不行,所以刚性的东西、硬的东西不行,只有柔的东西,就像水,它能够渗透进去,它可以无孔不入。

第六,水又是永恒不变的。无论是气体、液体还是固体,都是由水分子构成,它是永远不会变的,也就说它具有原则性。这个原则是永远不变的,形式再怎么变,本质永远不变,万变不离其宗,水分子永远不变。

第七,水能够养育万物。水无私地滋润万物,万物离开了水的滋润就无法成长。水是所有生物体的重要组成部分,是生命存在的重要条件。可以说,没有水就没有生命。成人人体重量的百分之五十至百分之六十由水组成。地球上最多的就是水,地球表面有百分之七十一被水覆盖。

第八,水是不争的。水能够养育万物,它的功劳最大,但是它却不与万物相争,体现了水的奉献精神、牺牲精神,也表现了谦虚、卑下、无为的优良品德。

第九,水是纯洁的,具有去污性。人要效法水,做到心地纯净,所以《周易》讲"洗心","洗"是水字旁,是用水来净化心灵。我们说"治理",不仅是柔性管理,也是净化人的心灵。

第十,水的力量是最强大的。水滴石穿,水可以把石头给滴穿,而石头不可能把水斩断。如果用石头斩水,或者用一把刀,一下子斩下去,水好像断了,但你把刀抽回来,水又合起来了,这就叫"抽刀断水水更流,举杯消愁愁更愁",这就是以柔克刚。水的力量是以柔克刚,而不是以刚克刚。再看水发怒的时候,叫"洪水猛兽",什么东西都抵挡不住。水可以载舟,也可以覆舟。水侵蚀岩石土壤,冲淤河道,搬运泥沙,营造平原,改变地表形态……

# 第九章　功成身退

持而盈之，不如其已。揣而锐之，不可长保。金玉满堂，莫之能守；富贵而骄，自遗其咎。功遂身退，天之道也。

【语译】

拿着碗让它盛满了水，不如适时停止。锤打金属使它锐利，不可能长久。金玉满堂，没人能守得住。富贵骄傲，自己招来灾祸。功业完成就退位归隐，这就是自然大道。

【解读】

这一章是讲"道"在人生中的具体作用。

"持而盈之，不如其已。"拿着碗让它盛满了水，不如赶快停止。因为当你盛满水的时候，它就要溢出去了，反而没有了。

"揣而锐之，不可长保。"锤打金属使它锐利，不可能长久保存。越锋利的东西越容易折，越满的东西越容易倒掉，这就是大规律。

"金玉满堂，莫之能守。富贵而骄，自遗其咎。"金玉满堂，家财万贯，没人能守得住。富贵骄傲，自己就给自己招来灾祸。

《红楼梦》中有一首《好了歌》，还有《好了歌注》，就是对这句话的最好解释：

### 好了歌

世人都晓神仙好，唯有功名忘不了！

古今将相在何方？荒冢一堆草没了。

世人都晓神仙好，唯有金银忘不了！

终朝只恨聚无多，及到多时眼闭了。

世人都晓神仙好，唯有娇妻忘不了！

君生日日说恩情，君死又随人去了。

世人都晓神仙好，唯有儿孙忘不了！

痴心父母古来多，孝顺儿孙谁见了？

### 好了歌注

陋室空堂，当年笏满床；衰草枯杨，曾为歌舞场。蛛丝儿结满雕梁，绿纱今又糊在蓬窗上。说什么脂正浓，粉正香，如何两鬓又成霜？昨日黄土陇头送白骨，今宵红绡帐底卧鸳鸯。金满箱，银满箱，转眼乞丐人皆谤。正叹他人命不长，哪知自己归来丧！训有方，保不定日后作强梁。择膏粱，谁承望流落在烟花巷！因嫌纱帽小，致使锁枷扛。昨怜破袄寒，今嫌紫蟒长。乱哄哄，你方唱罢我登场，反认他乡是故乡。甚荒唐，到头来都是为他人作嫁衣裳。

"功遂身退，天之道也。"功业完成就退位归隐，这就是自然大道。

老子说的是"道"的自然规律，而"道"至少有三个意思：万事万物的本体，万事万物的规律，以及人世间的法则。这是道的内涵，而道的外延就更多了，养生之道，治国之道，齐家之道，修身之道，可以用于任何方面。

一个人在成功的巅峰时，往往会自满自负；一个人在拥有巨大财富的时候，往往难以割舍，因为他会想到在取得成功、取得财富的道路上历经的千般辛苦、万般艰难。于是一旦拥有，就总想要永远地拥有。为了给自己的艰辛索取回报，不少成功者总是创造各种机会放纵自己，不少富豪经常一掷千金，极尽享乐之能事。

而那些没有成功的人则渴望成功，其实说到底就是渴望成功带来的功名利禄，带来的享受与荣耀。

老子一针见血地指出满盈则亏损的道理，月满则亏，日中则昃，水盈则溢。金玉满堂，同样不可长久，富贵骄傲一定招来灾祸。在中国历史上这样的例子真是数不胜数。春秋时期，吴王夫差牢记父王遗训，雪耻复仇，大败越国。其后又进逼中原,打败齐国,一度夺得霸主地位。可惜他在胜利中自我陶醉,好大喜功,沉迷于美色。原来是他手下败将的越王勾践却卧薪尝胆、反躬自省,经过"十年生聚,十年教训"之后,最终打败夫差,使夫差蒙面自杀,一代霸主灰飞烟灭。

再看勾践灭吴称霸之后,他的两位大功臣范蠡和文种采取两种截然相反的做法,最终两人也得到两种截然相反的结局。

范蠡在勾践灭吴称霸之后,选择离开越国,并留书信给文种说:"飞鸟尽,良弓藏;狡兔死,走狗烹。越王这个人,可以与他共患难,不可以与他共享富贵。您为什么不离开呢?"文种看后,认为自己为越国立了那么大的功劳,越王不会对他不义的,何况自己做官做到现在这个位置,怎么能够轻易放弃呢?

不久后有人进谗言给越王勾践,说文种将要谋反作乱,越王派人赐剑给文种说:"当年你教我伐吴国,有九条计策。我用了三条就把吴国给灭了。还有六条计策在你的脑子里,你准备干什么用呢?你还是带着它,替我到地下献给先王吧。"

文种不觉失声说道:"范蠡呢,我真该听从你的建议,现在后悔太晚了!"说完,拔剑自刎而死。

范蠡带着西施离开越国后,弃了功名,变易姓名,相偕隐居在烟波浩渺的太湖中。后来来到陶(大概是现在山东定陶)这个地方,改名叫朱公,他认为陶这个地方的地理位置十分优越,处于交通的枢纽,是四通八达之地,也是当时各诸侯国的商品交易流通的好场所。由于他经营有道,没过多久就成了"千万富翁"。齐国人都知道他贤能,齐国的国相陈成子派使者来请范蠡出来做官,使者说:"我家宰相听说您很有一套致富的本领,特派我来请先生入朝为官。"

使者走后,范蠡对下人们说:"我当官当到卿相,经商家累千金,这是布衣老百姓出身的最高境界了。长久地享受是不明智的。明天我就把财产散发给穷苦人,离开这里。"

后世称富有的人为"陶朱公",将范蠡作为财神来祭祀。

范蠡功成而身退,成为人人称羡的"陶朱公"。文种没能隐退而落了个赐剑自

万松金阙图

文财神范蠡图

刎的下场。

这就是老子说"功成身退,天之道也"这句话的原因,这个"退"一般认为是指隐退逃避,是消极避世,我看是指成功的时候要内敛、反思,不要一味前进,而是要后退,要停下来想一想、歇一歇。只有停下来,后退几步,才能走得更远。就像虫子爬行,不可能永远前伸,必须要收缩一下、后退一步,才能继续往前伸展。在老子看来,只有后退、舍弃才能积蓄力量,获得更大的成功。这种成功不一定就是物质财富的增多,而是一种心灵放松、放空之后的自由和快乐!

我想起一个故事,说有一个女子,爱上了不是她丈夫的男人,结果不知道怎么处理,想放弃但又不舍得,想要爱,又对不起丈夫。于是她去寺庙求签,但签并未告诉她什么,于是她在寺庙中住了几天,一次在山上,她遇到个小和尚,每次捞起鱼后又放掉,再捞再放,女子不解地询问缘故。小和尚说,鱼在水中游,人在世上走,各行各路吧。女子还是不解,小和尚说,我捞它的时候,我得到了快乐,但如果我不放掉,我哪知道放掉的快乐呢?女子恍然大悟。这就是"舍"的意义。

# 第十章　营魄抱一

载营魄抱一，能无离乎？抟气致柔，能如婴儿乎？涤除玄览，能无疵乎？爱民治国，能无为乎？天门开阖，能为雌乎？明白四达，能无知乎？生之畜之，生而不有，为而不恃，长而不宰，是谓玄德。

**【语译】**

魂魄合一，能不离开吗？聚合精气以致柔顺，能像婴儿那样吗？洗除杂念静心内观，能没有瑕疵吗？爱护百姓治理国家，能自然无为吗？天地动静开合，能保持安静吗？明白事理通晓四方，能不用心机吗？生万物养万物，生养了万物但不占有，推动万物有所作为但不自恃己功，促进万物成长而不去主宰，这就叫玄德。

**【解读】**

"天人合一"、"二元和谐"的整体思维是我国古代先哲普遍采用的思维方式。孔子是这样，老子也是这样，其他诸子百家都是这样。而西方的文化太分离，它最大的长处就是分析，逻辑思维很清晰，能量化。而它最大的短处也就是太清晰了，太清晰就容易造成分裂、隔离。举个例子，西方人在酒神节的时候，那些平常雍容端庄的贵夫人，这时候却判若两人，狂饮之后，是狂欢作乐，甚至脱光衣服，然后杀鹿，杀了之后喝鹿血。这太偏激了，容易走极端，容易造成人格分裂。这也从一个侧面反映了"天人分离"、"二元对立"的思维方式和价值取向的合理性。

"载营魄抱一"就是天人合一、二元和谐思维方式的体现。"载"是语气助词，没有意义。"营"就是魂，"营魄"就是魂魄，"抱一"就是合一。魂魄不完全是一回事，魂是在外，为阳，魄在内，为阴，魂魄是阴阳合体的，一个主外一个主内，所以要合在一起，不能中间阻断。"能无离乎？"能够不离开吗？这是要体悟"道"，"道"就是合一的，就像魂魄。在老子看来，"魂魄"是合一的，不能分离。后来道家将魂归属于阳，将魄归属于阴，魂魄合一，阴阳和合。

"抟气致柔，能如婴儿乎？""抟"通"团"，就是合的意思，婴儿的阴阳二气，即元精元神，是最纯真的，两者一定不能分离，只有合起来，才能至柔。我们能否像婴儿一样抟气致柔？就是说能否把生命之气团起来，内收，不让它发散掉。这样人体才能变得柔软、弱小，就像婴儿一样。婴儿是老子崇尚的对象，是柔弱的象征。柔弱的东西在物体中就是水，在人生中那就是婴儿。第五十五章老子对婴儿作了详尽的描述，十分精辟。

"涤除玄览，能无疵乎？""涤除"就是用水洗涤。水是最纯净的，可以洗掉一切污垢，我们要经常用水来清洗我们自己的心灵。就像禅宗北宗神秀大师作的偈子：

**秋林舒啸图**

"身是菩提树，心如明镜台，时时勤拂拭，莫使惹尘埃。"《周易》中也说要"洗心"，当然这是一个形象的说法。洗心就是老子说的"玄览"，"玄览"又写作"玄鉴"，"玄"是幽深的意思，是黑色的，"览"是看，"玄览"就是黑色地看。要"涤除"了之后再"玄览"。如果睁开眼就是亮的，那就是白览，就不是玄览了。"玄"览就是内视、内观。西医是用白相的方式，直接打开，或用X光看，而中医用黑相的方法，不打开人体，用药反馈，来试探，这就是中医最了不起的"玄览"。我说过，对《黄帝内经》影响最大的就是道家，它里面引用了很多《道德经》里面的话，所以它肯定是在汉代，在《老子》之后成书的。李时珍说过，经络，"内景隧道，惟反观者能照察之"。往里看，气血的通道就是经络，这就是玄览的方法，这方法太重要了。玄览，是一种道家内修的功夫，不是只在嘴上说说而已。只有经过玄览，才能达到没有任何瑕疵，才能把心中一洗而净。玄览就是要用"天眼"观照自己的内心，实际上就是使自我内心纯净，不染上一丝灰尘，进入无思无为、清明虚空的境界。这就是《周易》中所说的"易"的世界——"易，无思也，无为也，寂然不动，感而遂通天下之故。"心，只有每一天都去清洗它、擦拭它，才能没有瑕疵。

"爱民治国，能无为乎？"你要治理这个国家，你要爱护你的老百姓，那一定要无为。"无为"是老子治国的最高理念，我们将会在后面详细说明。

"天门开阖，能为雌乎？""天门"是指自然之门，天门是一开一合的。雌和雄是相对的，雌是柔弱的，雄是刚健的；雌的就是阴的，雄的就是阳的；阴主静，阳主动。"为雌"就是守雌，守住雌性的东西、阴柔的东西，意思就是要守静。这里说天门的开阖能够守雌吗？能够得安静吗？意思是说天门能每天都安安静静地、正常地一开一合吗？言外之意就是有时候老天不是这样的。我有一天从清华大学出来，看到天地一片黄色，起沙尘暴了。这肯定是老天发怒了，因为天门的开阖就应该是安静的、正常的，为什么不正常了呢？这就可能是人为关系了。

"明白四达，能无知乎？"我们明白事理通晓四方，能够不用智慧吗？老子在后面说了，一个最聪明的人是足不出户就能知道天下事的。"秀才不出门，全知天下事"，怎么才能做到这一点呢？其实非常简单：守静玄览。你要想明白四达，就要无知无虑。"知"通"智"。为什么越不用智慧反而越有智慧呢？这就是老子的睿智之处，是老子的大智慧啊！看上去老子和孔子完全不同，孔子是讲智慧的，讲仁义的，后世儒家就把孔孟思想归结为五德——仁、义、礼、智、信，可是老子却说要"绝仁弃义"、"绝圣弃智"，要仁义干吗？要智慧干吗？全给抛弃了！表面上老子和孔子恰恰相反，其实说的问题是一样的，希望达到的目的也是一样的。只是看问题的角度不同，强调的层面不同，一个从正面说，一个从反面说。孔子从正面去看，社会混乱，礼崩乐坏，就是不讲仁义礼智信的结果；老子从反面去看，社会混乱，礼崩乐坏，不是讲讲仁义礼智信就可以解决的，反而是仁义礼智信讲得太多了，人的清静的本心就丧失了，所以要回归到人的本心、本性上去。看来老子说得更彻底啊！大家想一想，为什么现在要大讲和谐社会？就是因为不和谐了。为什么要讲礼仪？就是因为缺少礼仪了。

最后几句"生之畜之，生而不有，为而不恃，长而不宰，是谓玄德"，又见于第五十一章，所以在第五十一章再讲解。

第十章　营魄抱一

# 第十一章　三十辐共一毂

三十辐共一毂，当其无，有车之用。埏埴以为器，当其无，有器之用。凿户牖以为室，当其无，有室之用。故有之以为利，无之以为用。

【语译】

三十根辐条凑到一个车毂上，正因为中间是空的，所以才有车的作用。糅合黏土做成器具，正因为中间是空的，所以才有器具的作用。凿了门窗盖成一个房子，正因为中间是空的，才有房子的作用。因此"有"带给人们便利，"无"才是最大的作用。

【解读】

老子在这一章用了三个比喻，举了三个例子，说明"无"的作用，也说明"有"和"无"的关系。

第一个例子，是"三十辐共一毂"。古代的车轮是用木头做的，由四部分组成，轮、辐、毂、轴。这四个字都是"车"字旁，其中"轮"是最外面的部分，"轴"是最里面的部分，就是轴心。"毂"是套在车轴上的部分。"辐"是连接轮毂的木条。《诗经》里面有一首著名的诗叫《伐檀》，很多人都学过吧？里面说："坎坎伐檀兮，置之河之干兮。""坎坎伐辐兮，置之河之侧兮。"就是砍伐檀木，削成辐条，做成轮子。三十根辐条共同凑合到毂上。在毂和轴中间必须是有空隙的，

唐风图

否则就无法转动了。正因为中间是空的，是"无"，所以这个车轮子才可以转起来，如果中间不空，是实的，那么车轮怎么动啊？所以"当其无，有车之用"。这中间的"无"——空是最重要的，就是这个"无"才有了车子的用处，这叫无中生有，无有大用啊。

第二个例子，是"埏埴（shān zhí）以为器"。"埏埴"这两个字都是土字旁，"埏"是一个动词，和土的意思。"埴"是一个名词，一种黏土。"埏埴"就是糅合黏土。去"陶吧"玩过的人都知道，制一个陶具，比如说做成一个杯子，要把泥和一和，然后要把中间掏空。杯子的作用在哪里？就在于中间空的部分。所以"当其无，有器之用"。否则的话，中间全是实的，那这个东西还有什么用啊？

第三个例子，是"凿户牖以为室"。"户"是门，"牖"是窗户，我们盖好房子必须要凿开门和窗，古时候建造房子是用土砌墙，整体砌完后才开窗和门，这个房子最大的作用就在于中间空的部分，窗和门也要空。所以"当其无，有室之用"。试想如果这个房子中间用泥巴石头塞得严严实实的，或者就算中间是空的，但没有门和窗，那这个房子还有什么用啊？

这三个例子都用来说明那个"空"即"无"才是最大的作用，意思就是叫我们把一切放"空"。你越"空"的时候你的心量就越大，作用也就越大。

所以，"无用"才是大用。我曾说过学国学、学哲学最大的作用就是"无用"。哲学、国学它不能告知你具体做什么、怎么做。哲学、国学不是告诉你有形的东西，而是告诉你无形的东西，比如价值观念、思维方式、审美情趣、人文素质等，这些东西不是一招一式有形的东西，也不是学了以后就马上可以操作的，它是一种潜移默化。但是你想一想，我们做的一切事情是不是都是由这些无形的东西在起着主导的、根本性的、决定性的作用？所以"无用"又是最大的用。

关于"有用"与"无用"这个话题，庄子在他的《庄子》一书中有过精妙的阐述。

有一天，庄子在山中行走，看到一棵大树，枝繁叶茂，伐木工人打量了这棵树，但停在它的旁边不动手砍它。庄子就问他其中的原因，伐木工人说："这棵树没有什么用处。"庄子感慨道："这棵树正因为它对人来说没有什么用处，才能长成如此之大，得以享尽天年。"

庄子从山里出来，去看望一个朋友，住在这个朋友的家里，故人的到来，令这位朋友非常高兴，于是他让自己的儿子杀一只鹅来招待友人。儿子问父亲："家里有两只鹅，一只会叫，一只不会叫，杀哪一只更好呢？"父亲说："杀那只不会叫的吧。"

第二天，跟随庄子出行的一位弟子有点纳闷地问庄子说："昨天山里面的那棵大树，因为没有用处能够享尽天年，现在主人的鹅，却又因为没有用处而被杀掉。那么先生认为我们做人应该是做一个有用的人，还是应该做一个无用的人呢？"

庄子听后笑着说："我处身于有用与无用之间。不过，有用与无用之间这种说法与我的处世方法还有一些出入，以有用与无用之间去处世，可能还会有一些世俗的拖累。如果按照天道去浮游于天地之间，就不这样了。没有表扬也没有批评，适合做龙时就变为龙，适合做蛇时就变为蛇，顺应时势的变化，达则兼济天下，穷则独善其身，没有什么一定非要做的；能上也能下，以和顺为标准，遨游于万物的

**大树风号图**

源头，即道里，主宰外物而不被外物所主宰，那还有什么可以拖累的呢？这就是神农和黄帝所遵循的法则。如果从人世间的角度来看就不这样了。合了就要分开，成了就要毁坏，有棱有角的就要遭受挫折，尊贵了就要受到非议，有所作为就要受到损害，贤能了就会遭到谋算，没有出息又要受到欺负。你在这样的人世间处身，你怎么知道自己一定会怎么样呢？可悲啊！弟子们要记住，只有置于道德之乡才完全合适啊！"

庄子认为按有用、无用以及有用与无用之间的标准去处世，实际上都摆脱不了尘俗的拖累，俗话说，人算不如天算，你怎么做都不可能达到完美的境界。有和无是相互转化的，有用和无用也是要相互转化的，只有保持一种虚无的心态，顺应天道，无所为而无所不为，才能真正地拥有一切，享尽天年。

对"无"和"有"的关系，老子总结为"有之以为利，无之以为用"，当然有无是相生的，有无是相对的，两者缺一不可。车、器、室都是"有"——有形的东西，它们给人类带来了便利，带来了利益。但是"无"——无形的东西、无形的部分才有最大的作用，正是有了"无"，"有"才能发挥作用。老子借此说明我们每一个人都要保持心灵的"无"，这才是人生最大的富有。

# 第十二章 五色令人目盲

五色令人目盲；五音令人耳聋；五味令人口爽；驰骋畋猎，令人心发狂；难得之货，令人行妨。是以圣人为腹不为目，故去彼取此。

【语译】

五色使人眼花缭乱，五音使人听觉不灵敏，五味使人丧失口感，纵情围猎使人心发狂，稀罕的宝物使人行为变坏。因此得道的圣人只为饱腹不为耳目享受，所以要抛弃后者选取前者。

【解读】

这一章受到了五行思想的影响，后来的《孙子兵法》受到这章的影响。

这章一共用了六个"令"。第一个，"五色令人目盲"。五色完全是按照五行来说的了，说明老子这个时候五行已经盛行了。五行：木、火、土、金、水；五色：青、赤、黄、白、黑五种基本颜色，比喻缤纷绚丽的色彩。五色分别和五行相配，实际上五色就代表了所有的颜色，这种五色不是会使人眼睛瞎，而是会使人眼花缭乱。

"五音令人耳聋。"五音：角、徵、宫、商、羽五个基本音阶，比喻纷繁、悦耳的音乐。五音会把人的耳朵弄得不灵敏了，这里不是说弄聋了。什么是五色最大的体现？一个是绘画，一个是绚丽的珍宝，这些会使人眼花缭乱。五音最大的体现就是音乐，这个音乐如果不是正音，而是靡靡之音或者什么摇滚啊，听了就会使人发狂了。

"五味令人口爽。"五味：酸、苦、甘、辛、咸五种味道，比喻丰盛的美味佳肴。五味最集中的体现就是山珍海味，经常吃这些就会使人丧失了正常的口感。

将颜色、声音、味道分为五类显然是五行思想的反映。《孙子兵法》十三篇中也讲到了五色、五音与五味。"五色之变，不可胜观也。""胜"是完的意思，就是说这五种颜色的搭配，你永远也看不完。"五音之变，不可胜听也。"五种音乐的组合变化，你永远也听不完，你说歌曲你听得完吗？"五味之变，不可胜尝也。"五味组合的美味佳肴，你永远也尝不够啊。这三句话不就是从这一章来的吗？当然孙子讲用兵之道不在于此，接着话锋一转，说："奇正之变，不可胜穷也。"正就是阳，奇就是阴，奇正的变化就是阴阳的变化，"奇正相生，如循环之无端，孰能穷之"，奇正、阴阳的变化永远也穷尽不了。《孙子兵法》讲怎么能取得战争的胜利，出奇制胜，那不是崇阴的吗？所以孙子也就是"阴"谋家。从思想源流来说，兵家就是道家在现实中的运用。

"驰骋畋猎，令人心发狂。""驰骋"都是马字旁，骑在马上，"畋猎"就是打猎，这样去捕杀猎物一定会使人心发狂。苏东坡那首词"老夫聊发少年狂，左牵黄，右擎苍"，说的就是去打猎。骑在马上去打猎就豪放，就心发狂。

"难得之货，令人行妨。"沉溺于追寻难得珍贵的珍宝的欲望中，就会使人的行为变坏。"行妨"就是行为变坏。一天到晚去追求那些难得的珍宝，你的行为就混乱了，就不正常了。

"是以圣人为腹不为目。""为腹"就是为了填饱肚子，行动的目的是为了获得基本的物质保障。"目"是眼睛看的，"为目"就是为了高级的享受。所以得道之人是为腹不为目的，就是说不去追求高级的享受，只要填饱肚子就行了。

狩猎图

"故去彼取此。"所以要去掉那个,来取这个,就是说要抛弃后者(为目),选取前者(为腹)。

我们人有时候活得很累,目的性太强,这个目的往往是高于现实的,就是"为目"。心理学里面有个词叫"目的颤抖",就是说譬如你拿了一根绣花针,你的线要穿过它,目的性太强了你的手就会颤抖,越近越抖。所以不要把目标定得太高,为什么好多人痛苦呢,因为目标太高,达不到。有个台球名将,每打一场比赛前他定一个比较低的目标,他定下这场比赛他要有三个失误,所以在他失误后心情很平静,因为都在计划当中,所以他就能发挥出很高的技术水平。另外一个球员,给自己定的目标很高,不能失误,一旦失误他就全垮了。所以这个叫"为腹不为目",这是一个辩证法。老子这个人太神了,看得太透了,实际上这是达到了最高的境界,符合自然大道。

老子从色、声、味以及打猎、藏宝的角度说明声色犬马的物质享受、感官刺激具有极大的危害性。

过分追求物质享受反而会丧失人生本性,会损坏人体的感官功能。现代社会充满了各种物欲诱惑,物质文明高度发达,不少人由于沉湎于各种强烈刺激的音乐,结果不仅听力大大受损,而且容易心绪不宁,以至于得了精神分裂症。这一点我想大家都可以理解,比如说胎儿如果给他听强刺激的音乐,他会躁动不安。饮食口味同样如此,如果总是吃那些过辣、过咸、过甜的食物,不仅会损伤人的味觉,而且相对应的脏腑也会受到损害。至于过分迷恋、沉湎于打猎、打牌、打球等游乐活动,进而将游乐变成赌博,同样会使人心灵躁动不安,甚至造成仇杀、自杀等后果。收藏宝物之风过甚,不仅使人玩物丧志,而且还会引起偷盗、造假、坑蒙拐骗等丑恶现象。所以能安于满足基本的生理需求(为腹),而不去追求过度的物质享受(为目),是人生的智慧,同样也是快乐之源。

# 第十三章　宠辱若惊

宠辱若惊，贵大患若身。何谓宠辱若惊？宠为下，得之若惊，失之若惊，是谓宠辱若惊。何谓贵大患若身？吾所以有大患者，为吾有身；及吾无身，吾有何患？故贵以身为天下，若可寄天下；爱以身为天下，若可托天下。

【语译】

无论是受宠还是受辱都感到很吃惊，重视大祸患就像重视自己的身体。什么叫受宠和受辱都吃惊？因为受宠是卑下的，得宠了会感到惊恐，失宠了也会感到惊恐，这就叫受宠和受辱都吃惊。什么叫重视大祸患就像重视自己的身体？因为我之所以有大祸患，就是因为我有这个身体；如果我没有这个身体，我还有什么祸患呢？所以只有像重视自己的身体那样治理天下，才可以把天下交付给他；只有像爱惜自己的身体那样爱惜天下，才可以把天下托付给他。

【解读】

"宠辱若惊"，我们知道一个成语叫宠辱不惊，大家听说过这样一副对联吧。"宠辱不惊，闲看庭前花开花落；去留无意，漫随天边云卷云舒。"这种意境叫不以物喜不以己悲，是古代贤士们追求的一种最高境界。你看陶渊明那种意境："纵浪大化中，不喜亦不惧。应尽便须尽，无复独多虑。"在大的变化中，他既不欣喜也不恐惧。应该完的时候就完了，还有什么好考虑的呢？

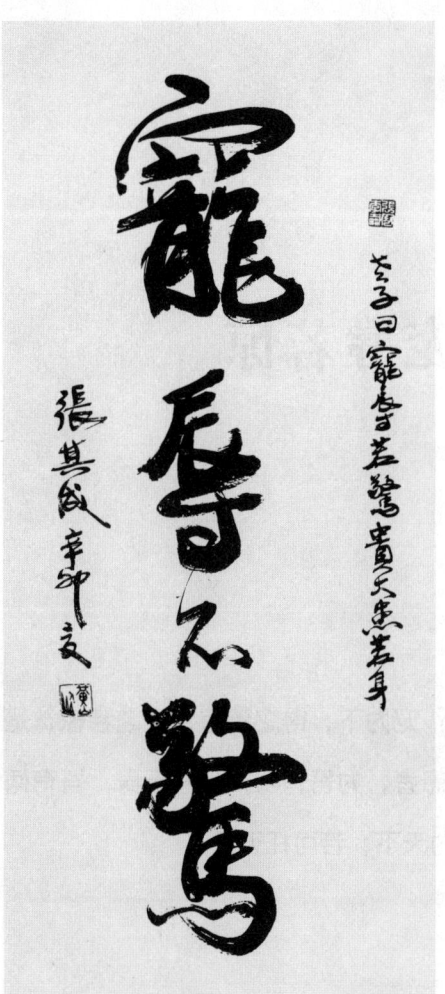

武汉归元寺有一副对联，已经参透了人生："见了便做，做了便放下，了了有何不了？慧生于觉，觉生于自在，生生还是无生。"看见事情就做，做了就把它放下，一切事情都会了的，有什么会不了的？慧从觉悟中来，"慧"就是大智慧，觉生于自在。所以学了道，学了佛，你心里就有一种大自在啊，观自在菩萨。"慧生"和"觉生"两个生，生生还是无生，生了又生，我们说《周易》叫生生之谓易，生而又生，生生不息，但是最终还是"无生"，"无生"就是"道"，"道"里面最终是"无"。"有生"和"无生"这都归于大道了。如果给它加个横批，可以加"见性成佛"。

那么，"宠辱不惊"与"宠辱若惊"是什么关系呢？在我看来是一回事，都是在说"宠"和"辱"是一致的，在"宠"和"辱"面前的心态是一致的。只是这副对联强调在受宠和受辱时要保持同样的淡泊和从容，老子是强调在受宠和受辱时要保持同样的惊慌和恐惧。只有"宠辱若惊"，才能"宠辱不惊"。

"贵大患若身。""贵"在这里是个动词，意思是重视，"若"是好比，意思是说要重视大的祸患就好像重视自己的身体。我们人人都很重视自己的身体，要把大的祸患当做身体一样来重视，所以受宠也惊，受辱也惊。

"宠为下，得之若惊，失之若惊，是谓宠辱若惊。"为什么"宠辱若惊"？因为宠和辱都是人为因素造成的。宠辱有四种情况：受宠和失宠，受辱和失辱。其中失宠和受辱时感到惊恐，这好理解，但受宠和失辱时也要感到惊恐则难以理解。老子了不起的地方就是看到了常人所看不到的东西。就受宠而言，宠爱你的人总是高高在上，受宠爱的人总是居在下位，这本身就是一种不平等的关系，所以老子说"宠为下"，是说受宠从本质上说是卑下的、不公平的，与受辱一样是有损自我尊严和人格完整的，因此不要沾沾自喜，反而要感到惊慌，要战战兢兢、诚惶诚恐。你想，人家宠爱你，或者是因为你有可爱之处，或者是因为你有可利用之处，而可爱是一种感情，可利用是一种需要，感情和需要总是短暂的、可变的，一旦变化了，当然就失宠了。当你受宠时，可能享尽荣华富贵，那么失宠时也就有可能大难临头，所以受宠时要惊恐。至于失辱是指洗刷了耻辱，同样也要有恐惧之心，仍然要保持忧患意识。吴王夫差就是在打败了越王勾践，洗清了自己父亲阖闾兵败的耻辱之后，松懈大意，而反遭失败、蒙羞而亡。

老子告诉我们，得到宠爱这份荣耀你会觉得吃惊，失去了你也会觉得惊恐，这就叫做"宠辱若惊"。这一章说得非常好，本来就不应该有宠辱，你要受宠干吗，你没受宠就肯定不会受辱，也就是说本来万事万物都是公平的，"天地不仁以万物为刍狗"，现在你受辱受宠了，那说明一定是有高低之分了，那就不符合大道。所以你受宠受辱的时候就会惊恐，那怎么样才能保持一颗平常心呢？很简单，没有受宠的感觉。突然中央领导人接见我了，那他就该见我，不觉得受宠。突然得到一个东西，那我就该得到；失去一个东西，那我就该失去，这就完了嘛。得与失是一回事，这就是大道，它是有无相生，宠辱相形的。

"何谓贵大患若身？"什么叫重视大的灾祸就像重视自己的身体啊？

"吾所以有大患者，为吾有身，及吾无身，吾有何患？"我之所以有那个大的灾祸就是因为我有这样的身体，我们现在都很担心自己的身体是不是不好，那就是因为你有身体，要是没有了身体还担心什么呢？所以道家和佛家讲的是一样的，佛家说身体就是一个臭皮囊，身体有没有病有什么关系。后来庄子说"身如槁木，心如死灰"，身体就要像枯木头，心静下来就像死灰一样。到这个时候还怕什么身体好不好。一个人得了癌症，天天害怕，感觉自己不久就离开人世。现在统计大部分癌症病人都是吓死的。有一个人也得了，他觉得他还没有去游山玩水，就去玩，后

听箫图

第十三章 宠辱若惊

来回来一检查，好了，不过这是个别情况。心情放松了，反倒好了，你越担心，病越重，所以要无身，无身了还有什么灾祸呢？这与"外其身而身存"、"后其身而身先"讲的不是一个道理吗？

"故贵以身为天下，若可寄天下。""贵"是重视，所以只有像重视自己身体一样来治理天下，才可以把天下托付给他。这个"若"是才的意思。

"爱以身为天下，若可托天下。"像爱惜自己身体一样治理和爱护天下，才能把天下托付给他。就是不要把自己的身体看成一个私人的东西，把天下和身体看成一回事，爱护天下人就像爱护自己的身体，这样的人才能把天下托付给他。这里和前面是从两个角度来说的，前面说你不要太重视自己了，越重视自己越有灾祸，不重视自己的身体，反而没有灾祸。而从另外一个角度说，你把自己的身体和天下看成一回事，这也是一种无私的表现，所以道家是最无私的。正因为他最无私也就能"成其私"，最能保全自己，但是他又是符合大道的，所以也有人说道家是最自私的。

老子这里提出了"贵身"的思想，是指不要舍本求末，不要去追逐身体以外的宠爱、荣耀、富贵，而是要珍爱自己的身体，珍爱自己的生命。不少人对这一章有误解，因为老子说："及吾无身，吾有何患？"很多人以为老子是讲"无身"，而不是讲"贵身"，因而得出老子不讲养生的错误观点。有人甚至认为"身"是一切烦恼和灾祸的根源，误将"身"等同于"肉体"，以为肉体可以灭亡，精神应该摆脱肉体的束缚。其实人身包括精神和肉体两部分，这两部分是相辅相成的，老子的"身"也包括了这两部分。

老子所谓的"无身"偏向于精神方面，是指不要追求荣耀、显赫的东西，不要追求声色犬马之类的物欲享受（第十二章"不为目"），而不是指要轻身、弃身。老子讲的"贵身"是指要爱惜自己的身体，偏向于肉体方面，是指要满足自己最基本的生活需求（第十二章"为腹"）。"无身"和"贵身"有因果关系，正因为"无身"，所以"贵身"；正因为"贵身"，所以"无身"。两者所达到的目的是一致的，都是安逸、恬静，是生命的返璞归真，是生命的最高境界。这才是真正的养生啊！

可贵的是，老子进一步把"贵身"、"无身"的思想推广到"贵大患"、"治天下"，这正体现老子"身国一体"的说理方式和以天道明人道、以人道证天道的思维方式。试想一个连自己的身体都不重视的国君，他怎么会珍惜自己的百姓以及天下的人民呢？反之，一个重视自己身体而不追求声色物欲的国君，他怎么会不珍惜自己的人民而去侵略别人、扰乱天下呢？只有这种人，才"若可托天下"。

# 第十四章　视之不见

视之不见，名曰夷；听之不闻，名曰希；搏之不得，名曰微。此三者，不可致诘，故混而为一。其上不皦，其下不昧。绳绳兮不可名，复归于无物。是谓无状之状，无物之象，是谓惚恍。迎之不见其首，随之不见其后。执古之道，以御今之有。能知古始，是谓道纪。

【语译】

看它是看不见的，叫做"夷"；听它是听不到的，叫做"希"；抓它是抓不住的，叫做"微"。这三方面都不可以去追问，所以是浑然一体的。它上面不明亮，下面也不昏暗，绵绵不断而不可名状，又回归到无形无物之中。这就叫做没有形状的形状、没有实物的形象，这就叫做"恍惚"。在前面迎接它却看不见它的头，在后面跟随它又看不见它的尾。把握古代的"道"来驾驭现代的具体事物。能够认识宇宙的起始，就叫做"道"的规律。

【解读】

这一章是描述道的，讲道是什么样子。道不是说不清道不明吗，不过是可以描绘的。这一章开头用了三个"不"："视之不见"、"听之不闻"、"搏之不得"，是形容道的神妙，不是人的感觉所能把握的。"视之不见，名曰夷。""夷"的意思就是看不见。说明道是无形的，用肉眼去看是看不见的，只有通过内观才能体悟

仙源图

得到。"听之不闻，名曰希。""希"就是听不见。说明道是无声的，用耳朵去听是听不到的，只有通过内听才能体悟得到。"搏之不得，名曰微。""微"就是微小，小到你根本抓不住它。说明道是无物的，不是一个有形的东西。"搏"应该是个"抟（搏）"字，是"抟之不得"。"抟"是什么意思？手字旁，这里是用手抓的意思。道用手去抓它，是抓不住的。"夷"、"希"、"微"分别是对不可见、不可听、不可抟的定义。

"此三者，不可致诘。"此三者，是不能去追问的。"故混而为一。""道"是说不出来的，听也听不到，看也看不见，抓也抓不住，所以是混而为一，浑然一体的。

在五代时期有一位非常有名的高道，叫"陈抟老祖"，他的号就叫希夷先生。他的名号就与这三句话有关，与道有关。从名号上看，他就是一位得道高人。中国文化第一图"太极图"以及"先天方圆图"等一系列"易图"就是由他传下来的，"河图洛书"也是由他的著作《易龙图序》传出的，他是中国太极文化、河洛文化的代表人物。他著《指玄篇》《观空篇》《胎息诀》和《阴真君还丹歌注》等，并亲自实践，发明了睡功，成为天下第一睡仙。

"其上不皦，其下不昧。"这个"皦"就是明白、明亮的意思，这里说"道"从上面看是不明亮的，从下面看是不昏暗的，"道"是既不明亮也不昏暗的，恍恍惚惚的。

"绳绳兮不可名。""绳绳"是绵绵的意思。"道"是绵绵不断、始终存在的，不可名状，说不出来，如果能说出来，就不是真正的"道"了。"复归于无物。"道"的本体不就是"无"吗？

"是谓无状之状，无物之象，是谓惚恍。""道"是没有形状的形状，是没有物质的"象"，这就叫做惚恍。这里为什么不说恍惚，要说惚恍？其实非常简单，那是为了押韵，"象"与"恍"韵母相同，惚恍其实就是恍惚的意思。道这种东西你要去体悟它的话，它是恍恍惚惚的，难以把握、难以捉摸。

"迎之不见其首，随之不见其后。"在前面迎接它却看不见它的头，在后面跟随它又看不见它的尾。这也说明了道的神秘性。

"执古之道，以御今之有。能知古始，是谓道纪。"把握古代的"道"来驾驭现代的具体事物。能够认识宇宙的起始，就叫做认识"道"的规律。

总之，老子将"道"归为"象"，而不是归为"形"：道是"无状之状，无物之象"。西方人重视形，是形思维，东方人重视象，是象思维。"形"和"象"的最大区别在于"形"是可以看得见，摸得着的，有一个外在形体，是可以测量的。"象"是看不见摸不着的，但却是真实存在的，是可以感受的，可以体悟的。"形"是静态的，"象"偏向于动态，它是流动的，是"恍惚"，是"混一"，恍恍惚惚，混混沌沌，只有细腻地去体察、内视才可以感觉得到。

真正得了道之后，就不会去陷于那些有形的琐事上，什么得失、成败、荣辱，这些都没有了，也不会去计较它了。什么有无、长短、高下、深浅，这些都无差别了。因为我们回到最根本的状态上去了，所以就解脱了，真正地快乐了，就不会被有形的东西束缚住了，这就是得道。其实得道很简单，人人都可以得道，因为每一个人都是上有食道，下有尿道，这就是道，是真实不虚的，是最真实的东西。

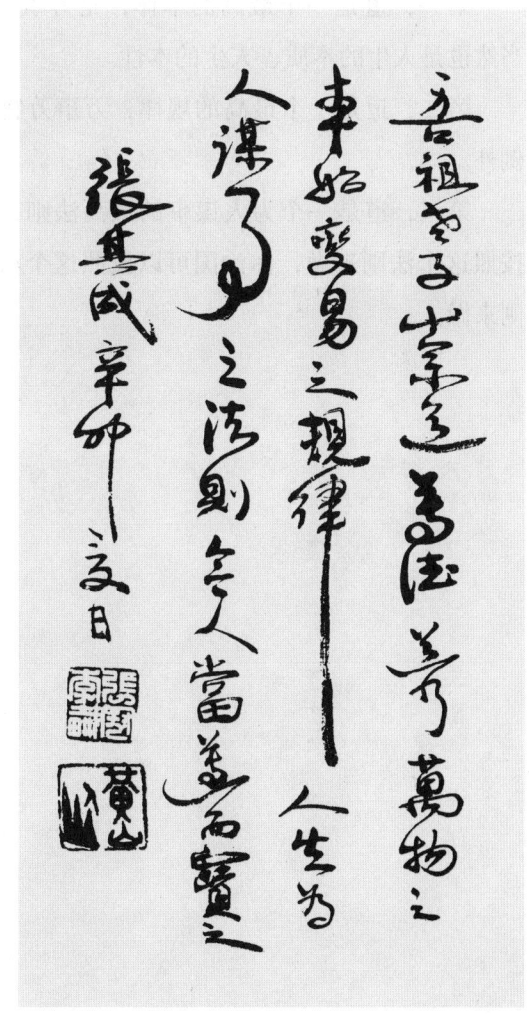

有一位伟人，某一天晚上睡不着觉，到凌晨三点多的时候给一位研究《老子》的学者打了一个电话，问了一个问题："老子究竟是唯物还是唯心？"这位学者犯难了。的确这个问题无法回答，你说唯物吧？这里说道是"无物之象"，是"无状之状，无物之象"；可你说是唯心吧，第二十一章说了"道之为物……其中有物"。好多学者都陷入了唯物、唯心的圈子里，无法自拔。主张唯物的一派和主张唯心的一派打得不可开交。有的学者一会儿说是唯物，一会儿说是唯心，自相矛盾。其实这种二元对立的分类方法本身就是不符合中国哲学的。那是西方哲学的一种分类法，根本不能用来套用老子的这个"道"。"道"里面有物有心，"道"是最本源的。

道既不唯物也不唯心，是"物心"的合一体。"道"里面有物，也有心，什么都有，不能分开，没有分别。所以我把"道"理解为三个层面：

第一，道是一个最高的本体，是万事万物的本原，是创生万事万物的大门，当然也是人生的本质、人生的本性。

第二，道是一个最高的规律，万事万物都是按这个规律来运行的，没有一个例外。

第三，道是一个为人谋事的最高法则，我们做任何事情，比如说你养生可以按照这个法则来做，你治国可以按照这个法则来做，你做企业也可以按照这个法则来做。

# 第十五章　古之善为道者

古之善为道者，微妙玄通，深不可识。夫唯不可识，故强为之容：豫兮若冬涉川，犹兮若畏四邻，俨兮其若客，涣兮其若凌释，敦兮其若朴，旷兮其若谷，混兮其若浊。孰能浊以静之徐清？孰能安以动之徐生？保此道者不欲盈。夫唯不盈，故能蔽而新成。

【语译】

古代善于把握"道"的人，精妙神秘而通达事理，精深得难以认识。正因为常人不可认识，所以只好勉强来形容他：慎重啊像冬天踏冰过河，犹豫啊像提防四周，庄重啊像尊贵的宾客，自在啊像冰凌消融，敦厚啊像未经雕琢的树木，旷达啊像幽深的山谷，混沌啊像一汪浊水。谁能够在混沌中安静下来慢慢地变清澈？谁能够在安逸中活动起来慢慢地生长？保持这种"道"的人，不要求盈满。正因为不要求盈满，所以能够去旧更新。

【解读】

"古之善为道者，微妙玄通，深不可识。"古代善于把握"道"的人，他是非常精妙的、能通达事理的，这里的事理不是一般的"玄通"（再玄妙的东西他都能通达），他是精深的，难以认识的。所以如果认为老子长得很精干，一看就很有神

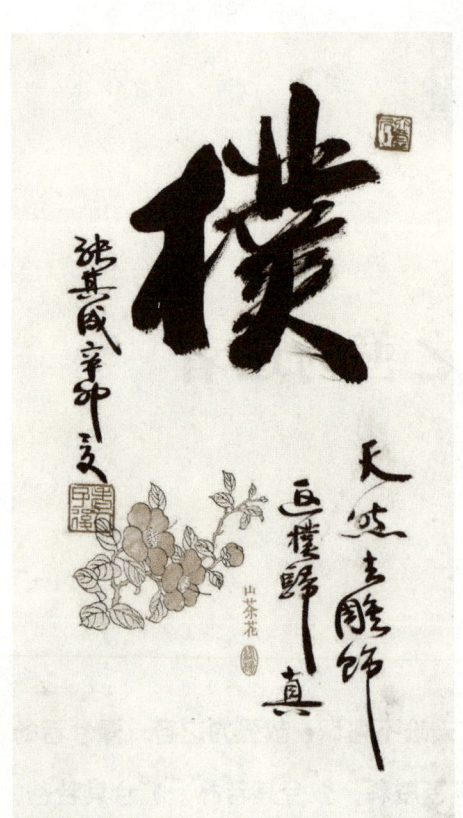

的样子,那就错了,就不是老子了。

"夫唯不可识,故强为之容。"这个"道"正常人是不能认识的,所以勉强来形容它。后面就是形容"道"是什么样子,也就是老子长什么样子。用了七个"若","若"就是好像,是比喻。说不清,道不明,只能用比喻。

"豫兮若冬涉川。""道"是谨慎的,"豫"有两种解释,一种是悠闲自得的意思,另外一种是犹豫不决的意思,可能都可以吧。"道"是悠闲的,也是犹豫不决的,也是慎重的,就好像冬天的时候踏冰过河。"川"就是河。

"犹兮若畏四邻。"这个"道"是犹豫的,好像害怕四周的邻居。战战兢兢,非常谨慎。

"俨兮其若客。""俨兮"就是指庄重的样子。"道"是非常庄重的,好像最尊贵的客人。

"涣兮其若凌释。""凌"就是结冰,"涣"就是涣散开来。六十四卦中不是有个涣卦吗?说的就是这个冰化了。这里是说,自在就如冰雪消融一般。

"敦兮其若朴。""敦"是敦厚。"朴"是没有经过雕琢,原始态的树木。敦厚就像没有雕琢的树木。发现没有?老子的"道"是原生态的。

"旷兮其若谷。"旷达就像幽深的山谷。

"混兮其若浊。"混沌就像一汪浊水。

你看这七个比喻把"道"的方方面面都形容到了。这是对得道之人的精彩描写,写得很美,像一首诗。"道"是玄妙精深的,当然得道之人也是玄妙精深的。所以无法描写,迫不得已,老子只好用了七个"若"字、用了七个形容词来描述。这七个形容词没有一个是对外貌的描述,全是对得道之人精神风貌、人格特征的赞美。

当代学者陈鼓应先生将老子的得道之"士"与《庄子·大宗师》里的得道之"真人"作了比较:老子所描写的人格形态,较侧重于凝静淳朴、谨严审慎的一面；庄子所描述的人格形态，较侧重于高迈凌越、舒畅自适的一面，庄子那种超俗不羁、"独与天地精神往来"的人格形态是独创一格的。老子的描写，朴素简直，他的素材都是日常生活和自然风物的直接表现；庄子则运用浪漫主义的笔法，甚至于发挥文学式的幻想，将一种特殊而又突出的人格精神提升出来。

的确，老子自己就是一个实实在在、敦厚、浑朴、恬静、谨慎的"老头子"。庄子则像鲁迅先生所描述的那样"汪洋辟阖，仪态万方"，是一个潇洒飘逸的中年男子形象。虽然庄子的超凡脱俗与老子的质朴敦厚有很大的不同，但他们都是真正的得道的高人，又都是把握天地大道、"独与天地精神往来"的凡人。庄子是对老子精神的继承和发挥，或许在我们今天的生活中，老子的"大隐隐于市"比庄子的企求"邈姑射之神人"更有现实意义吧？

老子在描述完得道之人后，用了两个反问句做了总结："孰能浊以静之徐清？孰能安以动之徐生？"这是说只有得道之人才能以"静"的工夫使污浊变清净，以"动"的工夫使安逸变生长。"静"和"动"是对立的，也是互动、互根的。"静"到了极点就变为"动"了，"动"到极点就变为"静"了。"动"和"静"是促进生命生生不息的两大动力。在动荡不安的时候要修炼"静"的功夫，在安逸不进的时候要修炼"动"的功夫，当然两者并不是截然分开的，往往是合在一起的，或者是"内静外动"，或者是"外静内动"。总而言之，精神的清净、心灵的淡定是生命修炼的总纲，所谓"动"绝不是心灵的浮动，而是建立在心静基础上的外在运动。

"保此道者不欲盈。"保有这种"道"的人是不要求满的，"不欲盈"就是不要求满，"道"肯定是虚空的，不是饱满的。

"夫唯不盈，故能蔽而新成。"我最欣赏的就是老子最后这一句话。看上去是不满的，实际上它是最满的。正因为它不盈满，所以能去旧更新。如果都满了，就不

泉石高闲图

可能去旧更新了。禅宗有个故事都听说过吧？当年赵州和尚名噪一时，很多人向他问道。赵州和尚有一句名言就是"吃茶去"，他就给那个人倒茶，茶满了他还接着倒，那个人于是顿然开悟。什么叫求道，明白了吗？水不停地倒进去，往外溢，这不就是求道吗？要把这杯水清空，你那个"道"就在里面，所以把旧的去掉，新的就来了。同时这杯水本身也就是"道"，"道"无所不在，这个"道"就是告诉你不要满，要虚空，这就是求道。禅宗有两个来源，一个是印度大乘佛教的中观派，一个就是中国的三玄（易、老、庄），尤其是老子，这两个结合的产物是禅宗，禅宗是个混血儿，它是最为成功的一个中西合璧的典型。

这里我再补充一点，老子用了七个比喻说的得道之人和庄子说的得道之人有什么区别？庄子《逍遥游》讲了四个人的故事，最后一个才是真正得道的人，即"邈姑射之山有神人居焉，肌肤若冰雪，绰约如处子，不食五谷，吸风饮露"。他和老子描述的得道之人的最大区别在哪里？老子的得道者是朦朦胧胧的，是若璞的、返璞归真的、混混沌沌的，就像个糟老头子。庄子的得道者是飘逸的、潇洒的、逍遥的，他就像个美男子。鲁迅有这样两句说庄子的话，叫"汪洋辟阖，仪态万方"。"汪洋辟阖"一看就是特潇洒、特自在、很飘逸的一个美男子。老子是糟老头，庄子是美男子，在我看来，这个糟老头更高一等。

# 第十六章　致虚极守静笃

致虚极，守静笃。万物并作，吾以观复。夫物芸芸，各复归其根。归根曰静，是谓复命；复命曰常，知常曰明。不知常，妄作凶。知常容，容乃公，公乃全，全乃天，天乃道，道乃久，没身不殆。

【语译】

达到极度虚无，守住极度清静。万物一起生长，我因此观看它们的往复回归。万物纷纷纭纭，各自回归到自己的根本。回归根本叫做"静"，这就叫做回复本来状态，回复本来状态叫做"常"，了解常道叫做"明"，不了解常道就会轻举妄动而招来凶险。了解常道才会包容，包容才会公正，公正才会周全，周全才会符合自然，符合自然才会符合大道，符合大道才会长久，才会终身没有危险。

【解读】

这一章开头讲了一种十分重要的修道功夫——"致虚极，守静笃"。"虚极静笃"是一种得道的境界，"虚静"容易到达，但"虚极静笃"却很难达到，需要长期的修炼。按照道家内丹派的说法，经过炼精化气、炼气化神、炼神还虚三个阶段以后才可以达到这个境界。按照佛家的说法，叫戒、定、慧三学，先要五戒十善，然后"入定"，"入定"就是要达到"虚极静笃"的境界，这时候就会有大智慧出现。你可能会说那怎么可能呢？怎么不可能？因为"虚极静笃"其实就是进入了潜意识状态，潜能状态。人的潜意识占到了人全部意识的百分之九十五到百分之九十七，人的表意识只占到百分之三到百分之五，潜意识储存着潜能，潜意识能为你释放出让你难以置信的潜能，所以说人的潜能可能有百分之九十以上一辈子都没开发出来呢。我们的潜意识里储存着我们听过的、看过的、经历过的所有的信息，还有我们祖先流传下来的信息，有我们的祖先本来具备，但后来却消失的各种潜能，平常它们不会浮现出来，只有在你遇到特殊情况的时候，比如极度危险的状态下，你的潜能才会发挥出来。当然我们不可能以生命为代价来开发我们的潜能。"致虚极，守静笃"就是老子教导我们开发潜能的最好办法。在"虚极静笃"的时候，用的是右脑思维，是直觉、体悟、灵感的思维。禅宗的"参话头"就是一种开

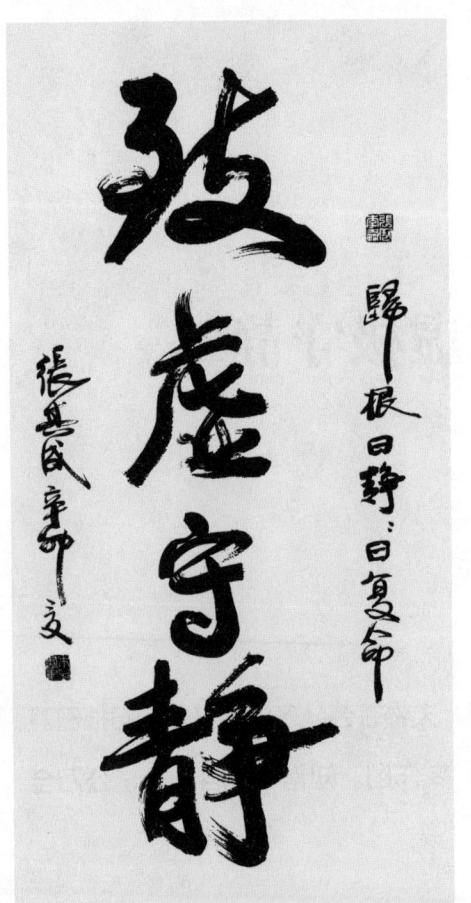

发智慧、开发潜能的方法。儒、释、道三家共同的修行方法，如果用一个字来说，就是"静"；用两个字来说，就是"虚静"。你们发现了没有？虚静要达到极点，才能开发和释放出潜意识中的潜能。如果你学会了这种方法，你的生活一定会变得更加美好、更加幸福。

"静笃"，尤其在我们这个社会，心一定要静，因为外界都是动的，那怎么来制这个动？你必须要以静制动。所以《老子》讲要静，要静到极点，谁最静？我们说婴儿是安静的，但是婴儿在静当中活力是最强的。所以别看我静下来，好多人就以为我就安静了，我就什么事都不做了，我就休息了，它实际上不是这个意思。所以这个静当中能开大智慧，在我们中国文化里都讲静，这个也可以用于我们养生，比如说我们现在不是很浮躁吗？这时候怎么办？每一天你可以找四个时辰，比如，晚上十一点到一点，中午十一点到一点，上午五点到七点，下午五点到七点，找这四个时辰当中的两个时辰，来入静。所以我们中国人讲要睡子午觉，就是子时的时候一定要入睡，那是阴阳交接的时候，午时也是阴阳交接的时候，

所以晚上和中午的十一点到一点，这两个时辰一定要休息。当然练功更是一种积极的休息。剩下的那两个时辰最好你要练练功，练静功，心要放松，自己的心就会慢慢静下来。

"万物并作，吾以观复。"这是老子发现的万事万物运动变化的规律。"作"就是发生，可引申为运动变化。"复"就是回复、回归、循环往复。

"夫物芸芸，各复归其根。"万事万物的规律就是"各复归其根"，比如一年四季春生、夏长、秋收、冬藏，接着又是春生、夏长、秋收、冬藏，永远是循环的。万事万物、芸芸众生，最后都会回归到根上去。你看树木长高了，长得很高很高，但是到最终，树上的叶子还是要落在根上；人活得很久了，年纪大了，就有一种思乡之情，最后都想"入土为安"。我们人都是从无中来的，最终还回归于无。佛教讲"六道轮回"，大家都知道，这辈子做善事，下辈子就能到"上三道"（阿修罗、人、天），这辈子做恶事，下辈子就会沦为"下三道"（恶鬼、畜生、地狱），都在六道里循环往复。成佛、成道就不循环的了，叫寂静涅槃。

云山幽趣图

"归根曰静，是谓复命。"回归本根就叫做"静"，这个"静"是指万物本根、本性是虚静的，同时还指掌握万物本根、本性的方法也应该是虚静。按老子的话来说，这个本根、本性就是"道"，因为"道"是一个总根源。"归根"也就是"复命"。"命"指天命，是天地自然变化的规律，又是天地自然的本原和结局，它是不受人的主观意愿所支配的。对人而言，"命"就是在天道支配下的命运和最终归宿。"复命"就是回复到天地自然的本来状态，就是遵循自然的周期变化规律。

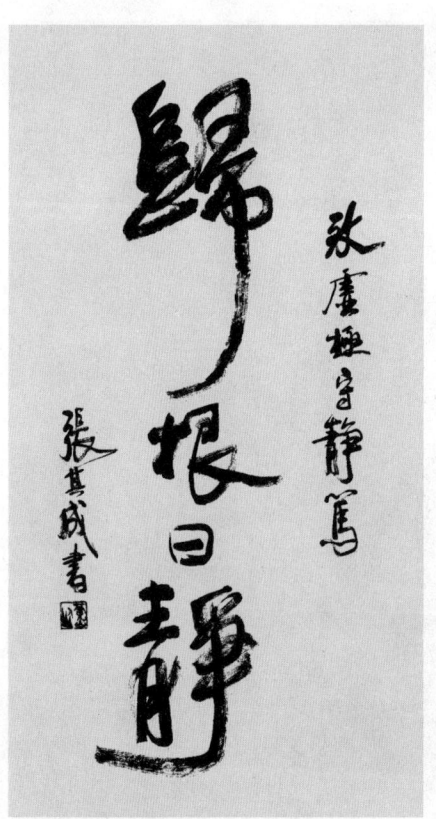

"复命曰常，知常曰明。""常"是什么？"常"就是道，因为只有道是恒常不变的。循环往复的运动——"反动"就是"道"。了解这个"道"，就"明"了。佛家说人生痛苦的最大的原因就是"无明"，"无明"的人就痛苦了。"无明"的表现就是"贪嗔痴慢疑"，我们要是知道了"道"，知道一切都是循环往复的，你不就明了吗？还去求什么呢？就不会为一己之私利而蝇营狗苟了。

"不知常，妄作凶。""无明"的人不知道这个"道"就有凶险了。可见了解常道是多么重要。

"知常容，容乃公，公乃全，全乃天，天乃道。"了解常道就包容，包容就公正，公正就周全，周全圆满就符合天道，符合自然法则，符合自然就符合大道。

"道乃久。"符合大道就会天长地久，永恒不变，寂静涅槃。

"没身不殆。"终身不会有危险。"没身"就是终身，符合大道的终身都不会有危险。

这一章主要讲了得道的法门，就是"致虚极，守静笃"。我们要怎样做才叫静呢？除了打坐之外，平常最重要的是要保持清静的心态。

# 第十七章　太上不知有之

太上，不知有之。其次，亲而誉之。其次，畏之。其次，侮之。信不足焉，有不信焉。悠兮其贵言，功成事遂，百姓皆谓我自然。

【语译】

最好的统治者，人们不知道有他的存在；其次一等，人民亲近并赞美他；再次一等，人民害怕他；最次一等，人民轻侮他。统治者如果诚信不足，那人民就不会信任他。统治者应该悠闲自如，不随意发号施令。这样事业成功、事情顺遂了，百姓们都说："我们本来就是这样的啊。"

【解读】

老子给统治者也是给我们做领导的划分了四个层次，最高层次叫"太上"，是老百姓不知道有这个领导。这是领导的最高境界。《老子》是写给帝王看的，是写给最高领导看的。管理企业的企业家当然不是帝王，但他们是一个企业的最高领导，所以也是可以从中借鉴的。如果问一个企业的员工，你们的老板是谁？老总是谁？如果他们回答："不知道。"那就要恭喜这个企业的管理者了，因为他已经是"太上"了，已经到达最高境界了。

第一等，最高境界，"不知有之"，不知道有这个领导，这才是最高明的领导。这是什么意思呢？就是说不是你这个人在管理，而是自然之"道"在管理，是你

煮茶图

的文化、你的思想在管理。所以员工就不知道有你这个领导，只知道有你那些符合自然之道的思想。这多厉害！这说明肯定不是你亲手在管理，而是无为而治，是在按自然法则管理，按人的本性来管理。人的本性是不想被约束的，是自由的，是公平的，是快乐的。按照儒家来说，还要加一条，是仁爱善良的。按人的本性来管理，就是让你所有的员工都回归本性。

我经常和我们的企业家开玩笑说："你的任务就是和我到山上喝茶去。"如果你的员工能在离开你的时候，仍然在快乐地、自觉地工作，仍然充分地发挥着自己的潜能、潜力，那才是真正的"不知有之"，真正的无为而治，是真正的自然无为。"自然"不是指大自然，而是本然的意思，自然就是本然、本来的样子。无为而治就是按照事物的本质、按照人的本性进行管理。

第二等，"亲而誉之"，下面的员工都亲近你，并且赞美你，这只能算是第二等。在我们平常看来这应该是第一等的，大家都亲近你，都赞美你，都说你好，那还不是第一等吗？老子却说："不是！这是第二等。"因为你还不是无为而治，还是有为而治，因为大家都还知道你啊。

第三等，"畏之"，所有的员工都怕你。我在一次讲课中，遇到了一位老板，五十来岁了，他的管理方式特别严格，他一到厕所里去检查，就往边边角角的地方一摸，一看脏的，马上进行处罚。制度化的管理做得非常好，所以他们那个企业管理得井井有条。可是企业的员工都怕他。这样的领导在老子看来属于第三等。

往下数就是第四等了，叫"侮之"，大家都侮辱你，都骂你，不用说，这样的领导肯定是最差劲的，最不成功的。

"信不足焉，有不信焉。""信不足焉"主语是君主，是统治者，"有不信焉"

主语是老百姓。试想一下，一个统治者如果自己都不诚信、不守信，那么下面的人怎么能够相信他呢？同样，老板如果不诚信、不守信，你的员工当然就不相信你了。

"悠兮其贵言。""悠兮"是针对心情而言，"贵言"是针对言语而言。"悠"是悠闲的样子，领导者的"悠兮"很重要，悠哉游哉，就是庄子所说的"逍遥"，这肯定是所有领导者都想追求的人生境界。可是对相当多的领导来说，这却成了一个遥不可及的梦。如果你无为而治了，你就可以"悠兮"了。你"悠兮"了，老百姓才可以"悠兮"。"贵言"就是把语言看得很珍贵，少说话，少发号施令。老子一直主张"贵言"，"塞其兑，闭其门"，"知者不言"。"贵言"是无为的表现之一。

"悠兮"加"贵言"，就可以"功成事遂"。"功成事遂"是多层面的，国家成功了，企业成功了，每一个人都成功了，这是领导的功劳吗？"百姓皆谓我自然。"老百姓都说："不是，这是我自然而然的结果，我是按照自然之道来做的，不是什么领导管理成这样的，我们不知道还有一个领导啊。"这样就太成功了。老子的"悠兮贵言"、"无为而治"的思想，已经被我们很多成功的企业家所关注、所信奉。

# 第十八章　大道废有仁义

大道废，有仁义；智慧出，有大伪；六亲不和，有孝慈；国家昏乱，有忠臣。

【语译】

大道废弃了，才有仁义；智巧出现了，才有虚伪；六亲不和了，才有孝慈；国家混乱了，才有忠臣。

【解读】

老子不愧是一个洞察世事的高人，他总是能从表象看出本质，从结果看出原因，这个本质和原因往往就在表象和结果的反面。

"大道废，有仁义。"为什么要提倡仁义？就是因为不仁不义，"大道"——社会自然的公平准则被抛弃了。所以仁义道德的存在，就证明世界没有大道了。"智慧出，有大伪。"为什么会有假冒伪劣、坑蒙拐骗？就是因为社会太重视各种机巧智慧。"六亲不和，有孝慈。"为什么要提倡父慈子孝、夫妻和睦？就是因为六亲——父子、兄弟、夫妻不和睦了。"国家昏乱，有忠臣。"为什么会有忠臣出现？就是因为奸臣当道、国家太昏乱了。

我们再来看看当今社会，为什么要提倡和谐世界？就是因为世界太不和谐了，两伊战争、美伊战争、巴以战争，真是"炮火连天，弹痕遍地"！为什么我们要提倡和谐社会？就是因为我们社会贫富两极分化加重，基尼指数已经超过零点四，社会公平原则受到挑战。

　　同样，我们提倡某一种品德，总是因为这一品德的缺失。我们表彰廉洁奉公、无私奉献，就是因为自私自利、以权谋私、贪污腐败的人太多的缘故。

　　进一步思考，为什么佛教产生在印度？就是因为古印度太强调等级制度、太不平等了，有严格的四种姓制度，所以释迦牟尼创立平等、慈悲的佛教。

**虞舜孝感动天图**

　　为什么西方盛行基督教（包括天主教、东正教、新教），就是因为西方人太关注自我，对他人太冷漠了，所以摩西、耶稣才提出平等、自由、博爱。

　　表面上看，老子批判仁义、孝慈，是对儒家仁义忠孝的反对，但实际上老子和孔子并不矛盾，他们的目的都是社会的公平、公正，只是孔子强调要建立社会公德，要人们遵循公平、公正的行为准则，是从正面说的；而老子则主张直接回到人类社会的公平、公正的本然状态，是从反面说的。老子认为人的自然之性（本性）就是清静无为的，本来就不会有那些不忠的、虚伪的、混乱的现象，彻底回归自然大道，就不存在高、低、贵、贱、贫、富这些现象，所以老子更加彻底一些。总的来说，他们的目标还是一致的。

# 第十九章　绝圣弃智

绝圣弃智，民利百倍；绝仁弃义，民复孝慈；绝巧弃利，盗贼无有；此三者，以为文，不足。故令有所属，见素抱朴，少私寡欲，绝学无忧。

【语译】

断绝抛弃圣明和智慧，人民才可以获利百倍；断绝抛弃仁和义，人民才能回归孝慈；断绝抛弃机巧和利益，盗贼才不会出现。这三方面全是巧饰，不足以治理天下。所以要使人民有所归属：表面单纯内在质朴，减少私心，减少欲望，抛弃学问没有忧愁。

【解读】

这一章是对前一章的最好解释。前面不是说各种不公平的现象就是因为你太提倡这个公平、仁义、智慧、和谐而产生的吗？所以现在应该怎么做呢？很简单，就是把这些都给抛弃掉。"绝圣弃智，民利百倍；绝仁弃义，民复孝慈；绝巧弃利，盗贼无有。"断绝抛弃圣明和智慧，人民才可以获利百倍；断绝抛弃仁和义，人民才能回归到孝慈当中来；断绝抛弃机巧和利益，这样就不会有盗贼了。表面上看，这是跟儒家唱反调，实际上是道家认识到，越提倡仁义孝慈之类的东西，社会反而会越混乱，把这些都抛掉，老百姓可以纯朴地回归大道，社会自然和谐安定了。

"此三者，以为文，不足。"这三个方面，指圣智、仁义、巧利，都是"文"，是不足的。"文"，就是儒家所提倡的"文质彬彬"里的"文"。无论是文胜质还是质胜文，两者都不妥，一定要文质彬彬。"文"就是文饰，是讲文化的意思。按照老子的说法，你不要讲文化，那些文饰文化的东西都是你人造出来的，都是用来文饰天下的，所以不足、不值、不能够去统治天下。老子的说法很彻底。

"故令有所属。""令"就是使的意思，所以要使得老百姓有所归属，归到根本上去，而根本就是道。

"见素抱朴，少私寡欲。""见"就是表现，素朴就是朴素。外在与内在都要朴素，即回归人类的本性。所以老子是不雕饰自己、非常纯真自然、返璞归真的人。

晋代有一个叫葛洪的人，别号抱朴子，他提倡"少私寡欲"，减少私心，减少欲望，但他并未主张绝欲。寡欲跟绝欲是不同的，绝欲就是断绝一切欲望，绝欲较之寡欲应该说是更高一层。但为什么要说寡欲而不说绝欲呢？人有正常的生理欲望，老子说，圣人要为腹不为目，只要吃得饱。所以他不说绝欲，因为一说绝欲，就又变成人为的了。人生很简单，困来即眠，饿来即食，这都是正常的欲望。

"绝学无忧。"学问要把它断绝，抛弃学问，这样就没有忧愁。我们认为老子是个大智者，学问是积累下来的，越积累越多，而同时你的智慧就越来越少了，所以叫"绝学无忧"。还有一点，老百姓或者企业员工头脑里越有知识，其想法就越多，这样他的麻烦也就越多。儒家提倡要为学，与道家是不矛盾的，孔子讲的学问是现在的逻辑推理、数学、实验验证等。老子讲的学问很简单，就是为道，叫大学之道，大学问在于求道。此句通行本放在下章开头，但以文义和文气看应放在这里。

"仁义"、"圣智"本是儒家所推崇的美德，老子却主张彻底抛弃，为什么？因为只要是文明——无论是物质文明还是精神文明，都是腐蚀人心、败坏风气的，所以一定要抛弃。这里将仁义、圣智、巧利当做"道"的反面，当做违背天性、产生虚伪的根源。很多人认为老子是消极的、反传统的，殊不知老子是从根源上提出社会虚伪、败坏的原因，从而在天性与人性上解决问题。从本性上说，人是

**幽居乐事图**

真纯质朴的,是清静淡泊的,只是后来随着人类知识和智慧的产生,随着人类欲望的扩大,人类的本性被污染、被损害了,所以才形成追逐名利、尔虞我诈,甚至刀枪相向的局面。老子发现社会在强调仁义礼智的同时,那些不仁、不义、非礼、非智的人和事反而有所增加,一些口口声声满嘴仁义的人却做着不仁、不义的事情,说明仁、义、礼、智有自私性与虚伪性,因而老子从人性清静的本源出发,主张绝圣弃智、绝仁弃义、绝巧弃利。只有这样做了,人们才能回归到清静不争、无知无欲的本性中去,人类质朴虚静的本来面目才会得以复苏。

《老子》通行本"三绝三弃"这几句振聋发聩的话,在一九九三年湖北荆门郭店出土的竹简本《老子》中写作"绝智弃辩"、"绝伪弃虑"、"绝巧弃利",除最后一句与通行本相同外,其余两句并不相同,可见早期的《老子》并不反对"仁"、"义"、"圣"。有专家认为竹简本是春秋末期的,而到了战国中晚期的帛书本已与后来通行本相同了。看来《老子》的成书经过了一个演变的过程,也说明仁义之德有一个演变过程。春秋时期,仁义之德还处于形成初期,其负面属性还没有暴露出来,而到了战国中晚期,仁义的虚伪自私的负面属性暴露无遗,所以《老子》的作者将"绝智弃辩"改为"绝圣弃智",将"绝伪弃虑"改为"绝仁弃义"。这一点并不能说明版本的优劣,而恰好说明随着社会时代的变迁,《老子》一书的思想也在变化发展。同时也说明《老子》一书经过了后世的修改,它的作者至少有两个。两千字的楚竹简本的作者并不反对"仁"、"义"、"礼"、"圣",这就是孔子问过"礼"的那个老子——老聃(李耳),五千字的帛书本、通行本的作者是反对"仁"、"义"、"礼"、"圣"的,可能就是司马迁提到的太史儋。通行本可能还经过了其他作者的整理。

# 第二十章 唯之与阿

　　唯之与阿，相去几何？善之与恶，相去若何？人之所畏，不可不畏。荒兮其未央哉！众人熙熙，如享太牢，如春登台。我独泊兮其未兆，沌沌兮如婴儿之未孩；傫傫兮若无所归。众人皆有余，而我独若遗。我愚人之心也哉！俗人昭昭，我独昏昏；俗人察察，我独闷闷。澹兮其若海，飂兮若无止。众人皆有以，而我独顽且鄙。我独异于人，而贵食母。

【语译】

　　恭敬应答与厉声呵斥，相差有多少？美善与丑恶，相差有多少？人们都畏惧的，就不能不畏惧。时间太久了，到现在还没有结束。众人都兴高采烈，好像参加丰盛的筵席，好像春天登上高台。唯独我淡泊恬静，无动于衷，混混沌沌，好像婴儿还不会发笑；疲倦闲散，好像无家可归。众人都觉得丰足有余，唯独我好像还远远不够。我真是愚蠢之心啊！俗人都明明白白，唯独我糊里糊涂。俗人都洞察精明，唯独我懵懂无知。恬静安定啊，就像深沉的大海。自由奔放啊，就像不知停止的疾风。众人都有作为，唯独我愚笨又浅陋。只有我与众不同，重视那养育万物的母亲。

【解读】

　　我每次读到这一章时，脑海里总是浮现出屈原的形象，你看屈原："举世皆浊我独清,众人皆醉我独醒。"虽然老子表面上与屈原恰恰相反,但有一点是共同的,就是"我"与"众人"完全不同,一个超凡脱俗、卓尔不群的形象跃然纸上。套用屈原的话,老子就是"举世皆清我独浊,众人皆醒我独醉"。这是老子的自谦还是自嘲?其实都不是,这是老子对众人的嘲讽,对众人所谓"熙熙"、"昭昭"、"察察"的反动。在老子看来,众人的行为是不符合"道"的,众人的价值判断是错误的。这一点老子在最后才点出:只有我才"贵食母",才重视养育万物的母亲——"道",只有我才是按照"道"来生活。所以也只有我才是真正的智者。通过"我"与众人、俗人的比较,刻画了一个与众人完全不同的形象,说明众人、俗人都没有得"道"。

众人、俗人熙熙攘攘皆为利来,皆为利往,追求丰盛的筵席、华美的高台,纵情于声色犬马、物欲享受,并把它当做人生的最终目标。在众人、俗人的价值判断中,只有这样的生活才是"昭昭"、"察察",才是正确的、快乐的。

"唯之与阿,相去几何?""唯"就是唯唯诺诺,也就是恭恭敬敬的意思。诺就是唯,唯唯诺诺就是"好的"的意思。那个"阿"其实是个"呵",呵就是呵斥。这相去又几何呢?"善之与恶,相去若何?"就是说善与恶相去又有多少呢?意思是说二者都差不多,即你恭敬地答应和厉声地呵斥,你的美和丑、善与恶都差不多。就如我们常说的有什么好,有什么坏,好话、坏话究竟相差多少,都是可以变的,都是因为你的标准不同。成者为王,败者为寇。但是老子认为无论是成还是败,是善还是恶,都是人为的,我们都要回归于自然,达到自然无为的状态。本来事物摆在那里,你说它是丑还是美啊,它就是那个样子,你就让它自生自灭好了。

清明上河图

"人之所畏，不可不畏。"人们都畏惧的就不能不畏惧。就是说老百姓大部分都是这么去做的，那你为什么搞另类呢？你也照这么去做不就完了吗？所以"文革"时期好多人批判道家明哲保身、同流合污，这么批判其实是不对的。做人做到见人说人话，见鬼说鬼话，是有一定道理的。见到人说鬼话，他听不懂，见到鬼跟它说人话，它也听不懂。这就是道家的思想，后来庄子把它发挥到了极致，说"天地一指也，万物一马也"。就是这么回事，什么美与丑，善与恶都是人为的，这个我们太熟悉了，这就是情人眼里出西施，前提是得有情。

庄子讲了一个故事，毛嫱、丽姬这两位世人公认的美女，人人都愿意看见她们，但是鱼儿看见她们就吓得潜到水里，鸟儿看见她们就高飞入云中，麋鹿看见她们就急速逃去。所以世间万物的美与丑，都是人给定义的。

"荒兮其未央哉！""荒"就是荒芜，"未央"就是没有结束，这个荒芜就是一种原始的状态，正是因为它是原生态的东西，所以它永远都不会中断。

"众人熙熙，如享太牢，如春登台。我独泊兮其未兆，沌沌兮如婴儿之未孩。""众"就是没有得道的人，"我"就是得道的人。就是说众人兴高采烈的，好像赶赴盛宴，好像在春天里登上了高台。唯独我对此无动于衷。"未兆"就是说还没有萌动，朦朦胧胧、混混沌沌的就好像婴儿一样，还不会发笑。这个婴儿就是得道者，所以我们一定要向婴儿学习。真正得道的人就是刚生下来的还不会发笑的婴儿。

"儽儽兮若无所归。""儽儽"是一种疲倦闲散的状态，好像无所归宿，一天到晚在游荡，处处无家处处是家。

"众人皆有余，而我独若遗。"众人都觉得丰足有余，日子过得很快活，唯独我好像还远远不够，好像遗失了什么东西，心里总是闷闷不乐。

"我愚人之心也哉！"我这种心态真是很愚蠢，放着与众同乐的路子不走，却要踽踽独行在求道的路上。实际上，老子所表达的是，在众人看来是愚蠢之心，实际上却是拥有最大的智慧，即大智若愚。

"俗人昭昭，我独昏昏；俗人察察，我独闷闷。"众人都明明白白了，唯独老子自己糊里糊涂；众人皆洞察秋毫了，唯独老子自己懵懂无视。道就是懵懂无视，混混沌沌，视之不见，听之不闻的。

"澹兮其若海，飂兮若无止。"意思是说我恬静得就像安静的大海，正是因为我安静，所以我像风一样飞扬奔放无止。

"众人皆有以，而我独顽且鄙。"众人皆有所作为，而唯独我愚笨浅陋。

"我独异于人，而贵食母。"只有我与众不同，重视养育我的母亲，而道就是养育我的最大的母亲。

老子在这一章一开头就提出相对立的现象——应诺和斥责、善与恶、美与丑都是相对而成的，具有相对性，不是绝对的，不仅会随着时代、环境、条件的改变而改变，而且会因着人的不同而不同。所以这些都带有强烈的主观性。每个人的价值观是不同的，不同的价值观所做出的价值判断当然是不同的。老子在这里列举的众人、俗人与"我"（得道之人），在价值判断上恰好相反，而这里所做出的结论完全是从世俗之人的角度出发的。看起来"我"是愚蠢的，如"婴儿之未孩"，像婴儿还不会笑（"孩"指婴儿会笑的样子），比喻懵懂无知。"若无所归"，无家可归，比喻找不到知音。其实真正愚蠢的人是那些没有得道的人。

也有人说老子称自己"昏昏"、"闷闷"、"顽且鄙"，是虚伪的、狡猾的，这是对老子极大的误解。老子是站在俗人的角度看"我"，在俗人眼中，"我"这种质朴、淳厚、恬淡虚无、不追逐功名物欲的人是木讷、愚笨的，其实是真正洞察世事、人情，认清人生终极本质的人，是真正的大智者、悟道者。所以老子赞叹："大智若愚，大成若缺，大巧若拙。"（第四十五章）

表面上看老子与众人不同，是世外高人，有一种超脱，其实老子的心情是悲凉的，他为众人迷恋于物质享受不能自拔而痛心、无奈。看一看当今社会，多少人不依旧是这样吗？最好看一看《老子》，静下心来，或许会改变您的人生。

翠雨轩图

# 第二十一章　孔德之容

孔德之容，唯道是从。道之为物，唯恍唯惚。惚兮恍兮，其中有象。恍兮惚兮，其中有物。窈兮冥兮，其中有精。其精甚真，其中有信。自古及今，其名不去，以阅众甫。吾何以知众甫之状哉？以此。

【语译】

大德的状态完全跟随着"道"。"道"这种东西，是恍恍惚惚的。恍恍惚惚啊，这当中又有形象；恍恍惚惚啊，这当中又有实物；深远昏暗啊，这当中又有精气。这精气非常真实，这精气非常可靠。从古代一直到现代，它的名字永远不会消失，根据它可以认识万物的本质。我凭什么知道万物的本原呢？就是凭借它（"道"）啊。

【解读】

这一段文字写得很美，好比一首优美的、押韵的诗歌。"道"和"德"是什么关系呢？老子一开始就做了说明："孔德之容，唯道是从。""孔德"就是大德。"德"是顺从于"道"的，"道"是统领"德"的。"道"是无形的、恍惚的；"德"是有形的、有容的。"道"外显出来就是"德"，"德"是"道"显现出来的功能属性，是"道"落实在人生、万物层面的具体行为。"道"是恍恍惚惚，不可捉摸的，而"德"却是实实在在，可以看见的。"道"通过"德"的表现，证明其是真实可靠的。

"道之为物,唯恍唯惚。惚兮恍兮,其中有象。恍兮惚兮,其中有物。"这是对"道"的描述。"道"究竟是不是一个东西?是不是一个"物"?这里说"道"是一个东西,是一个"物"。而第十四章说"道"又不是一个东西,不是一个"物","复归于无物。是谓无状之状,无物之象,是谓惚恍"。好多人就问这个"道"究竟是唯物,还是唯心?有的人按照"道"是"无物"的说法,说"道"是唯心的,道是"无","无"就是唯心的,它不是一个物。有的人按照这一章的说法,"道之为物……其中有物",说"道"是唯物的。两派吵得很厉害。其实用"唯物"和"唯心"的分类法来分析《老子》本身就是错误的。《老子》这里说的"道之为物……其中有物"的"物"不是指一个有形体的东西,而是指有内容的、有精气的、真实可信的存在。

"道"是恍惚的。大家想一想,我们在入静的时候,一开始就是恍恍惚惚的,"惚兮恍兮,其中有象;恍兮惚兮,其中有物"。好多人问我,为什么前面说"惚兮恍兮",后面又说"恍兮惚兮",为什么要颠倒过来?两种说法是不是不一样?其实是一回事,意思是一样的。那为什么倒过来说?是为了押韵。西方人说哲学就是诗歌,在这一点上我们的老子《道德经》就充分体现出来,哲学是很美的,不仅是真善美,而且还有一种韵律美。"惚兮恍兮,其中有象","恍"和"象"押韵,都是阳部;"恍兮惚兮,其中有物","惚"和"物"押韵,都是入声字。其实意思都一样,就是恍恍惚惚的,但是恍恍惚惚当中有个象,这个象就是你可以感受到的景象、物象、形象;而恍恍惚惚当中又有个物,这个物就是真实的存在。

"窈兮冥兮,其中有精。""窈"是幽远幽深,"冥"是混沌昏暗。"窈兮冥兮"是对恍惚的进一步描述,但恍惚、窈冥不等于什么都没有,而是"其中有精","精"是什么?它原意是一种细米,"精"所对应的词是"粗",粗,就是一种粗米。"精"后来引申为精细的东西,在这里是指精气。"其精甚真","道"当中有一个精气,这个精气是真实存在的,"其中有信"的"信"就是真实不虚的意思,是非常可信的。他没有骗你，老子没有必要骗我们，他说这个"道"就是有的，只是我们要去体会出来。所以后来道教有一个功夫，那就是在自己身上体会精和神。我们所说的精气神，其中精就是根本，得道之人就会体会到精气神的发生和变化。天地大宇宙，人身小宇宙，我们的生命跟整个宇宙是一回事，你自己身上体会到的，都是非常真实的，也是非常可信的。

"自古及今，其名不去。"意思是说从古到今，它的名字永远也不会消失的。"以阅众甫"，"甫"帛书本写作"父"，两字意思相同。"众甫（父）"就是万物之父，万物的起始，万物的本原。意思是说按照这个道可以看到芸芸众生、万事万物的开端，也就是说所有生命的本质你都可以认识到。或者说，凭借"道"，我们就可以认识万物的本原。

月下吹箫图

"吾何以知众甫之状哉？以此。"意思是说我怎么知道万事万物的本质和开端呢？"以此"的"以"就是凭借的意思，"此"就是道的意思，意思就是说，凭借这个道去认知。

我们知道了"道"是真实存在的，但是它的存在方式是说不出来的，也是看不见的，只能去感受它、去体悟它。当然我们千万不要以为自己看不见甚至感觉不到，就觉得它没有。请相信只要你静下心来，就一定能体悟到。

# 第二十二章　曲则全

曲则全，枉则直，洼则盈，敝则新，少则得，多则惑。是以圣人抱一为天下式。不自见，故明；不自是，故彰；不自伐，故有功；不自矜，故长。夫唯不争，故天下莫能与之争。古之所谓曲则全者，岂虚言哉！诚全而归之。

【语译】

委屈才能保全，弯曲才能伸直，低洼反而能充盈，破旧反而能革新，少反而能得，多反而迷惑。所以圣人守持"一"作为天下的准则。不自我显示，所以反能昭明；不自以为是，所以反能彰显；不自我夸耀，所以反倒有功劳；不自骄自傲，所以反能长久。正因为不跟人争，所以天下没有人争得过它。古人所说委曲才能保全，难道是虚假的话吗？它是实实在在能使人保全而善终的。

【解读】

"曲则全"，弯曲的东西反而能保全，太直了反而容易折断。"枉则直"，"枉"是弯曲的意思，意思是说只有弯曲才能伸直。"洼则盈"，有洼的地方反而能充满。"敝则新"，越是破旧的东西反而能够革新。冯友兰先生经常说老子提倡的方法就是否定的方法，也正因为他都看到了反面，所以才成就了这么一位伟大的哲人。

老子的伟大之处往往在于与众不同，在于能看到常人所看不到的地方，能在日常琐事当中发现本质规律。比如我们看到弯曲、低洼、破旧的东西，总是觉得这是些不完善、应该修补的东西，老子却看出恰恰是这些常人不重视的、甚至鄙视的东西反而具有重大功能，这些东西恰恰是它们的对立面——所谓完善、美好东西的根源。这正是对第二章"有无相生，难易相成，长短相形"的进一步阐释。从而说明正反两面并不是截然对立的，而是相互依存、相互转化的。这里更深刻地指出反面的、阴性的、低下的东西能生成正面的、阳性的、高上的东西。每一个事物都具有正反、阴阳两方面的属性，其中反的一面能生成正的一面，阴的一面能生成阳的一面。这是老子崇阴思想的体现。老子曾反复强调柔弱胜刚强、无中生有、下能生上的道理。这是从事物和人生的本性出发的，老子认为事物和人生的本性就是"无"，就是"柔弱"。人生的"无"表现在恬淡无为、质朴淳厚上。

"少则得，多则惑。"这句话真是治疗当代人的一剂良药啊！我曾经拜访过中国佛教协会会长一诚大师，他说："现代人都不是饿死的，都是撑死的。"这句话真是振聋发聩。这不就是对"少则得，多则惑"的最好解释吗？大家想一想，我们现代人做事情谁不是贪多，家里的家具要多，银行的存款要多，拥有的财富要多，企业的利润要多……现代社会可供选择的机会太多太多，对人的诱惑也太多太多，在这些诱惑和机会面前，我们往往会迷失自己，不知做何选择，从而陷于迷惑之中。于是不少人迷恋于算命，结果命越算越薄，越算越迷惑。

现代中国相当多的企业在做品牌的时候也是贪多，总以为一个品牌包含的品类越多力量越强，比如某知名矿泉水品牌，一开始是做纯净水的，接着又做牛奶、食品，后来还做尿布、服装。现在一提它，人们根本搞不清楚它的产品是什么。有些人在做企业的时候喜欢朝品牌多元化的方向发展，其实品牌如果多元化，企业肯定就要完蛋了。企业能不能多元化呢？应该看具体情况，如果你的辅业对你的主业没有排斥或破坏，而能起帮助作用，那肯定是可以做的。但是品牌要是多元化了就完了。品牌是

雪溪放舟图

少则得，多则惑，意思是说，品牌所包含的品类越少力量就越大，反之越多力量就越小。你可以看看排在世界前一百位的品牌，百分之九十五以上都是单一品牌，比如说通用、奔驰、麦当劳等等。你一听，马上就能想起它的特征、功能。当你这个品牌可以成为同一品类的代名词的时候，那你的力量是最大的。比如说可口可乐公司，至今已一百多年了，在公司近一百年的时候，有好多消费者跟公司的高层建议，改变一下延续近一百年也没有变化的传统的可乐配方，公司当即组织相关人员研究了新的配方，而后立即投放市场，结果遭到了广大消费者铺天盖地的反对，后来公司只好放弃新的配方，继续沿用传统的老配方，现在可口可乐几乎就是可乐的代名词了。所以不要求多，而要求少。

你再看人生当中为什么烦恼丛生啊？就是可供选择的东西太多了，但没关系，你少选就行了，这个社会诱惑很多，但你只要静心选一个就行了。所以幸福不在得到的多，而在计较的少。

那最少是多少呢？是一，所以后来老子说，"是以圣人抱一为天下式"。一是最少的，零这数字很晚才有的，守住一，这样才能成为天下的一个范式，一个准则。

"不自见，故明；不自是，故彰。"不自我显示，所以能昭明；不自以为是，反而能彰显。这句话给我们的启示就是你越是去求，就越是得不到，你越是不求，它反而就来了。所以老子要我们不要贪多。

"不自伐，故有功；不自矜，故长。"不自我夸耀，反而有功劳；不自我骄傲，反而能长久。老子告诫我们不要自我表现，不要自我夸耀，不要自以为是，这一点与西方人的思维习惯不同，他们是有什么说什么，不讲究什么客气。现代好多年轻人学习西方人的表达方式，有的还要夸大其词，结果往往招来大家的反感。这种人的情商往往不高，所以难以在社会立足，难以成功。

好多人以为如果自己谦虚了、谦让了、不与人抗争了就是吃亏了，殊不知"吃亏是福"，因为这种人最容易被社会认同，最容易受到大家的喜欢，也会得到大家的帮助，这不正是老子所说的"夫唯不争，故天下莫能与之争"吗？

"古之所谓曲则全者，岂虚言哉！诚全而归之。"古人说委曲才能求全，难道是虚假的话吗？不，这是真理啊！实实在在的能使人道全而归之，你只有委曲了，你才能善终保全。

给大家说一副对联：忍一时风平浪静，退一步海阔天空。

# 第二十三章　希言自然

希言自然。故飘风不终朝，骤雨不终日。孰为此者？天地。天地尚不能久，而况于人乎？故从事于道者，同于道。德者，同于德。失者，同于失。同于道者，道亦乐得之；同于德者，德亦乐得之；同于失者，失亦乐得之。信不足焉，有不信焉。

【语译】

少言语才合乎自然。所以狂风不会持续吹整个早晨，暴雨不会持续下一整天。谁能造成这种现象？是天地。天地尚且不能持久，何况是人呢？所以求"道"的人，就要与"道"相同；修"德"的人，就要与"德"相同。失去"道"和"德"的人，他的行为、结果也会失常。与"道"相同的人，"道"也乐于帮助他；与"德"相同的人，"德"也乐于帮助他。与失道、失德相同的人，失败也乐于跟随他。如果诚信不足，那么别人必然不信任他。

【解读】

"希言自然。"少言寡语才是合乎自然的，也就是说喋喋不休并不是正常的常态，现实中我们就会讨厌那些喋喋不休的人。

"故飘风不终朝，骤雨不终日。""飘风"是一种什么风？就是疾风、旋风，龙

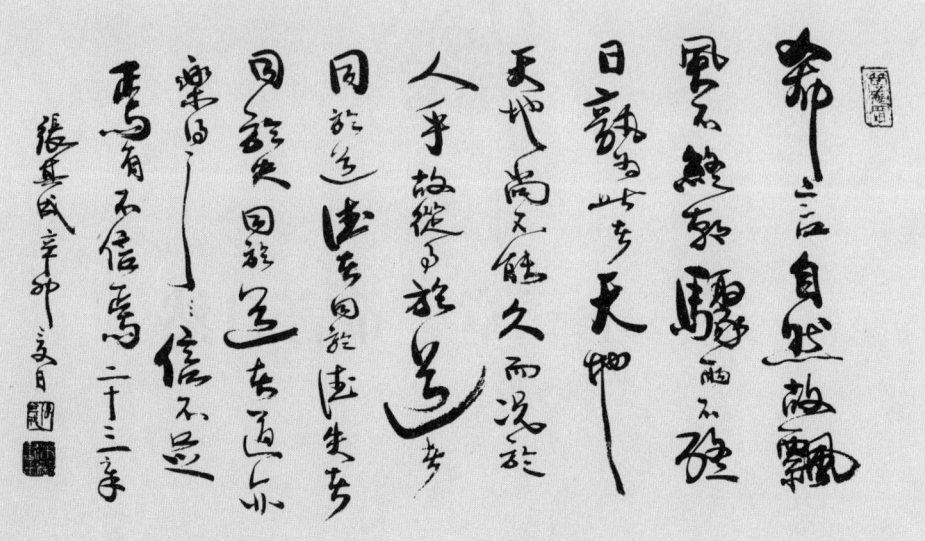

卷风一类的风。"飘风"、"骤雨"是一幅多么形象的画面！看起来真是汹涌、猛烈，可是却不可能长久。越凶猛的东西寿命越短，越柔静的东西反而寿命越长。我们的人生也莫不如此，我们会有成功辉煌的时刻，但那是不长久的，最后还是要返璞归真，回归宁静。

"孰为此者？天地。"这是怎么造成的呢？老子认为这是天地之道造成的，天地之道是公平的，万物生长的规律是公平的，早熟必定早衰。所以暴风骤雨来得越猛去得越快。

"天地尚不能久，而况于人乎？"天地都不能长久，更何况人呢？而前面第七章说"天长地久"啊，那么天地到底能不能长久呢？这要看跟谁来比，跟人比起来天地肯定是长久的，但跟"道"比起来天地仍然是短暂的。你看这里有三个概念：一个是道，一个是天地，一个是飘风骤雨。飘风骤雨实际上是天地的一种现象，天地本身也是不能长久的，从现在的科学角度来说，日月星辰也有毁灭的一天，所以飘风骤雨这些东西更不可能长久。人也一样，个人寿命最长也不过一百多岁，人类到目前也不过几百万年，还能不能延续几百万年还是个问题，这与几十亿年的地球生命相比，无非是过眼云烟。

"故从事于道者，同于道。德者，同于德。失者，同于失。"这里有三个"同于"。如果是求道的人，那么你要和"道"混同，我们现在总是隔着一层。庄子和惠施有一段非常有名的对话，惠施说："子非鱼，安知鱼之乐？"庄子回答："子非我，安知我不知鱼之乐？"这都隔了一层，实际上庄子是同于大道的。"庄周梦蝶"就告诉我们，他梦到了蝴蝶，最后醒来不知道是蝴蝶梦到他，还是他梦到蝴

梦蝶图

蝶。庄子所要表达的意思是说，两者在道里是完全融合在一起的，天地万物是一体的，不分彼此。所以达到这种境界，你就彻底融合了。所以求道的人，就要与道融合成一体，那么他的所有行为自然都是道的体现；从事道德修养的人，就要与德融为一体，那么他的所有行为自然都是符合道德要求的；想要失去道与德的人，就会与道和德相分离，那么他的所有行为就会不符合道和德的要求。

"同于道者，道亦乐得之。"如果你愿意去跟道相同，那么道也会乐于感化你。

"同于德者，德亦乐得之。"如果你愿意去跟德相同，那么德也会乐意帮助你。

"同于失者，失亦乐得之。"同样如果你愿意失去道和德，那么无道和无德之人也会乐意得到你。

"为学者日益，为道者日损。"做学问、求知识的人，每日要不断地去学习新的东西，增长自己的知识。但求道之人却与之相反，只有一个办法，就是不断地减少包括求知在内的欲望，减少到最后的时候，就是最朴素自然的状态，就是道的状态。所以为道之人，不要做加法，要做减法，在减法当中你会得到减法的快乐。

"信不足焉，有不信焉。"统治者没有诚信，老百姓就不信任你。

这一章老子说天地当然是为了说人。《老子》当时是写给统治者看的，是君王南面之术。这里的"飘风"、"骤雨"比喻暴政。老子给当政者提出一个警示，如果用暴政——用苛捐杂税剥削人民，用严酷政令束缚人民，那么必然不会长久。能逞凶于一时，不能逞凶于一世。

我们再结合第十七章，老子给统治者划分的四个层次，显然暴政者是最后一个层次，人民必定"侮之"，并推翻他的统治。

老子反复强调了一个铁的规则——因果报应的规则，如果某一位统治者遵循的是清静无为的"道"，表现的是符合自然无为的"德"，那么人民必定会回报你清静、柔顺的"道"与"德"；你以诚信对待人民，人民必然也回报你诚信，你的统治才能长久。这种统治者就是第一个层次："民不知有之。"这个因果律，佛家说的是"善有善报，恶有恶报；不是不报，时候未到；时候一到，立即就报"，儒家说的是"积善之家，必有余庆；积不善之家，必有余殃"。种瓜得瓜，种豆得豆，它是规律之道。这一点对我们各级管理者都是警示。

# 第二十四章 企者不立

企者不立，跨者不行，自见者不明，自是者不彰，自伐者无功，自矜者不长。其在道也，曰：余食赘形。物或恶之，故有道者不处。

**【语译】**

踮起脚后跟站立的人反而站不稳，大跨步前进的人反而走不远，自我表现的人反而不显扬，自以为是的人反而不彰显，自我夸耀的人反而没有功劳，自高自大的人反而不能长久。从"道"的方面说，这种人叫剩饭赘瘤，人们讨厌这种人，所以有道的人不是这样做的。

**【解读】**

"企者不立。""企"上面是"人"字，下面是"止"字。"止"就是脚趾。"企者"就是踮起脚后跟的人，踮起脚后跟站立叫做"企"。这种人，踮起脚后跟来站着他反而"不立"，也就是说反而站不稳了。简单地说，把你的目标定得太高了，踮起脚后跟才能达到，你反而就达不到。

"跨者不行。"大踏步走的人，反而走不远，走不快。有一个成语叫"欲速则不达"，这个意思与"跨者不行"是相同的。老子反对急功近利、浮躁冒进，这是老子自然、虚静、无为之"道"的反映，是符合人类本性的基本原理。

踮起脚后跟是想站得高，看得远，结果呢？反而站不稳，甚至摔跤。大跨步

武侯高卧图

前进是想走得快，走得远，结果呢？反而走不快、走不远。其根本的原因就在于超过了自己原有的能力，违背了自己本有的天性。

有一个故事，说有一个小和尚，为了赶在天黑之前，赶到某一个地方去。结果，走路走得特别快，突然迷路了，遇到一个老和尚，小和尚就问老和尚："我要到城堡去，怎么才能过去？"因为时间很紧，城堡晚上五点的时候就关门。门要关了，怎么才能过去？小和尚还挑了一担东西，挑着一担液体的东西。老和尚跟他说："现在时间已经很紧。我告诉你路线，但是有一条，千万不能走快，你要慢慢走。""好。"小和尚嘴上答应了，但他心里想：还剩下一点点时间，马上就到五点了，就要关门了，我还要慢走，我肯定走不到。所以他怎么样？他知道方向了，然后奔着那方向挑着东西往前跑。"啪啦"摔了一跤，东西全泼了。这就是"跨者不行"。等他把东西都收拾好，人家城门早关了。欲速则不达。

对我们一般人来说要心平气和，稳步前进，不要躁动冒进；对统治者、管理者来说，则要无为而治，不要为追求雷厉风行而超越自我本性，给人民、给下属带来灾祸。

"自见者不明，自是者不彰，自伐者无功，自矜者不长。"自我表现的人，反而不能显扬。自以为是的人，反而不彰显。自我夸耀的人，反而无功。自高自大的人，反而不能长久。这四句的含义在第二十二章中已经阐明，不过是从相反的角度说的，"不自见，故明；不自是，故彰；不自伐，故有功；不自矜，故长"。

此两处相得益彰，进一步说明为人之道要内敛、谦和、虚心。

曾国藩一生的特点概括地说就是"内敛"二字。咸丰八年六月，曾国藩第二次出山带兵，即运用"黄老之术"，他"无人不拜，无信不回"，以"柔道"而行之。曾氏与左宗棠本有"旧恶"，他从家到长沙，即主动去拜访左宗棠，并集一对联："敬胜怠，义胜欲；知其雄，守其雌。"嘱左宗棠为其书联，于是，两人交好如初。从此，曾国藩在政治、军事上都极为顺利。年余以后，他即署理两江总督。日后，又成为所谓"中兴第一名臣"。

"其在道也，曰：余食赘形。"如果从道这个层面来说，这种人叫做"余食赘形"。"余"就是剩余的，剩余的食物，可以理解为剩饭。"赘形"是多余的，人身上多余的形是什么？是肿瘤。这种自现者、自是者、自伐者、自矜者，好比是剩饭和赘瘤，是多余的。你没有必要把它表现出来，这些东西都是没用的，都是无用。

所以，"物或恶之，故有道者不处"。"物"就代表人们，"或"是有的，有的人就会讨厌这种人。自我标榜，把自己夸得不行，这种人肯定是很讨厌的，所以有道德的人是不会这么去做的，也就是说，得道之人绝对不会去自我标榜。

# 第二十五章　有物混成

有物混成，先天地生。寂兮寥兮，独立而不改，周行而不殆，可以为天下母。吾不知其名，强字之曰道，强为之名曰大。大曰逝，逝曰远，远曰反。故道大、天大、地大、人亦大。域中有四大，而人居其一焉。人法地，地法天，天法道，道法自然。

【语译】

有一个东西是浑然一体的，在天地之前就已经出生。寂然无声，虚寥无形，独自确立而不可改变，周期运行而不会停止，可以成为天下的母亲。我不知道它的名字，勉强叫它"道"，再勉强取名为"大"。广大而流逝，流逝而遥远，遥远而回返。所以说道大、天大、地大、人也大。宇宙中有四大，人是其中之一。人效法地，地效法天，天效法道，道效法自然。

【解读】

"有物混成，先天地生。"这个"物"就是"道"。前面有很多章讲了"道"是不可言说的，是"视之不见，听之不闻，抟之不得"的。"道"是恍惚的，朦胧的，就像清纯朦胧的少女，就像一首朦胧多情的诗。这里又说"道"是浑然而成的，混混沌沌，模模糊糊。"道"先于天地而产生，不仅是说先有"道"而后才有天地，而且是说"道"创生了天地。

"寂兮寥兮，独立而不改，周行而不殆。"第二十一章说"道"是"恍兮惚兮"、"窈兮冥兮"，这里又说"道"是"寂兮寥兮"。寂，是没有声音；寥，是没有形状。虽然道是没有声音，没有形状的，你既看不见，你也听不到，但不等于"道"是不存在的。它不仅是存在的，而且是"独立"的，也就是不依靠他人而存在。它自己就能够卓然自立，独立存在，并且不可改变，是永远不变的，永恒的。它是一种常道，是一种恒道。这种道不是静止不动的，而是"周行而不殆"，"周行"就是周而复始地运行，道永远在周而复始地运行，永远不会懈怠，不会停止。

天问图

我们说过《周易》中的"易"字有三个意思：第一个是简易，第二个是变易，第三个是不易（不变）。老子说这个"道"与《周易》中的"易"是相同的。"道"是不改的，不变的，是永恒的；"道"又是周行的，变化的。怎么理解？万事万物都在变，但有一个东西是不变的，那就是变化的规律是不变的，"万事万物都在变"这句话是永远不变的，是永恒的。在这里，我们可以看出"道"已经具有另外一层意思了，前面说那个"道"，它能生出天地，然后天地生出万物，说明"道"是万事万物生成的总根源。这是"道"的第一层意思。这里说万事万物都在变，变化本身有一个不变的东西，说明"道"还是万事万物变化的总规律。这是"道"的第二层意思。

佛教说的"三法印"："诸行无常，诸法无我，寂静涅槃"，和"易"的三个意思，和"道"的"不改"、"周行"都是一致的。"寂静涅槃"就是永恒不变、摆脱生死轮回之苦、不生不灭的境界，刚好对应的是老子的"道"，"道"的内涵就是无。"道"的"周行"其实就是"周易"的意思，就是周期运行，就是周期变化。

它永远不停止,永远不懈怠,永远在那里转动,永远在那里周期地变化。

所以,它"可以为天下母"。也就是说,"道"是天下万事万物的伟大的母亲。这句话是说"道"是产生天下万物的总根源。老子把道比喻成女人,母亲,女婴,玄牝。道是谓玄牝,"玄牝之门,是谓天地根"。伟大的道,本身是虚空的,但是它的力量是无穷的。它最大的力量是什么?最大的作用是什么?母亲最大的力量、最大的作用就是生孩子,道最大的力量、最大的作用就是生育万物。万事万物都按照道来做,它肯定能够壮大。

"吾不知其名",我不知道它叫什么名字。"强字之曰道",勉强给它取了一个字叫"道"。"强为之名曰大",勉强给它取了一个名叫"大"。道是不可言说的,所以也没有办法给它取名字,但人们对没有名字的东西是无法理解的,所以只好勉强给它取一个字叫做"道",又取一个名叫做"大"。大家知道古代人的"名"和"字"是有区别的,比如说,孔子,名丘,字仲尼。屈原姓屈名原,字平,叫平原。颜回,字渊,颜渊。韩愈,字退之。一般地说,"字"是解释"名"的。"大"就是"道","道"就是"大"。两个字可以互为解释。如果将它合起来,就叫"大道"。所以大道是最大的母亲。

"大曰逝,逝曰远,远曰反。"大就是道。道就是逝。逝就是流失,运动变化。《论语》:"子在川上曰,逝者如斯夫,不舍昼夜。"孔子在河边一看,滚滚的流水流失了。"滚滚长江东逝水,浪花淘尽英雄。是非成败转头空,青山依旧在,几度夕阳红。白发渔樵江渚上,惯看秋月春风。一壶浊酒喜相逢,古今多少事,都付笑谈中。"一切都逝去,大浪滔滔,都会逝去的。"大江东去浪淘尽,千古风流人物。故垒西边,人道是,三国周郎赤壁。"后面是什么?"遥想公瑾当年,小乔初嫁了,雄姿英发,羽扇纶巾。"周瑜是少帅,长得风流倜傥,有才,又有智慧,最后也被大浪淘去了,这就是规律,这就是道。所以"大曰逝,逝曰远,远曰反",世间的一切终会逝去,道是逝去的,而且这逝去是非常远的,逝去很遥远,但是最终到达最远的时候,它又怎么样?又返回来了。你们想想看现在有没有周瑜,有没有诸葛亮?有,还是有,不知道是谁。也可能是你,你的某一时的某一种做法,你可能就是周瑜,可能就是诸葛亮。大道走得很远,到最远你看不见的时候,又返回来了。老子的气势非常庞大。

"域中有四大,而人居其一焉。"我们都知道佛教说"四大皆空",这个"四大"指的是地、水、火、风。印度佛家讲四行,古希腊希波克拉底也讲四行,四种体质,四种体液,而我们中国讲五行。五行最重要的意义,不是方位结构的意义而是思维方式。五行中的四行是在四个角，五行居中，五居中，这样就把四行给统起来了。这个才是最伟大的，而不在于多。老子也说宇宙当中有"四大"，这个"四大"是人、地、天、道。这四大应该说气派更大，眼光更广阔。在这"四大"里面，人居其一，但人是最渺小的。这一点道家和儒家不同。在儒家那里，人是最伟大的，尤其到了孟子，孟子说，"五百年，必有王者兴"，"万物皆备于我"。人可以顶天立地，成为一个浩然之气的大人。

"人法地，地法天，天法道，道法自然。"在《老子》这里，人是最最渺小的，其次渺小的就是地，比地稍微大一点的是天，比天大的是道，比道大的是自然。我们按照从小到大的排列次序就是人、地、天、道。所以人要效仿大地，向大地学习，按照大地的规律来办事；大地要效法天，向天学习，按照天的规律来运转；天要效法道，向道学习，按照道的规律来运行。按道理，道应该是最大的了，怎么这里又出来一个"自然"，是不是自然比道还要高？前面说了有道才有天地自然，先有道后有天地自然。这里怎么又说道还要效法自然？究竟是自然高还是道高？其实这里的自然不是指大自然，而是指自然而然，也就是本然，本来的状态、本真、本性、本质。大自然你只要不去破坏它，它也是属于一种本然。道就是取法本然，本来的样子。人的本性应该是什么？简单，清静。本性究竟是善还是恶？孟子认为是善的。孟子说人的本性是善的，善的本性是什么，是道。老子认为人的本性是什么？是善还是恶？老子认为是无。王阳明说："无善无恶心之体，有善有恶意之动，知善知恶是良知，为善去恶是格物。"王阳明认为心本身就是无善无恶的，那

孟子像

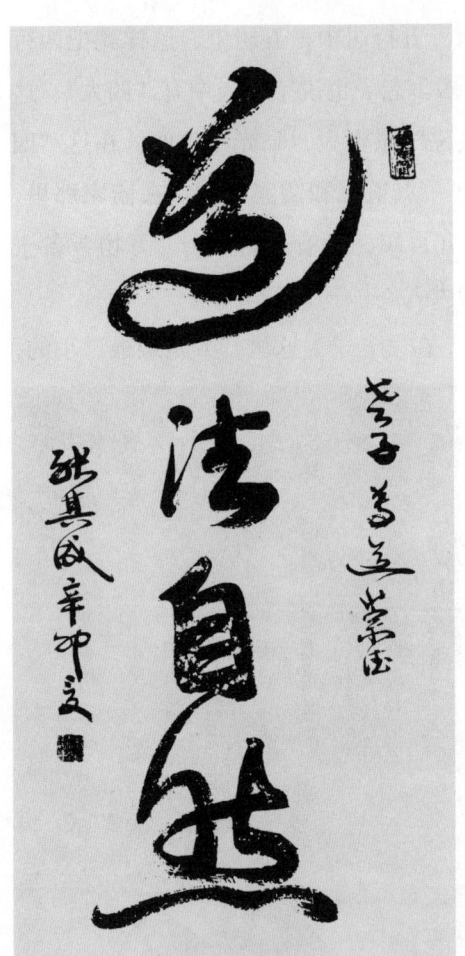

为什么我们现在看到有善有恶？那是意之动了。你的心意、意念一动，就有善有恶了。有的人做善事，有的人做恶事。那是意念发挥作用了。我们能知道什么是善，也知道什么是恶，那是因为我们有良知。知道善知道恶之后再来怎么做？"为善去恶"，就是众善奉行，诸恶莫作，这就叫"格物"。道、本心、自然是一回事，都是无善无恶，无贫无富的，是本来清静的那种本然状态。因此，"道法自然"，实际上是说道是最伟大的，是最高的，没有什么东西能超越它了，所以道效法的只能是自己。

"道法自然"是指道就是本来的状态，它永远保持自己的本性、本质，按自己的本性、本质在周而复始地运行。实际上"道"包含四层意思。前面讲了"道"是一个总源头，是一个总规律，这里是说"道"是一个自然本然的状态，是天地万物的总本质、总本体。在以后的章节中我们还会讲到"道"是一个总法则，就是你干任何事情，比如说你治理国家、治理企业都要按照"道"的法则来做，你养生要按照"道"的法则来做，你为人处世要按照"道"的法则来做，所以说"道"还是一个总的法则。

总之，"道"有四个意思。第一，总根源；第二，总规律；第三，总本体；第四，总法则。或者说"道"是一个最高的真理，最高的本体，最高的规律，最高的法则。佛家把它叫做"真如"，真如不动，是永恒的，本来就存在的，只是我们没有感觉到。易家把它叫做"大易"，大易就是无思无为、寂然不动、永恒存在的本体。

# 第二十六章 重为轻根

重为轻根，静为躁君。是以君子终日行不离辎重。虽有荣观，燕处超然。奈何万乘之主而以身轻天下。轻则失根，躁则失君。

【语译】

重是轻的根本，静是动的主宰。因此君子整天行动都离不开载物的车子。虽然有华丽的生活，却能安居超然。无奈那些万乘大国的君主却是轻率地治理天下。轻率就会失去根本，躁动就会失去主宰。

【解读】

"重为轻根。""轻"和"重"这一组概念里面哪一个为阳，哪一个为阴？轻的东西、轻气是往上升的，往上跑，往上升那就为阳，所以轻为阳。重的东西往下沉，往下沉的就是阴，所以重为阴。"重为轻根"，如果用阴阳来替换一下，那就是"阴为阳根"，就是说阴的东西是阳的东西的根本。就男人和女人而言，女人是男人的根本。所以老子崇尚阴性，崇尚女性。

"静为躁君。""静"和"动"这一组概念里面哪一个为阳，哪一个为阴？静为阴，动为阳，所以静可以主宰动。"躁"就是动。你看浮躁，那不是在动吗？静是动的君主，静能够支配动，静可以制动。你想一个人在浮躁、盲动的状态下能把事情办成功吗？而一个人如果心平气和、安静恬淡，那事情就成功了一半。有人可能会说,生命在于运动,不是要动吗?按照老子的话来说,生命在于静止。那我问大家,究竟生命是要运动,还是要静止?我想应该按照《周易》的话来做,生命在于动静结合,"一阴一阳之谓道"嘛。所以道家的东西我们要学,儒家的也要学。最重要的是看我们什么时候用道家,什么时候用儒家,这才是高明的,不能偏废。

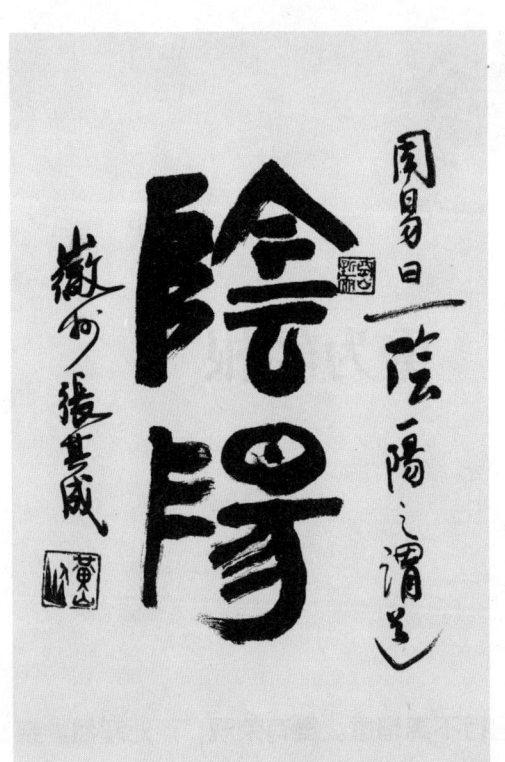

"是以君子终日行不离辎重。"所以君子整天行动,都离不开那个辎重,辎是车字旁,就是车子,用马载物品的车子。看古代君子出行的时候,都是要乘着马车的。这句话的潜台词,实际上就是说,君子干任何事情,都是抓住重要的方面,正如毛主席说的,解决问题要抓住主要矛盾。原文中的"辎重"可能是"轻重"的误写,要是按照"辎重"——载物的车子来解释太别扭了。而按照"轻重"来解释就通顺了。君子所有行为都离不开"轻重"二字。离不开"轻重",也就是离不开阴阳,干任何事情如果抓住轻重、阴阳就是抓住纲领了。

"虽有荣观,燕处超然。"抓住了轻重,就能在荣华富贵面前安居超然,这是一种多么高的人生境界啊。"燕处"就是安然对待,很平常地对待它。"燕"是平安、平静的意思;"处"是对待的意思。"超然",超脱、超凡脱俗的样子。因为知道荣华富贵不过是轻浮的东西,如过眼烟云,转眼即逝,而心灵的淡定、安静才是最重要的东西,所以他不会再去追求荣华富贵了,而且很超脱。

可是这种道理不是人人都懂的,"奈何万乘之主而以身轻天下。轻则失根,躁则失君"。"奈何",感叹词,就是无奈的意思。感叹那些"万乘之主"却仍然是"以身轻天下"。君子出行都是带重的东西,为什么带重的东西?因为"重为轻根"。"万乘之主"就是有一万辆马车的君主,在古代来说就是一个大国的君主了。他却"以身轻天下",不修身养性,不能抓住治国的根本,而用轻率的态度、轻率的管理方法、轻率的东西来治理天下。轻率的东西就是那些阳性的东西,比如严刑酷法、穷兵黩武之类的就是阳性的东西。

有人曾经说过，管理分三个阶段，第一个阶段是人管人，第二个阶段是制度管人，第三个阶段是文化管人。制度管人是阳性的、硬性的管理方式，文化管人是阴性的、软性的管理方式。在老子看来，阴胜于阳，就是文化管理胜于制度管理。当然我们都知道制度管理也很重要，但阳性的东西、制度管理是比较简单的，而阴性的东西、文化管理是比较难的，而最有力量的恰恰是阴性的东西，包括文化管理、道德教化。

松荫会琴图

正如老子所说"重为轻根"。在这一点上孔子和老子的观点是一致的，虽然在"轻"和"重"的内涵上老子和孔子不同，但他们都主张要重视软性的、柔性的管理，主张人心的教化。孔子说："道之以政，齐之以刑，民免而无耻。"就是你用政令、刑法这种强硬的方法治国，老百姓倒是不敢犯罪，但是他会无耻，没有羞耻感。举个例子，比如说一个人吐了一口痰，好，罚五千块钱，当然他不敢再吐了。可是他心里不服气，他会非常恨你，然后在没人的时候，他就会多吐几口痰，这就叫"民免而无耻"。所以，孔夫子接着就说："道之以德，齐之以礼，有耻且格。"如果用德和礼——道德规范、阴性管理方式，老百姓不仅不会去犯罪而且还会有羞耻感了，这样的天下才真正安宁。

"轻则失根"，你的根是什么？就是重。所以这个重，如果对一个国君来说就是稳重，做事一定要稳重，也就是说你要出一个主意的话，一定要深思熟虑，不要轻率地作决定，尤其是你不能轻率地去攻打别的国家，这就是老子的基本观点。春秋战国时期，有上百个诸侯国，如果你不稳重的话，轻率地出兵，马上就会被别人吃掉。"躁则失君"，太躁动，太狂妄，反而失去了你的主宰，所以做任何事情都要沉着冷静。遇事不乱，需要一种定力，这种定力源自于平常的修为。

第二十六章 重为轻根

# 第二十七章　善行无辙迹

善行无辙迹，善言无瑕谪，善数不用筹策，善闭无关楗而不可开，善结无绳约而不可解。是以圣人常善救人，故无弃人。常善救物，故无弃物。是谓袭明。故善人者，不善人之师；不善人者，善人之资。不贵其师，不爱其资，虽智大迷，是谓要妙。

【语译】

善于行走的人不留下痕迹，善于言谈的人没有瑕疵，善于计数的人不用筹策，善于关门的人不用门闩别人却打不开，善于捆绑的人不用绳索别人却解不开。因此圣人总是善于救助别人，所以没有被遗弃的人；总是利用外物，所以没有被遗弃的东西。这就叫做内藏聪明。所以善人是不善人的老师，不善人是善人的借鉴。如果不尊重他的老师，不珍爱他的借鉴，虽然自以为智慧却是大糊涂，这就叫做精要玄妙。

【解读】

"善行无辙迹。""辙"，是轨迹；"迹"，是足迹。善于行走的人，他是不留下痕迹的，就好像车驶过了，却没有留下车轮的印子，没有车轮碾过的痕迹。这有点像武侠小说里轻功极高的侠客，踏雪无痕。也可以说，做善事是不留名的。"善言无瑕谪。""瑕谪"，就是瑕疵，过失。善于言谈的人，是没有瑕疵的。俗话说，言多必失，那是对普通人来说，对于真正善言的人，那是口若悬河，却左右逢源，而抓不到任何漏洞。"善数不用筹策。""筹策"就是古代的计算工具。善于计算的人，是不用计算工具的。"善闭无关楗而不可开。""楗"是木旁，关门用木栓子，所以"关楗"就是关门用的门闩。善于关闭的人，即不用关楗也不可以打开。真正善于关闭的人，根本不用门闩，但是，这门还开不了。"善结无绳约而不可解。"善于打结的人，即使他不用绳约，不用绳锁，别的人也是解不开的。

丘处机像

这一章的开头描绘了五种高人的形象，虽然没有做更多的描述，但我们马上会浮想联翩：这五种高人有的不留下任何痕迹而飘然行走在大地、江河上；有的妙语连珠、滔滔不绝而滴水不漏，无懈可击；有的不用任何工具就能快捷地算出你出的任何一道计算题；有的只要他一关门你就是想尽一切办法也打不开门，门上却没有任何门锁、门闩；有的不用绳索就能把你捆紧，而你却怎么也解不开，真是太神奇了。这不正是我们现在看的武侠小说中描写的神奇人物吗？原来老子早就说过了。

其实老子在这里并不是赞美这五种人的神奇功力，也不是要人们修炼出这些功夫，老子本来就反对机心、机巧，反对人为追求，这里说的所谓"善行"、"善言"、"善数"、"善闭"、"善结"关键就在"无"字上，其实就是"自然"、"无为"的具体表现。"善行无辙迹"就是行"无为之事"，"善言无瑕谪"就是行"不言之教"。因为按照自然之道，所以不必要刻意追求，不必要刻意用功，而是自然获得这种功效，自然而然不留下一点痕迹。这是希望我们统治者不要有意而为，要符合自然大道地治理国家、治理百姓。

"是以圣人常善救人，故无弃人。"真正得道的人，是善于救人而不会抛弃别人的人。因为善于救人，善于救助别人，所以就没有那些被遗弃的人。按照佛家来说，这种人就是什么？就是菩萨。佛是最高的，其次是菩萨，再次是罗汉。佛有三个觉：自觉、觉他、圆觉，也就是说自我觉悟，让别人都觉悟，圆满觉悟。菩萨叫菩提萨陀，菩萨就是自我觉悟，然后又让别人觉悟。还差一个圆觉，如果再加一个圆觉，那就是佛。菩萨善救人，普度众生，如大慈大悲、救苦救难的观世音菩萨，大家都被她救助，就没有遗弃的人，没有那些苦难的人，是吧？而那些只有自觉的人，就是自我觉悟了，最高级的是罗汉。在小乘佛教里面，人人都不能称佛的。人达到的最高位就是罗汉。但是在大乘佛教里面，人人皆可成佛。大乘佛教影响的是我们中国佛教。人人皆可为圣人，人人皆可以成仙，人人皆可以成佛。这样天下就没有弃人，没有被遗弃的人。

"常善救物，而无弃物。"你善于拯救事物，事物也就没有被遗弃的时候，全部都被你拯救了。

如果从现代管理上来讲，作为一个领导也要"常善救人"、"常善救物"，那么怎样救人、救物？就是要人尽其才，物尽其用，最充分地发挥人和物的潜能，这样就不会有被遗弃的——没用的人和物了。一个领导怎么能够做到这一点？怎样用好人？关键在于知人。怎样知人？关键在于开发出自己本身的潜能，本明的智慧。开启了这种智慧，自然会洞悉每一个人的秉性、特长，然后将他放在最适合的位置上让他发挥出最大的才能。这才叫"无弃人"、"无弃物"。

"是谓袭明"，这就叫做袭明，明就是明了，明白，可以理解为内藏圣明。佛家说无明，无明就是一切痛苦的开始，有明那你就是觉悟了，这就叫袭明。

"故善人者，不善人之师；不善人者，善人之资。"善人是不善人的老师，这些觉悟的人当然是不觉悟的人的老师，他会让你不惧觉悟，不惧为善。善人是不善人的老师，而那些不善的人，又是善人的借鉴，所以说是相辅相成的。那些为善的人，那些觉悟的人，当然是没有觉悟的人的老师，这个没有问

孔子像

题。可是，反过来，那些没有觉悟的人，那些不善的人，他也是善人的一种借鉴。"资"就是借鉴。这也就如孔子说的："见贤思齐，见不贤而内自省也。"看到贤人要想到向人家看齐，见到不贤的人，就应该反思一下自己身上有没有他的毛病。不善的人，当然可以成为善人的一个借鉴。

"不贵其师，不爱其资，虽智大迷，是谓要妙。""不贵"，是不看重，不尊重。"不爱"，就是不珍惜、不爱惜。不看重他的老师，不珍爱他的鉴戒，虽然自以为有智慧，却是大迷大误的，这就叫做精妙、玄妙。要不要尊重他的老师，要不要尊重他的借鉴，要尊重，还要尊重你的对立面，要把对立面变成自己的鉴戒，以督促自己时常进行自我反省。这样你就能增进自己的品德，超越自我。佛家讲"八苦"，其中之一是"怨憎会"，最苦的是什么？冤家对头就坐在你办公桌对面，一抬头就能看到他，抬头不见低头见，总在怨恨他，你说多苦，那怎么办？这个苦是谁造成的？不是你自己造成的吗？哪有什么冤家对头？是你自己造成的，境由心造，相由心生，换一种思维，把他当成一面镜子，映照自己缺点的镜子，为什么我恨他，是否我恨他的原因正是他恨我的原因，三省吾身之后，若有则改之，无则加勉。当你把你的冤家当做自己前进路上一种可以借鉴的力量，那你还苦什么？你就不苦了，所以苦和乐都是自造的，自找的。你转换一下角度，可能就会有"柳暗花明又一村"的感觉。老子教我们除了从正面去看问题之外，也一定要从反面去想问题，这样绝对能得道。

这章最后老子阐明了善与不善的关系，两者之间是相辅相成的。很多人将"不善"理解为"恶"，是不对的。"不善"可能会变恶，也可能会变善，是善和恶的中间态。如果以一种自然、平等、符合"道"的眼光来看待善与不善，其实就能平等地对待了。一来所谓善与不善的价值判断本身就可能有问题，二来善与不善是可以互相转化，相互借鉴的，所以都要尊重、都要善待。尤其对不善的人和事，不要鄙视他们、遗弃他们，要鼓励他们以善为师，也要把他们当做自己的一种鉴戒，这就叫做"要妙"，其实是大慈悲、大平等之心。不要区分高低、贵贱、对错，大道本身就是自然而然的，所谓的不善、贱和错也是人为造成的。如果善人对不善者采用不善的态度，憎恶他们，善人也就成了不善之人。

# 第二十八章　知雄守雌

知其雄，守其雌，为天下谿。为天下谿，常德不离，复归于婴儿。知其白，守其黑，为天下式。为天下式，常德不忒，复归于无极。知其荣，守其辱，为天下谷。为天下谷，常德乃足，复归于朴。朴散则为器，圣人用之则为官长。故大制不割。

【语译】

要知道雄强，但要守住雌柔，这样就可以成为天下的溪谷。成为天下的溪谷，那么恒常的德性就不会离开，最后回归到婴儿的状态。要知道白色，但要守住黑色，这样就可以成为天下的范式。成为天下的范式，那么恒常的德性就不会有差错，最后回归到无极当中。要知道荣耀，但要守住羞辱，这样就可以成为天下的河谷。成为天下的河谷，那么恒常的德性就富足了，最后回归到质朴当中。朴实的"道"分散了就形成万物，圣人运用它就成为百官之首。所以完善的制度是不割裂的。

【解读】

本章讲的是"三知"、"三守"、"三复归"。

"三知"、"三守"中的"知"和"守"的对象虽然不同，知雄守雌、知白守黑、知荣守辱，但所表达的意思是相同的，雄和雌、白和黑、荣和辱是一对阴阳，那就是要知道阳性的事物，守住阴性的事物。

第一，"知其雄，守其雌，为天下谿"。"雄"和"雌"是一对阴阳，雄代表阳性的事物，"谿"是指溪谷，溪水流注的地方，实际可以理解为大海，是指万河万流归聚的地方。你只有守住雌性的东西、阴性的一面，才能成为天下万物所归向的地方、所归宿的地方。只有成为天下万物所归宿的地方，才能"常德不离"。"常"字在马王堆帛书本《老子》中都写成"恒"，为什么后来的通行本改为"常"呢？这是因为避讳，汉代有一个皇帝，名字叫刘恒，所以就不能再叫"恒"了，要改为"常"。这个"常"就是"恒"，就是恒常不变的意思。恒常的德性是永远不变的，德不变，就是道不变。这样道和德都不离开自己，最后"复归于婴儿"，回到婴儿的状态。

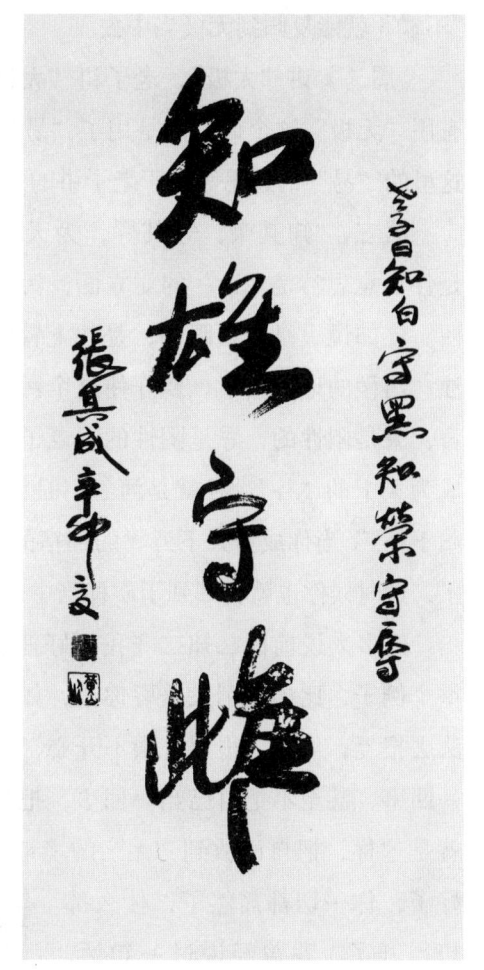

老子《道德经》书名中，"道"和"德"是什么关系？很简单，德是道的具体体现，道是德的无形的本体。天下万物就是个道字，但是这个道是看不见、摸不着的，它表现出来的就是德。正因为是"德"，所以我们都能真真切切地体会到。所以道和德是一回事，是表里关系。当然也有人理解，《道德经》一开始是"德"，又和我们今天这个"得到了这个东西"的"得"相同，所以"道德经"就是"得道的经典"。不过这样的理解未免太狭窄了。

第二，"知其白，守其黑，为天下式"。"白"和"黑"是一对阴阳，白是阳，黑是阴。我们中国有一张世界上最美的图，那就是太极图，太极图就是黑白两色组成的，好比两条鱼互相纠缠在一起。当然你们看到的太极图百分之九十九都是错的。老子要坚守黑的东西、坚守阴性的一面，只有这样才能成为天下的范式，就是天下的楷模，或者叫天下的法则。"为天下式，常德不忒，复归于无极。"成了天下的法则，常德才不会有差错，道也就不会有差错了。"忒"是差错的意思，

"不忒"就能复归到无极当中去。

《周易》讲"太极",老子讲"无极"。当然《周易》也讲到"无极",只是没有用"无极"这个词,而是用了"易"字,"易有太极","易,无思也,无为也",这里的"易"的意思等同于老子讲的"无极",可见老子和"大易"是相通的。

第三,"知其荣,守其辱,为天下谷"。"荣"和"辱"也是一对阴阳。"辱"是什么意思?是"荣"的对立面,污浊、污下的意思。荣耀是外显的、上面的东西。比如说火是最耀眼的,是往上冒的。而污是下面的,是流水,流到低下、污浊、污秽的地方去了。要守住这个污下的地方,守住居下的水。荣和辱相比较而言,荣是阳性的,辱是阴性的。老子主张要守住阴性的,知道阳性的。这样才能成为天下的"谷",谷就是河谷,是河流归宿的地方。"为天下谷,常德乃足,复归于朴。"当你成为天下万物的归宿的时候,你的德和道就富足了、丰富了、完美了,这时候你也就复归到了质朴当中,质朴就是道的状态。

好多人说前面二知二守我都好理解,这最后的"知荣守辱"我没法理解。我举个例子,比如说别人羞辱你了,如果你把羞辱看得很重,那么你一定会想方设法去报复,你就会很累,很不开心,你再也快乐不起来了。可是如果你不把它当一回事,甚至不把自己当一回事,把自己彻底放下,放在最低的位置,从内心里就是这样,把自己放到"无"的境地,放到最低下的境地,放到最羞辱的境地,好了,你一切都豁然了,什么都想得开了。我曾经说过一句话,叫做"越不要脸,越有脸;越要脸,越没有脸"。

这一章中的"三知"、"三守"、"三复归"的意思是一样的,都是要知道阳性的东西,守住阴性的东西,复归到最本原的状态中。"三复归"的婴儿、无极、朴都是最本原的"道"的描述。

老子在这章中实际上是教我们怎样对待中西方文化,包括怎样对待中西方管理,怎样对待中西医结合。那就是"知白守

山水图

黑"！就中西方文化而言，当然中国文化是阴性的，是黑；西方文化是阳性的，是白。我们一定要"知白"，要了解西方文化，包括西方的管理方式、西方医学，但一定要守住我们中国自己的文化，自己的这一套思维方式，包括中国传统的管理方式，中国传统的医学，这才是最重要的，这就叫做文化的本体主义、本位主义。

有人说我是文化保守主义者，我不否认。我们就是要"知白守黑"，要保住、要守住中国文化的这个根，守住中华民族的魂。这是我们的职责，也是老子的殷切希望。

当然阴阳是分层次的，我们的文化跟西方相比，当然属于阴性文化。而我们文化本身又有阴有阳，比如说儒家偏阳，道家偏阴。所以五千字的《老子》是主张反对儒家阳性文化，坚守道家阴性文化的。

无论是雄还是雌，是白还是黑，是荣还是辱，最后都回归到无极状态去。所以，老子讲无极啊，无极是太极之前的，处于一种质朴混沌的状态中。"朴散则为器。"这个朴，质朴的东西，即无极，就是道原始与最终的一个状态。如果说质朴的东西散掉了，分散了，就形为器。器，就是器具，就形成万物了，万物不也是一种器吗？器，《周易》里面怎么说呢？"形而上者谓之道，形而下者谓之器。"《论语》里又是怎么说的呢？一句非常有名的话。孔子曰："君子不器。"君子啊，不器。字面的意思很简单。这个器，就是一种器具，作为一个君子，他不应该追求那个器具，那个有形的东西。器具的格局是很小的，作为一个君子，格局要大，要有宏大的志向，同时不要被限制住了，你看那个器具它被限制住了，它是有形的，所以它是有限的。只有把这个格局放大了，心胸放广了，不要去汲汲于物，这样的话，心量就放得无限了，当你无限的时候，你的财富也是无限的。那么这个质朴的东西散了之后，就化成那个有形的，一个一个的事物，一个一个的物质，一个一个的器具。"圣人用之则为官长。"如果是圣人运用这个器，就成为百官之长。我们要用这个器，但是自己不能成为这个器，这个器是为我所用的。"故大制不割"，所以大的制度、完美的制度、完美的格局，实际上就是大器，是不割的，是不割裂的，是不分离的，是圆融的，合一的，不二的。后面的那个割，就是割裂的意思。这实际上是说，器因为是有形的，所以它的作用也就有所限制了，器越小，作用就越小，器越大，作用也就越大，所以要让大器发挥作用，就不能把它割裂开来。在老子看来，多大的器，都还是有所限制的，只有回归质朴，回到道的状态，才能无所限制，无所不能，才能有大用。

# 第二十九章　圣人三去

将欲取天下而为之，吾见其不得已。天下神器，不可为也，不可执也。为者败之，执者失之。夫物或行或随，或嘘或吹，或强或羸，或挫或隳。是以圣人去甚、去奢、去泰。

【语译】

如果想要夺取天下而治理它，我看他是不能成功的。天下这个神圣的东西不可以人为统治，也不可以强力把持。人为统治就会失败，强力把持就会丧失。所以一切事物（尤其是人），有的走前，有的随后；有的缓慢，有的急切；有的刚强，有的瘦弱；有的安坐，有的堕落。因此圣人要去掉极端，去掉奢侈，去掉过度。

【解读】

"将欲取天下而为之，吾见其不得已。天下神器，不可为也，不可执也。为者败之，执者失之。""将"是如果的意思。如果你想取得天下，然后去治理它，我看你是不能成功的。天下是个神器，不是一般的器具，而是一种神妙的器具，一种神圣的器具。它是不可以让人来"为之"的，来统治的，也不可以"执之"的，不可以去给它把持住的。因为这个神器的东西啊，它是偏于无形的，你不可能把它当一个东西据为己有。如果是硬性地去治理它，那你就会失败。如果你是非要努力地去把持它，那就会失去它。所以不能凭个人的意志去强为啊。

在老子看来，得天下与治天下无外乎两种方法，一种是"无为"的方法，一种是"有为"的方法。所谓"有为"的方法就是"取天下而为之"、"执天下而用之"，就是用强力、暴力去夺取天下，用强政、暴政去控制天下，指使百姓，表面看这种方法是有利的、有效的。然而老子却提出了严峻的警告，用这种方法得天下与治天下，一定会很快灭亡。为什么呢？因为天下是个"神器"，是个神圣的器物，它是极为贵重的，又是最容易破碎的，一不小心它就会被打碎了。它有自己的一套结构方式、运行方式，千万不能人为地去改变它，也不可以人为地去支配它。它是一个整体，所以不能分割它，不能强行加入人为的想法、人为的观念。

我们现代人治理一个企业，往往觉得这个企业就是我们打拼出来的，当然是属于我的，我可以按照自己的想法改变它，支配它。这和古代的一些帝王的想法是一样的，以为这个国家是我打下来的，当然是我的"家天下"，我可以随意地控制它。自古以来有多少暴政、暴力，结果怎么样？"万里长城今犹在，不见当年秦始皇。"有哪一个朝代能够永世长存？秦始皇就是把整个天下当做他的家，然后他自己说我叫始皇，始皇帝，从我开始，然后千秋万代、子子孙孙永远保有这个家产。结果呢？多少年？十五年，没啦，公元前221年到公元前206年。所以你想他可以想尽办法去把有这个天下，结果这个天下还是失去了。老子告诉我们的就是这个道理。

也许你会说，我创建的这个企业和那些强行夺取来的国家不同，我是打拼出来的，没有去偷去抢，我为什么不能掌控它？虽然如此，但你一定要明白，企业也是一个"神器"，同样是脆弱的，你创建的不等于就是你的，这叫"生而不有"。你想一想，办一个企业一开始有多少你的家人、你的朋友、你的合作伙伴在支持你、帮助你，后来有你的副手、你的下级、你的员工在被你管理、为你这个企业工作，所以一个企业绝对不是一两个人的。

或许你会进一步说，我知道这个道理，但照老子"无为"的意思，难道我就不管不问，任由我的企业自生自灭吗？当然这并不是老子"无为"的真正意思，老子只是说不要违背自然规律地去支配它，也就是说不要违背生态平衡规律、市场规律，不要违背员工、消费者的本性和最基本的利益，而不是说要我们在家睡大觉，什么事也不干。

"夫物或行或随，或嘘或吹，或强或羸，或挫或隳。"老子在这里描述了"物"的各种特性，这个"物"其实指的就是人。物性是不同的，人性也是有差异的。

第二十九章 圣人三去

山水图

老子用了八个"或"。"或",就是有的。"行"就是行走,"随"就是跟随。"嘘"是缓慢出气,"吹"是急切吹气。"强"是刚强的意思,"羸"是瘦弱的意思。"挫",河上公本写作"载",安坐在车上,"隳"就是堕、坠的意思。一切事物,尤其是人,有的在前面走,有的在后面追随;有的是缓慢地呼气,有的是比较急切地出气,也可以说,有的性子比较缓慢,有的性子比较急切;有的很刚强,有的很羸弱;有的安坐在上面,有的掉落在下面。这是表达什么意思呢?实际上就是说,万事万物它的形状、性质是不同的,就好像我们人,有的长得丑,有的长得美,有的长得胖,有的长得瘦,有的性格急,有的性格慢,但这一些都是非常合理的,你不要硬性地去改造它。对人来说,这八个"或"就是四种相对的人性的写照。我们要承认这种人性差异的合理性,一个领导尤其要明白这一点,千万不要去消除它。要知道世界就是因为有差异才显得丰富多彩,自然就是因为有差异才能保持动态有序、生态平衡,社会就是因为有差异才能保持动态稳定、整体和谐,一个部门、一个企业也是因为有差异,才显得有活力、不偏激、不片面。然而,古往今来不少当政者往往以自己的主观意志作为标准,来消除人的差异性,结果导致怨声载道、自取灭亡。

所以老子由衷地提出"三去":"是以圣人去甚、去奢、去泰。"汉代河上公本解释"甚"是指贪淫声色,"奢"是指贪求服饰饮食,"泰"是指贪图宫室台榭。这样一一对应,可能过于机械了,其实就是指日常生活、为人谋事的各个方面太过度了、太极端了,违背自然常态了,因此一定要抛弃掉,恢复到自然清静的本来状态中去。

# 第三十章　不以兵强天下

以道佐人主者，不以兵强天下。其事好还。师之所处，荆棘生焉。大军之后，必有凶年。善有果而已，不敢以取强。果而勿矜，果而勿伐，果而勿骄，果而不得已，果而勿强。物壮则老，是谓不道，不道早已。

【语译】

用"道"来辅佐君主的人，不靠兵力在天下逞强。用兵这件事一定会得到报应。军队所到之处，必定发生荆棘。大战之后，必定出现荒年。善于用兵的人，只求达到目的罢了，不敢用兵逞强于天下。达到目的而不自大，达到目的而不炫耀，达到目的而不骄傲，达到目的却是出于不得已，达到目的而不逞强。事物强壮就会衰老，这就叫不符合"道"，不符合"道"就会早早灭亡。

【解读】

"以道佐人主者，不以兵强天下。"就是说用道来辅佐君主的人，他是不以兵强天下的，不靠着那些兵力在天下逞强。国与国之间应该怎样相处？尤其是发生利益冲突的时候，是以兵戎相见，以武力相加，还是放弃战争、和平相处？从一个国家联想到一个企业、一个团体，它的强盛靠什么来体现，是兵力还是实力？当然有两种选择。古代的霸王往往选择兵力、选择战争，其结果可能取得胜利、攻克敌方，可最后呢？必是荆棘丛生，必有凶年，必定对人民造成伤害，又必定

行军图

是早早衰败，物壮则老。春秋五霸，只是盛极一时，最终交替而衰。

所以选择武力和战争，是最愚蠢的做法，也是最残酷的行为，他给别人造成危害，所以必定会遭到报应。"其事好还。""还"就是报应。这是真理，是因果规律。

"师之所处，荆棘生焉。"军队所到的地方，必定发生饥馑，荆棘遍地。从历史上看，军队所到之处一定是血流成河，遍地白骨，那已经给自己埋下了荆棘，荆棘就是刺啊，就是给自己埋下了钉子啊。按照一诚大师的说法，我去拜访过他，他说："现在的人啊，都是在给自己埋地雷，埋下这个地雷，自己挖的，一个一个挖的，到那时候你一不小心，'嘣'一下就炸了。"你杀了那么多人，造成那么多流血惨状，那必定会遭报应的。就是给自己埋下了一个祸根嘛，那肯定要遭报应的。

"大军之后，必有凶年。"大战之后，一定会出现荒年，饿殍遍野，民不聊生，一定会是这样的。

所以这都是报应啊，这就是自作孽。这种报应就是自食其果，表现在荆棘丛生、民不聊生，物壮则老，自己加速灭亡。这真是"闹哄哄，你方唱罢我登场"。大家想一想，美国前总统小布什动用强大的武力攻打伊拉克，虽然推翻了萨达姆政权，可是造成伊拉克人民灾祸不断、痛苦不堪，局势一片混乱，最后怨声载道，小布什的支持率不断创出新低，你说这场战争是胜还是败？小布什是赢了还是输了？

"善有果而已"，只取得这种结果就罢了，也就是说战争只求达到目的就罢了。"不敢以取强"，不敢用兵来逞强天下，不敢乱杀。所以在什么情况下动武啊？那就是在敌人攻打我们的时候你要打他，但是反过来把他们赶跑了就完了。有这个结果就行了，你就不能说反正是打，滥杀一通，那绝对不行的。

"果而勿矜，果而勿伐，果而勿骄，果而不得已，果而勿强。"即使发动战争并取得了胜利，你也不应该自高自大，不应该到处去炫耀，更不应该骄傲自满，你要觉得这是迫不得已啊，那是没有办法嘛，这绝不是在自我逞强，因为是别人攻打上门来了，不过也只是把他打跑了，而不去滥杀无辜。

"物壮则老。"这句话真的是真理。事物强壮了必定会走向衰老，一个事物你越强壮，就会越趋向衰老，也有说你强壮的时候就已经衰老了。"是谓不道。"这就叫不符合道，你太强壮了，那是不符合道的，老子之道就是柔弱之道。"不道早已。"如果不符合道的话，那就早早地注定要灭亡了。那个已，就是停止、灭亡的意思。

老子是坚定的反战主义者，对残酷的战争给以坚决的反对和强烈的谴责。当然有的战争是不打不可的，这就是保卫家国、救济危难的战争，老子说这是"不得已"，是无可奈何，那么达到目的就一定要见好就收，"果而已"，千万不可以武力逞强天下。老子一连用了五个"果"，表示有了结果、达到目的之后的五种做法：勿矜、勿伐、勿骄、不得已、勿强，这其实就是胜利、成功之后必须努力去做到的五条戒律。而这恰恰是那些强国、战胜国往往难以做到的。试想一下，如果美国战胜了伊拉克之后，立即撤兵，将伊拉克国内的问题交给伊拉克人民处理，那将会怎样？至少不至于像今天这样陷入泥潭当中而不可自拔吧？

我们再联想到我们自己，当我们在竞争中取得胜利、取得结果，或者说达到我们成功的目的时，能不能做到五个"果"之后的勿矜、勿伐、勿骄、勿强？表面上看难以做到，其实只要想一想"物壮则老"的道理，就一定能自觉地去做了。

"物壮则老"，盛极而衰、物极必反，不仅是一个自然规律，比如月盈则亏、日盈则昃、春去夏来、寒往暑来，而且是一个人生规律，人到壮年的时候开始衰老，《黄帝内经》记载人的生长、强盛、衰亡的规律，男女"天癸"——生殖能力盛衰的规律。老子则强调一个君主、一个国家以及任何一个人都要尽量避免"壮而老"，避免"取强"，都要按照"无为"之"道"来做，这样才能保持久远。

# 第三十一章　兵者不祥之器

夫兵者，不祥之器，物或恶之，故有道者不处。君子居则贵左，用兵则贵右。兵者不祥之器，非君子之器，不得已而用之。恬淡为上，胜而不美；而美之者，是乐杀人。夫乐杀人者，则不可得志于天下矣。吉事尚左，凶事尚右。偏将军居左，上将军居右，言以丧礼处之。杀人之众，以悲哀莅之；战胜，以丧礼处之。

【语译】

兵器是不吉祥的东西，人们都厌恶它，所以有道的人不使用它。君子平时以左边为尊贵，用兵作战时以右边为尊贵。兵器是不吉祥的东西，不是君子的工具，只是迫不得已才使用它。最好要淡然处之，胜利了不要洋洋得意；如果洋洋得意，就是以杀人为快乐，以杀人为快乐的人，是不可能在天下得到成功的。吉庆的事是以左边为上的，凶丧的事是以右边为上的。副将军站在左边，上将军站在右边。这说明是用丧礼来处置的。杀人众多，要以悲哀的心情来对待；打了胜仗，要以丧礼来处置。

【解读】

"夫兵者，不祥之器。"老子的反战思想在这一章继续得到体现。上一章说战争会带来恶报，这一章开头就说兵器是不祥之物。"兵"除指兵器外，又可以指兵事、战争。"物或恶之。"这个"物"就是人，"或"就是有的，有的人就肯定会厌恶它，实际上是指人们就很厌恶它。制造兵器的目的就是为了战争，所以大家都厌恶它，要从根本上反对战争，首先就必须废除兵器，不制造兵器。现在谁会喜欢那个核武器？实际上都不喜欢，因为它最终是个祸根，若得不到有效的遏制，肯定会迎来 2012 年 12 月 21 日这一真正的灾难，那一天刚好是冬至啊，冬至那一天是黑暗最长的。玛雅人写到这一天，意思就是说黑暗最极，不能再黑暗了。当然这一天是不可能的，如果有可能，那就是自己造的孽，甩几颗原子弹不就可能了吗？所以兵器这种东西多讨厌啊！"故有道者不处"，所以有道的人绝对不去使用它。

"君子居则贵左，用兵则贵右。"君子平常是以左边为尊贵，"居"就是平常，平常就是在和平年代，是以左边为尊贵，右边为卑，左尊右卑。但是用兵打仗的时候一切颠倒了，那是右边为尊贵左边为卑下，这刚好不同，意思就是说平时跟用兵之时是恰好相反的。所以一定要记住，平时我们的左边是尊贵的位置。所以一个建筑物前面有两只狮子，根本不用看它脚踩的是小狮子还是绣球，都不用看，肯定左边是公狮右边是母狮，如果不是这样，很简单，那就是摆错了。现在礼仪也同样如此，左边是尊位。比如我们来了一个客人，客人肯定是尊贵者，客人肯定坐在左边，主人肯定坐在右边。左边、右边是怎么来的？是从自己的实际方位来说的，不是从客人的角度说的。

"兵者不祥之器，非君子之器，不得已而用之。"兵者呢，就是一种不祥之器，非君子之器，前面已经解释过了，是"不得已而用之"，就是迫不得已的时候你才用兵作战。主动去侵略别人、攻打别人的战争是不道德的，必须坚决反对。但有

军队出征图

的战争是为了除暴救民，这叫做"不得已"。但也决不能逞一时之强，而是一达到目的就要立即结束战争，就像第三十章所说的"善有果而已"。

战争这种事要"恬淡为上，胜而不美；而美之者，是乐杀人。夫乐杀人者，则不可得志于天下矣"。可见老子不是一个愤世嫉俗、不顾是非曲直的人，更不是一个对现实漠不关心、一味避世不争的人，实际上老子说的都是治国的方略，他对现实、政治、人民深切关心，所以对战争并不是一概排斥、全盘否定。只要是为了救助百姓，除去暴乱，那就要迫不得已地进行战争。但有一点是共同的，无论何种战争，都不可以胜为美，沉醉在战争的胜利之中，更不能以杀人为乐事。因获胜而洋洋得意，更以杀多少人为骄傲，这就不是有道之人的正义战争，这样一来，原本正义的战争性质就变了，变成以杀人为乐的邪恶战争。这样的人是不可能把自己的意志在天下得以伸张的，就是说他这样做是不得民心的，最终会走向自我覆亡。

"吉事尚左，凶事尚右。"跟前面讲的是一回事儿。就是在从事吉事的时候是崇尚左边的，从事凶事的时候是崇尚右边的，也就是平时崇左，战时崇右。

"偏将军居左，上将军居右，"上将军为什么居在右边呢？因为战争是凶事啊，凶事是以右边为尊贵，所以上将军是居在右边，居在尊位的，而偏将军，辅佐他的副将，是居在左边的。"言以丧礼处之。"是用那个丧礼、凶礼来对待它的。"杀人之众，以悲哀莅之；战胜，以丧礼处之。"你要是杀人太多了，你要用悲哀的心情来对待它。也就是说你取得胜利了，而且是一个重大的胜利，杀了多少多少敌人，这个时候你不要洋洋自得，兴高采烈，反而要心中悲哀。你看我这双手沾满了血，要忏悔，不值得庆贺，反而呢你要用丧礼来对待它，你要为我方牺牲的人和敌方牺牲的人去吊丧，去悼念他们。很简单，这个就是天道。杀人无度你还洋洋自得啊，那就是太没有天理了，那必遭天谴。

为什么在古代礼仪中，平时以左为贵，以右为卑？这是古人阳尊阴卑、天人合一观念的反映。古人一般是坐北朝南，所以左边是什么方位？是东南西北里的东。左边、东边是太阳上升的地方，正因为是太阳上升，是阳气上升的方位，太阳升起则带来光明和生机，所以它是尊贵的，而右边是阳气下降的，是太阳落山的方位，太阳落下则带来黑暗和杀气，所以它是卑下的。中国传统的礼仪中左边是客人的位置，右边是主人的位置，表示对客人的尊重。

在古代，凶事、丧礼的位置恰恰与平时的位置相反，是右尊左卑。因战争是凶事，所以要按凶事之礼，主持战争的上将军居在右边，副将军居在左边。就是打了胜仗，也要以丧事来处理，因为杀人了，所以要心存悲哀之心，不可洋洋得意。

# 第三十二章　道常无名

道常无名、朴，虽小，天下莫能臣。侯王若能守之，万物将自宾。天地相合，以降甘露；民莫之令而自均。始制有名，名亦既有，夫亦将知止，知止可以不殆。譬道之在天下，犹川谷之于江海。

【语译】

道永远是无名而质朴的，虽然小到不可见，但天下没有人能够使它臣服。王侯如果能够守住它，万物就会自动来归顺。天地相交会，就会降下甘露。人民不需要发号施令就自然均匀和谐。万物开始兴起就产生了名称，名称已经有了，就要知道适可而止。知道适可而止，就不会有危险。譬如"道"存在于天下，好比河溪流向江海。

【解读】

"道常无名、朴，虽小，天下莫能臣。" "道"是老子观点中最基本、最高的范畴。在很多篇章中都进行了描述，如"道"是玄妙的，是视之不见、听之不闻、搏之不得的。这一章，老子又强调"道"是无名的，是不可名状的，没有名称的，正如第二十五章所说，我不知道它的名称，只是勉强取了一个名字叫"道"。所谓名称是在万物产生之后，人们为了区别、辨认而取的，是后天的产物。荀子曾说过"名无固宜"，就是说名称本来没有固定合适的实体，都是后来约定俗成的。所以千万不要舍本逐末，不要陷在后世的名称中不能自拔，要适可而止。"道"是老子勉强取的名称，是质朴的，实实在在的，没有经过任何改造。这是说明"道"的真实性与本然性。

我们在第二十五章看到老子的"道"又叫"大"，"道大"是"四大"中的第一"大"，这里为什么又说"道小"？其实两者并不矛盾。"道"本来就是"其大无外，其小无内"的，它大到无边无际，小到无边无际；它大到无形无状，小到无形无状。这里的"小"是指小到看不见，隐而不见，就是第四十一章所说的"道隐无名"。其实大小只是从不同角度看的结果，其本质都是"无"。

在我们一般人的观念中，这么小的东西它的作用肯定也不大，殊不知，"道"虽小，却具有无比巨大的作用。正是因为"其小无内"，所以谁也战胜不了它，天下没有人能够使它臣服。前面有很多章节描述了"道"具有产生天地万物的作用，具有使万物生生不息的作用，按照"道"来做人、做事、治理国家，就可以安宁、长久、不殆，这里进一步说明领导者要守道，这样你的人民，你的下属不需要你发号施令就会自觉自愿地归服于你，百姓之间也不会争强斗勇，而是均衡相处、和谐自乐。说明"道"本身就是自然和谐的。

"侯王若能守之，万物将自宾。"如果你这个侯王、大王，今天我们说董事长、总经理，你如果能够守住这个道，那么万事万物将自动地来宾服你，来归顺你，来做你的宾客，做你的客人。意思就是说你就是主人哪，他们就来朝拜你啊，所有的人都会来向你称臣、向你归顺。

负担图

"天地相合，以降甘露。"天地交合就会降下甘露，天地就是阴阳，阴阳和合了，就会产生甘露，这就是《周易》的思想。"天地氤氲，万物化醇；男女构精，万物化生"，阴阳交合了就能降下甘露。

"民莫之令而自均。"你只要是一个得道的人，用这个道来管理天下的话，人民不需要你发号施令，他们自然就会均匀、就会和谐。所以按道来管理，这是管理的最高境界。

"始制有名，名亦既有，夫亦将知止，知止可以不殆。"万事万物开始的时候就要制定那个名，我们就拿一个企业来说，一开始的时候一定要制定法律、法规，要有规章制度；法律、法规那些名称已经有了，那就一定要知道它也是有所限止的，即它的作用也是有限的，不要以为制度一旦制定就可以一劳永逸，你知道了它们的有限性，就不会有危险，"殆"就是危险，因为你会适时加以调整或做一些补充。知止，对我们每一个人来说都是非常重要的。企业企业，这个"企"是什么意思啊？我们现在看"企"这个字，上面一个"人"，下面一个"止"，它的本意是什么意思？我们前面已经讲了，"企者不立，跨者不行"，这个企就是踮起脚跟的意思。那么这个企业家，从字面上讲，就是踮起脚后跟去做事业的人，意思就是说你比一般人肯定要有更高的目标吧，踮起脚跟，目标要远大一些，所以这种人一定要知止。止，还有一个停止的意思，这就是艮卦，艮卦要求的就是"止"，要"知止"，这个太重要了，不要无限地不知足，要适可而止。什么叫"止"呢？这个心中要"止"，我曾经说过，唐代有一个学者叫李空玄，是一个佛教学者，他就说过一句话："一部华严经，就一个字，就是艮，就是止。"一部华严经，就是一个艮卦，艮卦就是止，止就是停止，所以佛家有一个叫"止观法门"

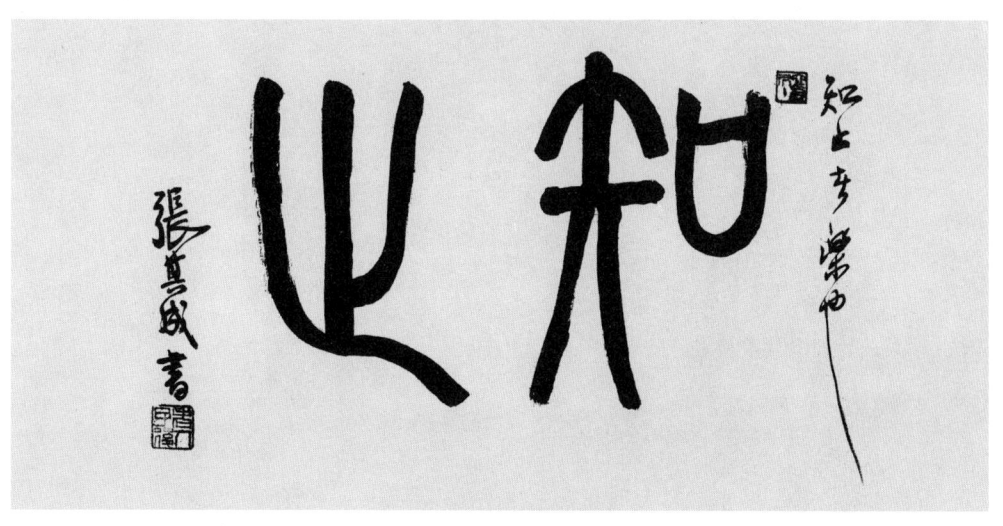

哪。所以我们企业家一定要知道这个"止"字,你不能光踮起脚后跟,你还要知道适可而止,知止就没有危险,你的企业就没有危险。

领导者不仅要知道,还要守道。这个"道"不是名称上的"道"。如果光停留在名称层面,而不是从心灵上真正地感知,那么是很危险的。老子一贯反对所谓的名称——名分,一旦有了名称、名分,必然会有所谓的正名分,这恰恰是社会混乱、争权夺位的深层原因。所以老子反对儒家的"正名",对待"名"一定要"知止"。庄子也说:"名也者,相轧也。"

"譬道之在天下,犹川谷之于江海。"如果大道真正行于天下的话,就好比河流最终都流到了大海里去。这也告诉那些君王,现在的董事长们,如果你们知道、守道、行道的话,天下百姓、员工就会像河流流入大海一样归附到你们的周围。得民心者得天下,万众一心,众志成城,还有什么事业不能成功。如果我们所有的企业家都这样去做了,就会汇成一股江海之势,把我们这个中华文化弘扬出去,那世界就安宁了、和平了。

# 第三十三章　自知之明

知人者智，自知者明。胜人者有力，自胜者强。知足者富，强行者有志。不失其所者久，死而不亡者寿。

【语译】

认识别人是智慧，认识自己是高明。战胜别人是有力，战胜自己是刚强。知道满足的人富有，顽强前进的人有志气。不丧失根基的人长久，身死而精神不死的人才是长寿。

【解读】

大家都知道两个成语"自知之明"、"知足常乐"，都来源于这一章。这一章是讲人生之道的，包括"知人"和"自知"，"胜人"和"自胜"，等等。相比较而言，知人易，自知难；胜人易，自胜难。

"知人者智，自知者明。""知"，知道、了解的意思。"知"既包括认知的过程，又包括认知的结果。"知人"的主体是自己，是主体；"知人"的对象是别人，是客体。所以"知人"就是主体认知客体，自我认知他人。俗话说人心隔肚皮，要真正了解别人的内心是不容易的。但比较起来，"自知"更难，自知是自己认知自己、主体认知主体。苏东坡有诗曰："不识庐山真面目，只缘身在此山中。"自己认知自己往往带有自我喜好、情绪乃至价值观，所以往往容易片面甚至错误。

其实"知人"和"自知"并不是截然分开的。"知人"的基础就是"自知",如果不了解自我,那么去观察认知别人往往也是不准确的。比如《列子》中记载了一个"疑人窃斧"的故事,就是如此。

由于怀疑别人偷了斧子,所以犯了猜疑病,这是自己的心理、自己的思维定式影响到了对别人的认识,说到底就是不了解自己,不能正确地认识自己。因此老子认为,你能够了解认识他人,那你是有智慧的人,可以说具有识人本领的人是一个大智慧者;而能够认识自己的人比那个能认识他人的人还要更高一层,不仅仅是有智慧,而且是非常高明。所以说,有自知之明的人是难能可贵的。

"胜人者有力,自胜者强。"再看"胜人"和"自胜",战胜别人只能证明有力量,而战胜自己才是真正的强大。人生最难战胜的不是别人而是自己。人生只有一个敌人,那就是自己。什么叫战胜自己?就是与自己这个敌人作斗争。自己这个敌人是谁?就是自己的私欲,自己的功利心、是非心,自己的思维习惯、思维定式、心态模式,就是一切从自己出发的价值观。人一旦战胜了自己,那么谁也不能将你打倒,人都是被自己打倒的。"明"比"智"要更进一步,"强"比"有力"要更进一步。圣严法师说过一句话:"心里放不下自己,那是没有智慧;心里容不下别人,那是没有慈悲。"这句话说得太好了!所以我们既要知道别人,更要知道自己;既要战胜别人,又要战胜自己;既要宽容自己,更要容下别人。

"知足者富。"我们常说"知足常乐",这句话就源于老子的"知足者富"。一个人如果知足了,那不仅是快乐,而且是富有。现代人都不是饿死的,都是不知足撑死的。人一旦不满足,肯定是痛苦的。想一想我们自己,在刚走向工作岗位,刚独立走进社会时,由于遭到百般挫折,只好把自己的薪酬标准定得很低,比如说年薪两万就足矣,可后来达到了这个目标,就想高一些,年薪五万、六万,这样一来,就痛苦了,因为总是倒过来算账,因为只能拿到两万,那就是还欠三万、四万,所以总是在欠债的心态下生活,你说累不累?有的企业老板更是这样,总是想着企业今年的目标是营业额多少、利润多少，如果定为一个亿，可今年只有六千万，那还差四千万，于是就焦躁不安，不仅不觉得自己富有，反而觉得自己还欠几千万呢。因此如果把人生的终极目标定在外在的金钱上，那肯定是不知足的，肯定是不会真正快乐的，也不可能是一个精神上的富有者。

富有的标准是什么？不是金钱和财富。因为金钱和财富的数量是可变的，究竟多少量才算富有？何况金钱、财富和快乐并不是成正比的。那什么才是富有的标准呢？老子说就是知足的心态。

风雨牧归图

知足的心态来源于参透了人生的价值观，来源于悟道的思维方式。有了这种心态，才能带来精神上、心灵上的大富有。不要把幸福指数建立在过高、过多的钱财的数量上，只求正常生活标准，平平淡淡，简简单单，脚踏实地，一步步走过生命的历程。有了这种心态，就会收获生命中的点点滴滴，就会有一种意外的喜悦心情，这是一种知足之乐，也是一种知足的富有。人生如果能知足，是何等美丽，何等幸福！

"强行者有志。"顽强前进的人是有志气的。"强行者"，偏向于哪一家？儒家，积极进取的，刚劲坚强的，自强不息的，这是有志向，也是不错，但是知足了，反而富有。

"不失其所者久，死而不亡者寿。"我们都想天长地久啊，怎么才能长久？第一是不失其所，第二是死而不亡。"不失其所"，就是没有丧失你的地方、处所。这个"所"字太重要了，它是什么啊？就是人生的定位。没有丧失人生的定位，这种人他就会长久。我们每个人来到这个世界上都有一个定位的，你找到了你的定位没有？如果找到了，然后又不让它失去，永远坚守住，那你绝对就能长久。那么如何能找准自己的人生定位呢？我是谁？我是我儿子的爸爸，我是我老婆的丈夫，我是我学生的老师，我是我这个企业的董事长……这个定位你究竟定住了

第三十三章　自知之明

没有？你究竟是谁？这一生你需要做些什么？我是一个丈夫，我是一个父亲，我是一个老师，我是一个董事长，等等，这都还是一个角色定位。你的心定位定住了没有？我是愤怒还是平和？是善还是恶？是爱还是恨？是情还是愁？是简单还是复杂？是喜还是悲？是干净还是肮脏？是宽容还是嫉妒？我究竟是什么？我是愤怒当中的我，还是宽容当中的我？我的定位定住了没有？其实这一切都是假象。什么丈夫啊、父亲啊、董事长啊，一切都是虚妄，都是假象。无论是愤怒啊，还是宽容啊，爱、恨、情、仇，也都是虚妄，都是假象。实际上我就是清净的一个本性，那才叫我，不愤怒也不宽容，不洁净也不肮脏，不喜也不悲，而是清静自然。什么董事长、员工，那都是在关系当中，这个关系链一旦断了，就什么也不是啦。这些在道家看来，都是人为的，都是后起的。所以你要把握住这个"所"，不要把它定义成"我就是董事长"。失去其所，这样反而不会长久。你说你就是董事长，你能当一辈子董事长吗？所以，在老子这里，这个"所"是从终极意义上说的，要从道上去找，只有把人生的定位定在与道合一上，才能真正得以长久。

"死而不亡者寿。"死但是没有亡，这才叫真正的长寿。什么死啦？身体死了。什么不亡？精神不亡。有形的一定会死，无形的才能长寿。我们现代人追求的往往是肉身的长寿，一提起某某和尚肉身还在，就肃然起敬。比如说六祖慧能，他的肉身还在，他就真的好像还能持续下去。在哪里？在广州最北边的一个城市韶关的南华寺中。但是在我看来最长寿的是什么？不是他的肉身而是他的那种思想，那种精神，那个禅道。

"不失其所者久，死而不亡者寿。"记住这两句话，至理名言。只有知足，才叫"不失其所"，因为没有离开人生本来的清静、知足的本性，这样才能"死而不亡"。"自知"、"自胜"、"自足"的人是真正精神长存的人，他的精神生命和思想生命会超越死亡而永存。"死而不亡"是人生的最高境界，人身总是会死的，但人的精神可以不亡，精神永存才是真正的"寿"，真正的永垂不朽。要想让自己不朽，就必须好好地理解这两句话，参悟这两句话。

# 第三十四章　大道泛兮

大道泛兮，其可左右。万物恃之以生而不辞，功成而不有。衣养万物而不为主，可名于小。万物归焉而不为主，可名为大。以其终不自为大，故能成其大。

【语译】

大道广泛啊，它可以左右逢源。万物依靠它生长而不推辞，功劳成就而不占有。养育万物而不去主宰，可以说它是微小的；万物归附于它而不去主宰，可以说它是伟大的。正因为它始终不自以为伟大，所以才能成就它的伟大。

【解读】

"大道泛兮，其可左右。" "泛"，就是广泛。"泛"字带三点水，像水一样，老子总喜欢用带水字旁的字来形容道，大道就像流水一样汪洋广阔；这个道它可以左右逢源，统领天下万事万物。"万物恃之以生而不辞。" "恃"，就是依靠，万事万物依靠它而存在，而生生不息，但是它不推辞、不主宰。万事万物不是靠道而产生的吗？但是道又不来主宰万事万物。这个太了不起了！ "功成而不有。" 它让万事万物去成功，但是它不去据为己有。"衣养万物而不为主，可名于小。" 它能够养育万物而不去主宰，可以说它是最小的，任何细小的事物里面都有它。"万物归焉而不为主"，万事万物都归附于它而不去主宰，"可名为大"，所以它是最伟大的。它既是最小的，也是最大的。"以其终不自为大，故能成其大。" 正因为这个

红莲图

道它终究、始终不自认为伟大，所以才能成就它的伟大。不自认为伟大的人，才是真正的伟大；而那种说"我伟大"的人，肯定是不伟大的。

道能够产生万物、养育万物，但是它又不去把持万物。我们想一想，我们能做到吗？比如说你对你的孩子，你对你的企业。对于孩子，有哪个做父母的生养他了而会放手不管，任其自生自长。你生他就完了，你不要去管他不就行了吗？但是不行，我们人人都要去管我们的孩子。你知道谁不管孩子吗？有一个人，他对他的孩子根本就不管，这个人是谁？当代大儒梁漱溟。我说过，当代真正能称为圣人的有三个人，有一副对联，上联是马一浮，下联是熊十力，横批是梁漱溟。梁漱溟从来不管孩子，他有一个儿子叫梁培宽，梁培宽在回忆录中说，他的父亲从来不管孩子，哪怕说看他的成绩单他都从来不看，他自己要选择什么他父亲从来不干涉。有一次他考试没考好，没考及格，然后把成绩单给父亲梁漱溟看，父亲看了一眼后，什么话都没有说，就还给了儿子。非常简单。他父亲说你自己的事情，你自己去做，你知道什么叫考得好，什么叫考得不好，你也知道怎么去努力。真是太厉害了！我们听过好多好多动物的故事对吧？那个老鹰，等到小鹰一长大，就非要把它给踢出去，把它赶出这个窝。这个就叫什么？这叫你生养的万物，你不要去占有它，不要去支配它，让它去自生自灭，让万物自己去主宰自己。

这一章赞美了"道"的作用。前面许多篇章都提到了"道"具有生育万物的作用，这里进一步指出"道"的广大，正如《周易》中所说："夫易广矣大矣……以言乎天地之间则备矣。""易"即是广大悉备的"道"。庄子在说明"道"的广大时说："在太极之先而不为高，在六极之下而不为深，先天地生而不为久，长于上古而不为老。"可见"道"是最广大、最深远、最长久的。

"道"是万物的宗主，它不仅生育了万物，而且促使万物成功，最后又给万物提供一个安息归宿的场所。这样的"道"当然是宇宙自然最伟大的主宰，可它却不去充当支配万物的主宰者；它是万物之母，可它却不当创世者；它是使万物成功的根本，可它却不当救世主；它是一切功劳的源泉，可它却不居功自傲。它是最伟大的，可却微小得看不见；它是微小的，可它却伟大得无与伦比。

这章两次提到道"不为主"——"衣养万物而不为主，万物归焉而不为主"，是强调了"道"不愿做有形的主宰，不愿意去支配、占有万物和众生。所以它伟大得看不见。通行本"衣养万物而不为主"之后有"常无欲"三字，有些古本没有，是衍文，所以删去。

这样的主宰者，与基督教的上帝耶和华是不同的，上帝是统领一切、支配一切的，万物、众生都由他创造出来，所以都受他的主宰，万物、众生是不能超越上帝的，只有顺从这个最高主宰，听命于这个最高主宰。而老子的"道"却不是这样，它是"不辞"、"不有"、"不为主"的，没有任何占有欲与支配欲，任凭万物顺其自然地生生灭灭。

基督教的主宰是人格化的、有形的，是最高本体，支配万物是强有力的，无所不在、无时不有；老子的"道"也是最高本体，但它是自然的、无形的，支配万物是虚静的，看似无力实际同样是有力的，同样是无处不在、无时不有，万事万物、芸芸众生都逃不脱"道"的规律和法则。所以老子的"道"既是最高本体，更是最高法则、最高规律。

相比较而言，老子的"道"是无私的，不以占有、支配为目的，这就告诉我们，生育了孩子，创造了财富，或者创办了企业，都不要占为己有，要让他们顺应天道人道，符合人生规律、社会规律、自然规律去发展，越不控制他，他就越能自由发展。

# 第三十五章　执大象，天下往

执大象，天下往。往而不害，安平泰。乐与饵，过客止。道之出口，淡乎其无味，视之不足见，听之不足闻，用之不足既。

【语译】

把握了大道，天下人就都来投靠了。投靠而没有伤害，于是就安宁、平和、通泰。音乐和美食，会使过往的行人停下来。"道"如果说出口，是淡然无味的。看它却看不见，听它却听不到，用它却用不完。

【解读】

"执大象，天下往。""执"就是拿，把握。"大象"是什么东西？老子这里说的"大象"就是"道"，"道"是"无物之象、无状之状"，是大象无形的。老子继承并发展了《易经》中"象"思维的传统。"象"不同于"形"，"形"是有形的，看得见摸得着的；"象"是无形的，看不见摸不着的，但可以感受到的。"道"就是看不见摸不着，但却真实存在的，只要大家静心澄虑都可以感受到。所以"道"不是"形"，而是"象"。

传说中华民族第一人文始祖伏羲氏作八卦，八卦就是八种"象"，所以叫"卦象"。八个卦象所代表的事物不仅仅是八种有形的事物，更是八种功能相同的事物，所以八卦实际上就是八种功能属性的分类。它不是固定不变的，而是开放的，可以不断类推的；它本身是无形的，但可以代表有形的事物。《易传》说："形而上者谓之道。"就是说，"道"是超越形体的。老子所说的"道"，正是这种无形的但却有强大功能、强大作用的"象"。所以老子说："大象无形。"因此，如果有人把握住这个大象的话，那么天下人就会前来投靠你。

"往而不害，安平泰。"他们是来投靠你，不是来伤害你的，这样呢，就会安平泰，你就平安了，"安"就是安宁，"平"就是平和，"泰"也是平安、安宁的意思。如果你是一位国君的话，万民都来投奔你，自然就会国富民强，呈现一种祥和安泰的局面。

"乐与饵，过客止。""乐"就是音乐，"饵"就是指美食，音乐和美食，会使得那些匆匆的过客们停下来，停下来干什么呢？来欣赏你的音乐啊，来吃你的美食啊。

"道之出口，淡乎其无味。视之不足见，听之不足闻，用之不足既。"音乐和美食，都是有形的，音乐可以听，美食可以吃。老子说："五音令人耳聋，五味令人口爽。"这说明音乐和美食是普通人所爱好的，所以能够使过客们都停下来欣赏和品尝。而这个道是无形的，道一说出口的话，就"淡乎其无味"了，特别的清淡无味，然后，"视之不足见"，你要看它又看不见，"听之不足闻"，听它又听不到，可是最后一句很重要，"用之不足既"，但是用它却用不完。这个"既"就是完、尽的意思。道虽然没有味道，没有声音，没有颜色，也就是说虽然你尝不到，看不到，听不到，但是你要是用这个道，是永远也用不完的。

这里面我感兴趣的是那个过客，音乐和美食啊，使那些匆匆的过客们停下来，不过也只是一些匆匆的过客而已。只关心那些音乐、美食的人，就是匆匆的过客，一瞬即逝，后来李白就说过，他说："天地，万物之逆旅，光阴，乃百代之过客。"这句话说得太好了。天地就是一个旅馆，它是万事万物的一个旅馆；光阴，比如

韩熙载夜宴图

说我们人活几十年，八十岁，九十岁，这个光阴，百代之过客，只是这个旅馆当中一个匆匆的过客，对不对？这些过客都是有限的，在天地间的驻留都是短暂的，最多活一百多年吧。到现在为止，好像还没有出现一百五十岁的人吧？即使有，若在历史长河当中，又算得了什么。那太渺小了。天大，地大，人是最渺小的，所以就不要再去计较那些鸡毛蒜皮的事，一切都是匆匆的过客而已。所以说你可以欣赏音乐，品尝美食，但不要沉溺于其中，不要让这些东西迷惑了自己的本性。"道"这个"大象"不像音乐和美食那样，使人留恋，可供人欣赏，能满足人的感官、生理的需求，"道"是看不见、听不到，又说不出来的，音乐和美食这些有形之物的作用是有限的，是会用完的，而"道"的作用却是巨大的，永远不会用尽的。天下人如果都去追求"道"，都按照"道"来做，那么就会和平共处、安泰长久了。

如果我们对照一下自己，扪心自问，我们的所作所为是在追求无形的东西，还是在追求有形的东西？我们的人生目标是定位在无形的精神上，还是定位在有形的财物上？如果定位在后者，那么我们的心境自然就会随着获取外物的多少而沉浮，有形的财物会给我们带来快乐和痛苦。如果定位在无形的精神上，那么物质的乞丐也可以成为精神的富翁。

# 第三十六章 欲取先予

将欲歙之，必固张之。将欲弱之，必固强之。将欲废之，必固兴之。将欲取之，必固与之。是谓微明。柔弱胜刚强。鱼不可脱于渊，国之利器不可以示人。

【语译】

如果想收拢它，必须先张开它；如果想削弱它，必须先强大它；如果想废除它，必须先兴旺它；如果想夺取它，必须先给予它。这就叫微妙的明智。柔弱胜过刚强。鱼不能脱离深渊，国家锋利的武器不能让别人看。

【解读】

这章的前四句和一个成语意思非常相近，这个成语就是"欲擒故纵"。想要擒住它先要放掉它。"将欲歙之"中"将"和"欲"是一个意思，就是想要的意思，想要"歙之"，这个"歙"字在《韩非子·喻老》中写作"翕"，两个字意思相同。"翕"字一看字形就应该知道是什么意思了，它上面是个合，下面是羽毛。把羽毛合起来，所以"歙"和"翕"就是合起来的意思。"必固张之"，"固"是本来的意思，在这里可以理解为"先"。想要把它合起来，一定要先把它张开来。

"将欲弱之，必固强之。"你想要削弱它，必须先要让它强大。我们怎样才能战胜强大的对手？你和它硬拼行不行？肯定不行，因为他本来就比你强大。所以老子告诉我们的做法不是人为去削弱他，反而是让他强到极点。这是一种高明的策略，运用得好，就会成功。越王勾践就是运用了这种方法，最终使强大的吴王夫差由强转弱，国破人亡的。

"将欲废之，必固兴之。"想要废除这个东西，你就先让它兴盛起来。等到兴盛到极点了，就会走向反面、走向衰落了。

"将欲取之，必固与之。"你想要得到它，你就要先给它。比如一个男孩子要去追求一个女孩子，如果你死追不放，恨不得一日三餐都在一起，那么她肯定会烦死你。如果你突然不追她了，那么她一着急肯定会反过来追你了。

"是谓微明。"这就叫真正的明，叫洞察秋毫的明，叫非常微妙神妙的明。前面已经说过了，高明自然要高于智慧。

老子真是太聪明了，但这是一种常人不敢用的策略。"歙"和"张"，"弱"和"强"，"废"和"兴"，"取"和"与"，都是"阴"和"阳"的关系，老子的一贯主张就是重阴轻阳，所以想要达到的目标——"歙"、"弱"、"废"、"取"全是阴的，而采用的方法——"张"、"强"、"兴"、"与"全都是阳的，也就是说要让对方朝"阳性"一面发展，最终达到预期的结果。

四季平安图

老子自己是要守雌的，因为守雌了，守住阴性的了，自己的生命力才强。想要别人生命力不强，那你就让他变成阳性的，千万不要羡慕和嫉妒别人。你要看到当他威风八面、强大兴盛到不可一世的时候，那距离他失败的日子就不远了。所以，老子这个人太有哲学思想了，太智慧了，太高明了。因为老子早就看透了，只要是阳性的事物全都是短命的，所以我们一定要坚守阴性的东西。

"柔弱胜刚强。"柔弱属于阴性，刚强属于阳性，所以柔弱一定能战胜刚强。

因此，面对刚强的事物，若要战胜它，最好不要去硬碰硬，示之以柔弱，会取得意想不到的效果。一个女子最大的武器就是水，就是柔弱，说这个姑娘很水灵，一定能讨人喜欢。一个女人要是跟她的男朋友到商店去，她说："我想要这个钻石，我就要，你不给我买，我今天就跟你拜拜。"那几乎所有的男人都说："那拜拜就拜拜。"但她只要说一句，哎呀，我要嘛。好，所有的男人都招架不住，"柔弱胜刚强"，所以要发挥柔弱的武器。呵呵，这是一个俗不可耐的例子。一位董事长怎么领导你的员工？也可以柔弱胜刚强。每个人啊，他的内在都有无限的潜力，所以你就怎么样？你就赞美他，哎哟，你这个很厉害，可以做，那他就能激发出无限的创造力，真是这样。这就是柔弱的力量。你不要，哇，这个不行，那个不行，那他就完蛋了。

"鱼不可脱于渊，国之利器不可以示人。"鱼啊，是不能脱离深渊的，而国之利器，国家锋利的武器是不能随便给别人看的。这是给君主讲的，鱼只有在深渊里面，别人看不到的时候，它才能活，那么国家最锋利的武器只有隐藏起来，让别人摸不清自己的实力，才能生存得好。那么，老子说的最锋利的武器是指什么呢？就是柔弱胜刚强的道理，这是一个国家的利器，使国家兴旺发达的一个法宝。

# 第三十七章　道常无为而无不为

道常无为而无不为。侯王若能守之，万物将自化。化而欲作，吾将镇之以无名之朴。无名之朴，夫将不欲。不欲以静，天下将自正。

【语译】

"道"永远是不妄为又无所不为的。侯王如果能坚守住它，万物就会自我化育。化育就会有贪欲萌生，我就要用"道"的无名质朴来镇服它。无名的质朴，就是要人们不起欲望。不起欲望就宁静了，天下就自然正常了。

【解读】

"道常无为而无不为。""道"它是无为的，可是别忘了它还是无不为的，无不为就是没有什么不可作为，意思就是有为，道既是无为，又是有为的。"无为"和"无不为"看起来是矛盾的，其实并不矛盾。"无为"并不是不做，而是不妄为、不乱做，也就是不要按照个人的意愿、个人的心计去做，而是要按照自然法则来做。"无不为"是指没有什么不能做的，没有什么不去做的，没有什么做不成的。"道"是无为的，正因为无为，所以什么东西都"为"了，都做了。也就是说只要你不去恣意妄为，那么什么事情都可以做成功。可见，"无为"是前提，"无不为"是结果。

"侯王若能守之"，侯王若能守住这个无为之道。那么，"万物将自化"，万事万物啊，也就是指老百姓啊，那就会自我变化，自我化育，自我成长。这个太重要了，一个人的力量总是有限的，你要让所有的员工，所有的百姓，都激发出他们内在的那种潜能，那力量是无限的。在老子看来，最理想的政治、最高明的管理就是"无为"。一个高明的领导，如果他"无为"了，那么得到的结果恰恰是"无所不为"，什么事情都办成功了，原因就是他是遵循了天道规律而不是出于个人的意愿。这样人民就会自我变化、自我化育、自我成长，不受任何人的控制，他们会自然而然地、自觉自愿地去工作，他们的自我能力、自我潜能就会充分地调动起来、激发出来，他们的自我价值就会得以实现。这比管理者用强硬的手段、用法律法规去指使下属、限制员工所起到的作用要大得多。

埃及金字塔是怎么建的？大家可能会想当然地认为是奴隶主拿着皮鞭赶着奴隶们建造的，对不对？绝对不是，绝对不可能。这是谁发现的秘密呢？是一个宗教士，一个瑞士的宗教士，他在入狱之前，能制造出几万分之一秒误差的手表，可是一到监狱里后他连百分之一秒误差的手表都做不出来。忽然有一天他发现这个秘密，他通过自己制作钟表的亲身体会断言："金字塔的建造者，绝对不会是奴隶，应该是一批欢快的自由人！"因为只有欢快的自由人才能发挥自己的潜能，才能创造出如此精细、天衣无缝的工程。后来这个说法被证实了，最近有报道说，在埃及金字塔，胡夫金字塔周围不太远的地方，发现了一些墓，这些墓里埋着的人当然不是法老，因为法老就埋在金字塔里。那埋着的这些是什么人呢？那肯定就是建造金字塔的工人。这些工人是奴隶吗？一看这个墓里埋的人的状态就知道他们绝对是自由人，不是奴隶。我们想象一下，如果是奴隶会是什么状态？会有一种痛苦状，乃至骨头也会有一定的损伤。但从出土的状态看，没有任何痛苦状，非常安详，也没有其他外力的损伤。那就证明了这个观点，那些建造金字塔的人，是在极度放松的情况下进行工作的。这就叫什么？这就叫"我无为而民自化"。自己产生这种创造。

"化而欲作，吾将镇之以无名之朴。"一旦在"自化"的过程中，出现贪欲了，怎么办？人在生活中，就会产生许多的欲望，乃至贪欲。法家当然是制之以刑，绳之以法。老子则主张以"无名之朴"来镇服他们。

"无名之朴，夫将不欲。""无名之朴"就是"道"，"道"是不可名状的，也是朴实无华的，是人的原本状态。只有用"无为"之道去引导他们，他们才能够被镇服，才能不起贪欲。

"不欲以静，天下将自正。"一旦大家都不起贪欲了，天下就安静了，就平安

第三十七章 道常无为而无不为

归庄图

无事了。"自正",通行本作"自定",而帛书本作"自正",意思就是平安正常。

老子这一章讲了政治之道、管理之道,按"无为"来统治、来管理,其结果就是天下百姓"自化"、"自正"。这样才能形成一种淳朴、和睦的民风,每一个人才会觉得清静和幸福。也只有这样才能激发出无穷的创造力。如果用严刑峻法来压制人的欲望,肯定不会达到预期的目的,以身试法的大有人在。

再来看一下孔子的管理思想,他虽然没有提出无为而治,但同样也是不主张用强硬的刑法的。孔子说过,如果一个统治者用命令和刑法来治理天下,那么人民虽然可以免于犯罪但没有羞耻感;如果用道德礼仪来治理天下,那么人民就有羞耻感,就会自觉地远离罪恶。

后世儒家提出的"致良知"、"讲良心"也是这个意思,不必要强制别人,而是要让大家充分地发挥自己的良知良能,自觉地按良心办事,不要违背自己的良心。这可看成是"无为"思想的发展。

孔子主张"德治",老子主张"无为而治",法家主张"法治",对我们现代管理来说,应该都是有价值的,它们并不矛盾,三者应该相辅相成,不可偏废,关键是要看自己的部门、自己的企业处在什么状态之下,缺什么则补什么。我认为,"无为而治"与"德治"、"法治"并不是一个层面的问题,是可以并行不悖的。"无为而治"是治理的最高境界、最高原则,"德治"和"法治"是治理的具体方法、具体法则。只要不是依据个人的意愿、个人的私欲,而是根据不同的情况、不同的处境进行"德治"或"法治",这又何尝不是顺其自然的"无为而治"呢?

# 第三十八章　上德不德

上德不德，是以有德。下德不失德，是以无德。上德无为而无以为，下德为之而有以为。上仁为之而无以为，上义为之而有以为，上礼为之而莫之应，则攘臂而扔之。故失道而后德，失德而后仁，失仁而后义，失义而后礼。夫礼者，忠信之薄而乱之首。前识者，道之华而愚之始。是以大丈夫，处其厚，不居其薄；处其实，不居其华。故去彼取此。

【语译】

上德的人并不刻意追求德，所以才有德；下德的人不愿失去德，所以反而没有德。上德的人不妄为而且无意作为，下德的人有所作为而且有意作为。上仁的人有所作为但无意作为，上义的人有所作为而且有意作为，上礼的人有所作为但没有人回应他，于是就伸出手臂来强迫别人。所以丧失了"道"而后才有"德"，丧失了"德"而后才有"仁"，丧失了"仁"而后才有"义"，丧失了"义"而后才有"礼"。"礼"这个东西，就是忠信的不足，也是祸乱的开端。有先知先见的人，正是"道"的虚华、愚蠢的开始。所以大丈夫总是立身敦厚而不居于浅薄，立身诚实而不居于浮华。因此要舍弃后者而采用前者。

【解读】

这一章太重要了，它是通行本《德经》的第一章，而马王堆帛书《老子》甲乙本以及最早的注释本——《韩非子·解老》，都是《德经》在前，《道经》在后，因此这一章都是全书的第一章。因此它的重要性不言而喻。郭店竹简本《老子》甲乙丙三种摘抄本没有这一章。这一章实际上把人按道和德分成了五个层次，最高的是上德，其次是下德，再次是上仁，再次是上义，再次是上礼。上德就是前面说的玄德，玄德就是道。所以人也分五种人，有道之人、有德之人、有仁之人、有义之人、有礼之人。

"上德不德，是以有德。下德不失德，是以无德。"老子一开头就将"德"分为"上德"与"下德"。什么是"德"？"德"就是德性、品德，就是一个人的天性、禀性。"德"这个字甲骨文写作"㣣"，就是直行，遵循正道而行。后来写作"悳"，就是直心，正直的本心、本性。"德"与"道"是什么关系？"德"是"道"的具体体现，"道"是"德"的实际内涵。"道"是无形的、不可见的，"德"是有形的、外显的。隐含在内的就是"道"，显现出来的就是"德"。"道"为体，"德"为用，体用不二，两者是不可分割的。

当然"道"也有不外显的，所以"道"的层次比"德"要高。"德"又分两个层次：上德、下德——上等的德性与下等的德性，区分的标准就是表现形式，是不是有意地把"德"表现出来。"上德"不是有意地表现出德性，也就是无心地表现出来，是自然而然的；"下德"却是有意地表现出德性，一旦有意就是有目的，

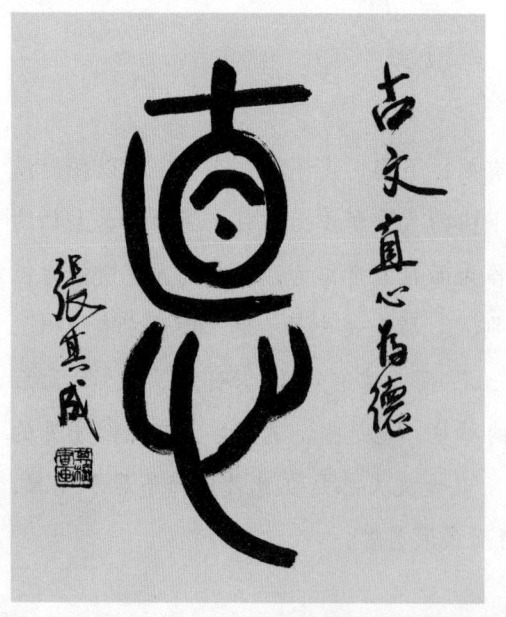

也就有勉强的成分、造作的成分，并且容易产生虚伪。两者的结果也是不同的。"上德"之人越是无意识、不刻意地表现德、追求德，反而越有德；"下德"之人越是有意识、刻意地去表现德、追求德，反而越没有德。为什么？因为"德"是"道"的体现，"道"本身就是自然而然的，任何刻意的、有心的、有为的东西都不符合"道"。

"上德无为而无以为，下德为之而有以为。""下德为之而有以为"这一句，马王堆帛书《老子》甲乙本都没

有，王弼本有，有的本子则写作"下德为之而无以为"。我们这里依据王弼本。上德是"无为而无以为"，也就是说上德的人是不妄为的，而且无以为。"无以"就是无意，没有主观地去作为，是无意地去作为。下德是"为之而有以为"，下德的人是有所作为的，而且是有意去作为，带有主观的意念。

"上仁为之而无以为。"仁就是儒家宣扬的仁道，具有上仁的人是有所作为的，知道怎样去有所作为，但是他也是无意地去作为。

"上义为之而有以为。"上义的人，是有意地去为之的，有意地去有所作为，就好像那些见义勇为之人，那些路见不平，拔刀相助的仗义之人。

"上礼为之而莫之应，则攘臂而扔之。"上礼的人，有所作为但没有人回应他，于是他就伸出手臂来，强迫别人来服从。"扔之"就是强迫别人。这种"有以为"，是最低等的人。礼就是用来限制别人的，别人都不听他的，他就伸出手臂来指挥别人，你们必须要听他的。

"上仁"、"上义"、"上礼"之人，他们都是有为的，只是有为的程度有差别。从有为的程度上看，上仁最低，上义次之，上礼最高。前面说过"上德"是无为，"下德"是有为。可见上仁、上义、上礼都属于"下德"。"上德"就相当于"道"，"下德"就是仁、义、礼等品德。

"故失道而后德，失德而后仁，失仁而后义，失义而后礼。"所以失去了道才讲究德，失去了德才讲究仁，失去了仁才讲究义，失去了义才讲究礼。

"夫礼者，忠信之薄而乱之首"，礼是忠信的薄，薄了就是不足了，为什么要讲礼？因为忠信不足所以才讲礼。很简单，大家都要遵守道德规范，就因为太不遵守道德规范了，所以才强迫你要去遵守道德规范，可它也是"乱之首"，就是祸乱的开始开端，你越讲礼，就有人越不讲礼。

德其实是我们道的一种体现，我们当代社会最大的问题就是道德缺失。温家宝总理在剑桥大学解释金融危机时，他说，这场世界性的金融危机深层次的原因是道德缺失。道德缺失就是缺德，没有德，就是没有道，不符合大道。

我们今天讲法和礼或者说道德是什么关系？法就是法律法规，是强制性的。礼就是伦理道德，礼温和一些。礼是最高的法，法是最低的礼，所以法和礼两者都是外在的，都是外在的一种约束，是一种他律，而这个仁和义是内在的一种自律。我们说他律是必要的，这个社会没有法没有礼那肯定不行，但是自律更重要。那么老子的道在哪里呢？就是上德，最高的德，是自律还是他律？是无律，没有约束，叫你回归本性。老子将人分为五个层次，依次为道、德、仁、义、礼。

"道"是最高层次,"礼"是最低层次。仁、义是有意的表现,是"下德"的反映,"礼"则是灾祸的开始,这里的"礼"除了道德规范之外,还包括了"法",是指控制、束缚人的本性的外在东西。在老子时代,"礼"已经成为统治者控制人心的工具,因此,老子反对"礼"与"法"而向往自然无为的"道"。在当今社会,同样如此,如果一味强调法律、法规、制度、奖惩,只注重硬性管理,不注重柔性管理,往往会招来怨恨和反抗,久而久之,人本身的自然的本性、纯朴的德性就被泯灭,人们就会去追求浮华、浅薄,那是非常危险的,灾祸就要临头了。

"前识者,道之华而愚之始。"前就是先,识就是见识,"前识者"就是有先见之明,先知先觉的人,这种人的出现就是道的浮华愚蠢的开始。真正的道它不是先知先觉,你有了知觉有了先后那已经不是道了,道是处于那种浑然一体无思无为的本来状态之中,不必要去鉴别,没有什么先知先觉、后知后觉的区分,所以说"前识者"不再是道了,而是愚蠢的开始。

"是以大丈夫,处其厚,不居其薄。"所以大丈夫,就是得道之人,总是处在敦厚这一面,而不是处在浅薄这一面,最敦厚的是什么东西?就是道,"湛兮似或存",非常深的就是"道"啊。"处其实,不居其华。"他是处处讲诚实,而不追求浮华。凡是那些浮华的人都不是得道之人,凡是那些浅薄的人也都不是得道之人。

"故去彼取此",所以要舍弃后者,要采用前者。后者就是浮华和浅薄,前者那就是厚实。

所以老子语重心长地要求领导者"处其厚,不居其薄;处其实,不居其华",敦厚与诚实是有德之人的表现,浅薄与浮华是无德之人的表现。

载鹤图

# 第三十九章　昔之得一者

昔之得一者：天得一以清，地得一以宁，神得一以灵，谷得一以盈，万物得一以生，侯王得一以为天下贞。其致之也，谓天无以清，将恐裂；地无以宁，将恐废；神无以灵，将恐歇；谷无以盈，将恐竭；万物无以生，将恐灭；侯王无以贞，将恐蹶。故贵以贱为本，高以下为基。是以侯王自称孤、寡、不穀。此非以贱为本邪？非乎？故至誉无誉。不欲琭琭如玉，珞珞如石。

## 【语译】

古来得到"一"的：天得到"一"而清明，地得到"一"而宁静，神得到"一"而灵验，河谷得到"一"而满盈，万物得到"一"而生长，侯王得到"一"而能使天下正常、安宁。推而言之，天如果不能清明，恐怕将要破裂；地如果不能宁静，恐怕就要崩毁；神如果不能灵验，恐怕就要消失；河谷如果不能盈满，恐怕就要枯竭；万物如果不能生长，恐怕就要灭亡；侯王如果不能守正、安宁，恐怕就要被颠覆。所以尊贵以卑贱为根本，高上以低下为基础，因此侯王自称为孤、寡、不穀。这不是把低贱当作根本吗？难道不是吗？所以最高的称誉就是没有称誉。侯王不要像宝玉那样华美，而要像石头那样粗糙朴实。

【解读】

"昔之得一者：天得一以清，地得一以宁，神得一以灵，谷得一以盈，万物得一以生，侯王得一以为天下贞。"我们每一个人的一生中最重要的就是找到"一"，然后守住"一"。宇宙万物又何尝不是如此？找到了"一"然后按"一"来做，人生就找到了终极目标，找到了归宿。《周易》第一卦乾卦"元亨利贞"，第一个字就是"元"，"元"就是老子所说的"一"。找到了"元"就亨通、有利了。孔子将"元"解释为万事万物的本原——"万物资始"，也是人生伦理道德的本原——"仁"。老子虽然没有解释这个"元"字，但老子反复解说了"元"的同义词"一"。"一"是什么？其实就是"道"。因为"道"是第一位的，是纯一的，是混沌未分的整体，所以用"一"来代称"道"。对一个人来说，"一"就是人的本性本心，一个人的本质特征，一个人的最本原的起点，也是一个人的最终归宿。人生三大问题：我从哪里来？我往哪里去？我是谁？

这是人生最根本的问题，这些问题都是"一"的问题。一个人如果抓住了"一"，就找到了人生终极目标，就找到了人生的意义，就会快乐地享受生命的每一个细节，也就会美满、幸福地走完人生的每一个过程。请大家静下心来，好好想一想：我找到生命的"一"了吗？"一"的作用真是太大了！天如果守"一"，就会清明；地如果守"一"，就会安宁祥和；神灵如果守"一"，就会灵验；山谷河谷如果守"一"，就会盈满；万物如果守"一"，就会茁壮成长；侯王——统治者如果守"一"，天下人就走正道，就安定团结。"贞"另一版本写作"正"，"贞"就是"正"，也可理解为首领，意思是说侯王只有守"一"，才能成为天下人的首领。

"其致之也，谓天无以清，将恐裂；地无以宁，将恐废；神无以灵，将恐歇；

白云观藏八十七神仙图

谷无以盈,将恐竭;万物无以生,将恐灭;侯王无以贞,将恐蹶。""致"就是推而广之的意思,再把它推广一下,可以从反面的角度来说,如果天不能守"一",就不能清明,那么恐怕就要破灭;地如果不能守"一",就不能宁静,那么恐怕就会崩溃;神灵如果不能守"一",就不会有灵验,那么恐怕就要消亡了;山谷河谷如果不能守"一",就不会盈满,那么恐怕就要枯竭了;万物如果不能守"一",就不能茁壮成长,那么恐怕将会灭亡了。侯王帝王如果不能守"一",不能守正道,就不能使天下人走正道,不能使天下人安宁,那么恐怕就要"蹶"了,要颠覆了,也就是说自己也不能保持住首领地位了,这就是"无以为贞"。王弼本这一句写作"无以贵高",意思是没有办法一直保持高贵的职位。"一"即道决定天地的清明、宁静,决定神灵的灵验,河谷的盈满,决定万物的生长,它是天地万物的主宰,是构成天地万物的基本元素,也是促使天地万物发挥作用的决定因素。如果不守"一"即不守道,那么天地万物不仅不能发挥各自的作用,而且还会毁灭、消亡。说天地万物其实都是为侯王——统治者怎样治理天下作铺垫的。

那么统治者怎样守"一"、怎样守"道"呢?"故贵以贱为本,高以下为基。"高贵的东西一定要以卑贱为根本,高尚的东西一定要以低下为基础。这两句话非常重要,既是教我们做人,也是教我们做企业。从阴和阳这个角度来说,贵是阳,贱是阴。高是阳,下是阴。也就是说阳刚的东西一定要以阴柔为基础。你要想高高在上,那必须以下面为基础。这个道理非常重要。我们企业怎样做品牌?其实很简单,做品牌,一定要从消费者当中来,不是在屋里凭空去想的。我们要认真地做市场调研,把消费者当做上帝,虚心地听取他们的意见,老子说应当"贱"、"下",就是要按照"道"的居下、居后、谦卑来做,有了消费者坚实的基础,品牌自然就会脱颖而出,成为众多品牌中的佼佼者,高高在上。

"是以侯王自称孤、寡、不穀。""侯

唐太宗像

王"就是帝王，自我称呼也要谦卑，要自称"孤"、"寡"、"不穀"，"孤"、"寡"本意是孤单、寡少的意思，这是自谦，说自己孤德、寡德，以争取臣民的帮助和同情。"不穀"是不善的意思，也是谦虚的说法。国学大师章太炎先生认为"不穀"是"仆"的合音，侯王自称"仆下"，是十分谦虚的。后来皇帝往往都这么谦称，后引申出一个成语叫"孤家寡人"。

"此非以贱为本邪？"这不是把低贱当作根本吗？就是说老百姓人数众多，处于卑贱的地位，但他们是国之根本。水能载舟，亦能覆舟。孟子说："民为贵，君为轻。"所以君王自称孤家寡人，把自己放在低的位置。"非乎？"难道不是这样吗？"故至誉无誉"，所以最高的称誉就是没有称誉。

"不欲琭琭如玉，珞珞如石。"老子还从正反两方面来要求君主不要像宝玉，要像普通的石头，就是不要追求外表的华美，要追求内在的朴实。"琭琭"形容玉的华美，"珞珞"形容石头的粗糙。石头是用来打地基的，是居下的、坚实的，但用处却是巨大的，一座高楼大厦离不开基石；而美玉只是用来欣赏的、把玩的，虽外表华美，但对建造高楼大厦来说却没有什么实际作用。所以老子说"至誉无誉"，这是老子一贯的说法，也是高于常人之处，按这种说法，我们可以推论：至德无德，至美无美，至善无善……就是说最高的德、最高的美、最高的善其实都不需要刻意地表现出来，也不需要刻意地去追求，都是自然而然的，朴实无华而又真实不虚的。反过来，就不是至德、至美、至善……

# 第四十章 反者道之动

反者道之动，弱者道之用。天下万物生于有，有生于无。

【语译】

相反和反复是"道"的运动，柔弱是"道"的作用。天下万物生于有形，有形生于无形。

【解读】

"反者道之动，弱者道之用。"这两句话是至理名言，是老子参透了宇宙人生之后的总结，是为人谋事的最高法则！

"反者道之动"，是说"道"的一种运动变化形式就是一个字——"反"。"反者道之动"就是"反动"啊，万事万物的规律都是"反动"的，反向运动、反复运动。

"反"字有两个意思，第一个意思是返回、反复，同"返"；第二个意思是反对、相反。这两个意思，是同时具备的。先看第一个意思，大家想一想我们所看到的宇宙万物，它运动变化的规律是不是都是反复、回归——循环往复、周而复始的？比如说太阳今天早晨从东方升起，中午升得最高，下午开始往西边落下，到第二天又是东升西降。月亮每一个月都有阴晴圆缺，都有晦朔弦望四种月相变化。年年都有春夏秋冬四季变化，庄稼也都是随之生长收藏。还有潮起潮落、花

空山结屋图

开花落、云卷云舒、草长莺飞……哪一个不是生生灭灭,周而复始?都是如此,都是"返",循环往复。从宏观视野看,就是物质不灭定律,这就叫"周行而不殆",这是一个大规律。《周易》把它看成是周期变化——"反复其道"、"周流六虚",佛家看成是"轮回"、"因缘",儒家看成是"慎终追远"、"原始反终"。怎么教我们做人做事?《老子》同样也教我们反向的来做,这点实际上他是特别特别有智慧的。

如果你是一个企业家的话,你比如说做品牌,你做品牌的话要怎么做?按照老子的话来说,你就要反向来做,不能顺着它做,不能用那个标杆法来做。我可以举一个例子,比如说可口可乐这个品牌非常好,百事可乐怎么做上来的?就是反向做上来的,不能模仿它,只能跟它反向地做。再后来七喜,第三大饮料品牌七喜怎么做上来的?七喜就是针对可口可乐和百事可乐,如果按《老子》的话来说就是反字,你可口可乐、百事可乐都是含咖啡因的饮料,我这个不是含咖啡因的,他反向地做,结果做成功了。

我们做事情的时候,我就举一个最简单的例子,比如说锻炼,早晨起来锻炼,怎么锻炼?好多人说跑步,剧烈的跑步,这个你要看是对什么人,按照老子的话说很简单,如果你都是安静的,你的工作性质是稳定的,是沉静的,你坐的多,比如坐办公室的,你就要动,要反着,要运动。

现在白领的工作性质是静的,但是他的心态是躁的,所以我们就要反向来做,怎么反向做?你在行动锻炼上你要动,但是心里面就要静,这就是《老子》的智慧。再说了,我们平常是向前走的,那么在锻炼的时候,我们可以倒着走,你看公园里,好多人都在倒走、退步,这对身体很有好处。

第二个意思,反对,就是相反、相对。老子在说明问题的时候跟孔子不同,孔子一般说"是什么",老子一般说"不是什么"。孔子是一种正向思维,老子是一种反向思维。大家知道中国画和油画的区别吧？比如说要画一朵云，国画怎么画，油画又怎么画？油画要用颜料把这朵云是什么色彩给画出来，一朵彩云要用各种颜色。而国画画云，不是用颜色、水墨把云给画出来，而是"飞白"，就是留空白，把它周围的山画出来，没有画的地方、空白的地方就是云了。这就是以不画为画，这是典型的道家思维方式，相反相成的思维方式。老子不说"是什么"，而说"不是什么"，比如说不是"物"、不是"名"、不是"形"，等等，把不是的东西都淘汰了，剩下的那个东西就是"道"了。老子的思维方式是一种反向对待的思维方式：你居上，我就居下；你呈强，我就示弱；你华美，我就素朴。

反向思维对于一个企业家来说，应该是他的基本素质。就是遇到事情，不要光往一个方面想。比如说这个企业取得成功了，那你要反着去想，他的危机在哪里，他下一步可能就面临危机了。同样，当一个企业遇到困难的时候，走入低谷的时候，也要反向去想，要看到前途。所以这个反着想，按照《老子》的话说，叫反者道之动。要是反着动，反向地思维，人绝对不会偏激，人就非常平和了。

一个人怎么才能快乐，一个十六岁少年向一个年长者请教。年长者说四句话就能让你快乐，第一句话，把自己当作别人；第二句话，把别人当作自己；第三句话，把别人当作别人；第四句话，把自己当作自己。怎么理解，第一句，把自己当作别人，无论你是快乐还是不快乐，都把自己当作别人，把自己游离出去了。第二句话，把别人当作自己，比如成功的时候，你把别人当自己了，你还会那么骄傲吗？就不会了。在痛苦的时候，把自己当别人，就会减轻你的痛苦，这也是反着理解。比如别人做了对不起你的事情，你设法想一下，其实你看到的就是我自己，你就会同情别人，原谅别人，理解别人，叫理解万岁。第三句话，把别人当作别人。什么意思？别人毕竟是别人，你就会尊重每一个人，尊重每一个人的个性化。第四句话，把自己当作自己。就是经过前面三种情况的思考之后，你就会找到真正的自己，过上快乐的生活，享受真正的人生。这四句话说得太好了，这就是"反者道之动"最好的体现。我们应把这四句话用在我们的一生之中，在不同的场合，不同的人际关系当中，随机地运用。这就是反者道之动。

我经常用太极图来说明这个道理，太极图有黑鱼和白鱼构成，你想一想如果你处在黑鱼部分，也就是身处逆境、坎坷、艰辛、挫折，这时你应该怎么做？你应该看到它的对面，白色、光明的一面，你要自强不息、百折不挠、刚健坚毅、勇往直前；如果你处在白鱼部分，身处顺境，春风得意马蹄疾，一日看遍长安花，这时你应该怎么做？你也应该看到它的反面，你要有忧患意识，要韬光养晦、

> 弱者道之用

居安思危，要内敛、要谦让。请想一想如果你真正能这样做了，请问你走在太极图的什么地方了？对了，在中间，在 S 曲线上，你就走中道了。走中道，就吉无不利。

"弱者道之用。"柔弱是"道"的一种最大作用。一般人都认为，强大才是有用的，其实柔弱才能发挥最大的作用。柔弱胜刚强，这一点在《老子》的很多篇章中都作了论述，典型的例子就是婴儿和水。我们成年人要向婴儿学习，向水学习。木秀于林，风必摧之。枪打出头鸟。不要时时处处都争强好胜，不要锋芒毕露。柔弱、谦虚、忍让才是做人的法宝，才是取得成功的"大用"。

"天下万物生于有，有生于无。"天下万物是从"有"里面生出来的，但"有"是从"无"的里面生出来的，所以"无"是终极。这是对"道"的作用的描述，是对"反者道之动，弱者道之用"的进一步论述。可以参看《老子》第一章。

# 第四十一章　上士闻道

上士闻道，勤而行之；中士闻道，若存若亡；下士闻道，大笑之。不笑不足以为道。故建言有之：明道若昧，进道若退，夷道若纇。上德若谷，大白若辱，广德若不足，建德若偷，质真若渝。大方无隅，大器晚成，大音希声，大象无形。道隐无名。夫唯道，善贷且成。

【语译】

上等士人听说"道"，努力实践；中等士人听说"道"，半信半疑；下等士人听说"道"，大加嘲笑。不被嘲笑就算不上真正的"道"。所以通常有这样的说法：明显的"道"好像昏暗，前进的"道"好像后退，平坦的"道"好像崎岖。上等的"德"好像低下的山谷，最大的白好像有黑垢，广大的"德"好像不足，刚健的"德"好像懈怠，质朴纯真好像混浊。最大的方好像没有棱角，最大的器物很晚才完成，最大的声音少有回响，最大的形象没有形状。"道"隐藏而没有名称。只有"道"，才善于付出而且成就万物。

【解读】

"上士闻道，勤而行之；中士闻道，若存若亡；下士闻道，大笑之。"老子在这里则按照"闻道"之后的表现将人分为三等：上士、中士、下士。这个"士"原本指读书人，这里指不同素质的人。闻道之后，立即心领神会，而且马上就去

王重阳画像

实践的人，说明对"道"是相通的、感应的，这是"上士"；闻道之后，"若存若亡"，有的记在心里，有的忘记，"亡"就是"忘"，也就是将信将疑，半信半疑，这种人对"道"不是完全领会，没有全部感应，这是"中士"；闻道之后，大加嘲笑，说明对"道"完全不相信，因与他世俗所见所闻完全不同，而加以排斥、嘲讽，这是"下士"。这三种人的区别标准就是"道"。老子在第十七章中将统治者、管理者分为四等，表面上看是从被领导者、从民众的态度上区分的，其实判断的标准也是"道"。比如最上等的领导，人民意识不到他的存在，这正是符合"道"的无为而治的统治者。

为什么"不笑不足以为道"——不被嘲笑的反而算不上真正的"道"呢？这是因为"道"是难以被一般百姓所理解的，说明"道"有一定的神妙性。"道"虽然真真实实地存在，但却是视之不见、听之不闻、抟之不得。

"故建言有之。""建言"就是古语或古谚。所以俗话说："明道若昧，进道若退，夷道若纇。"明明白白的道，明显的道，好像昏暗的；前进的道，好像是后退一样；夷就是平，平坦的道路，好像"纇"，纇就是崎岖的。"明道"、"进道"、"夷道"表现出来的却是"若昧"、"若退"、"若纇"，可见"道"的表现都是相反的，这就是老子说的"反者道之动"、"正言若反"。"道"的表现是如此，其他事物也都是如此。

"上德若谷，大白若辱，广德若不足，建德若偷，质真若渝。"最高的德就是道，好像是低下去的山谷，本来是最高的，反而看上去是低下去的山谷；最大的白就是最洁白的东西，看上去好像有污点，有污垢；广大的德好像还不足还不够；刚劲的德好像是懈怠的，"偷"通"懈"；最质朴的、纯真的东西好像是混浊的，"渝"就是混浊。"德"从不同的角度可以分为四种："上德"、"广德"、"建德"、"质德"。"建德"就是"健德"，"质真"就是"质德"。"大白若辱"一句，竹简本

和通行本都放在"上德若谷"之后,可是从文义上看,如果放在"大方无隅"之前,与"大方无隅"等"大"字句合成一类,这样读起来就连贯了。这四种德都是指人的本来的德性,所以称"上"、"广"、"建"、"质",而不是指仁义礼智等后天的道德伦理,在老子看来,仁义礼智只是"下德"、"狭德"。人的德性是"道"的体现,所以表现出来的是"若谷"、"若不足"、"若偷"、"若渝",就是低下、不足、松懈、混浊。"偷"是怠惰的意思,是刚健的反义词。"渝"在这里是混浊的意思,也可以理解为空虚的意思,通"窬"。

"大方无隅,大器晚成,大音希声,大象无形。"我们知道方方正正的东西都有棱角,但是最大的方没有棱角;最有才干的人是很晚才有成就的,一般早熟的人都早衰,所以特别热门的都不可长久;最大的声音好像没有回声,最大的音响是没有回声的;最大的形象是没有形的。所以道就是大,是大白,大方,大器,大音,大象,但它们的表现全是相反的。

这一切都说明大道是隐藏的,"道隐无名"是一个总结,既然是隐藏在里面,就不能从外在表现来判断它;既然是"无名",就不能从名称上来理解它。

最后一句"夫唯道,善贷且成",是指"道"善于付出给万物,并且善于成就万物。帛书乙本写作"夫唯道,善始且善成",意思是只有"道"才能使万物善始善终,善于成功。两者并不矛盾。

# 第四十二章　道生一

道生一，一生二，二生三，三生万物。万物负阴而抱阳，冲气以为和。人之所恶，唯孤、寡、不穀，而王公以为称。故物或损之而益，或益之而损。人之所教，我亦教之。强梁者不得其死，吾将以为教父。

【语译】

道生出一，一生出二，二生出三，三生出万物。万物都是含抱阴阳的，阴阳激荡形成和谐。人所厌恶的，就是孤、寡、不穀，但是君王却用它来称呼自己。所以事物有的减少它反而增加了，有的增加它反而减少了。别人教导我的，我也用来教导别人。"强悍的人不得好死"，我要把这句话作为教导别人的头一条。

【解读】

"道生一，一生二，二生三，三生万物。"这句话非常有名。它是讲"道"的生成过程的。《周易》说"生生之谓易"，老子的"道"就是《周易》中的"易"，就是生生不息的生命过程、生命规律。中国的道学、中国的哲学从本质上说就是生成哲学、生命哲学。

在这里"道"是产生天地万物的总源头，是生生不息的本原。道是"无"，如果用数字来表示，勉强可以看成是零，当然严格地说是不准确的，只是为了便于和后面的"一、二、三"结合起来分析。这四句可以看成是"从零到一，从一到二,从二到三,从三到万"的生成过程。

这四句中的数字是什么意思?"一"是什么?结合后文的"万物负阴而抱阳,冲气以为和"来理解,"一"就是气,气有多重意义,既是物质的原初情态,也是事物的运动情态,还是阴阳的媾合情态。"道生一",就是"无"生出气。气是混沌之气。一生二,"二"是什么?"二"就是阴阳,一气分为阴阳两部分,阴阳就是阴气和阳气。"一"和"二"比较好理解,那么"二生三,三生万物",这里的"三"究竟是指什么呢?很多人都理解为第三个东西,有人说是"三气",有人说是"中气"。大家想一想对吗?"二"是阴阳,男女也是阴阳,我们就以男女为例,单是男人不能生孩子,单是女人也不能生孩子,男人和女人再加一个第三者能生孩子吗?不可能!所以"三"不可能是第三个

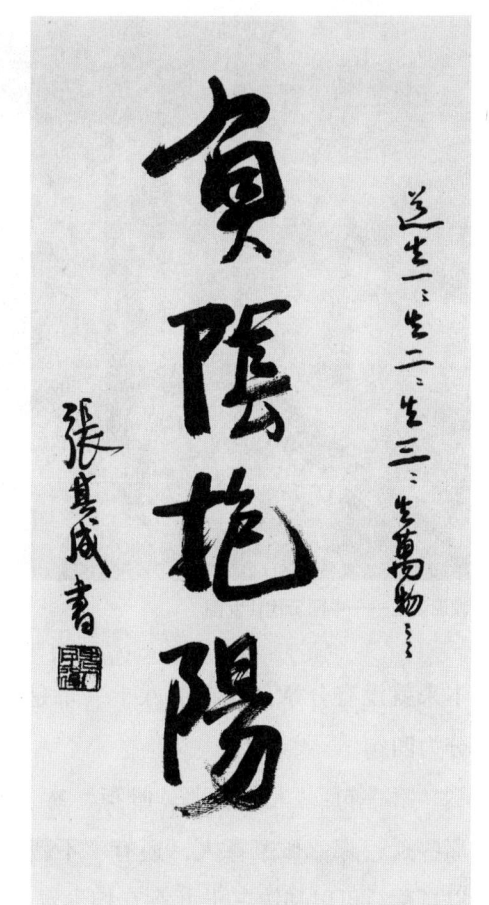

东西。那么孩子是怎样生出来的?只有男女"交合"才能生孩子。所以这个"三"实际上是"交合"的意思。"三"相当于"参","三"又写作"叁",意思就是"参"。东汉时期,魏伯阳写了第一部炼丹道功夫的书,叫做《周易参同契》,这个"参"就是"三"。"二"阴阳男女只有交合——参合、中和以后才能生出孩子,同样阴阳天地只有交合、参合、中和以后才能产生出万物。所以"三"就是后面的"负阴而抱阳",就是"冲气以为和"。阴阳二气之交合,也就是"和"。

如果从气的角度看,"一"就是元气,"二"就是阴阳二气,"三"就是"冲气"、"和气"。"冲气"的"冲"古代写作"沖",《说文解字》说:"沖,涌摇也。"就是指阴阳二气的互相激荡,互相交合。也有很多人把"冲"解释为"盅",表示虚空的意思。我认为这里不是虚空,而是合和的意思。因为这里是"冲气",而不是"道冲"。第四章讲:"道冲,而用之或不盈也。"这里的"冲"是虚空,形容"道"是虚空的。而"冲气"是紧接着"负阴抱阳"讲的,所以是阴阳交合的状态。"冲气以为和",也就是"和"的状态,所以又可以称为"和气"。阴阳鱼太

教训诸王——中国历代仕女图

极图生动地展现了阴阳二气"负阴抱阳，冲气以为和"——"冲气"、"和气"的形象。

从"人之所恶"以后的文字，是讲君主统治之道的，与前面讲的宇宙万物生成之道，文义上不相连，所以很多人怀疑是错简。我查看了马王堆帛书甲本和乙本，都是这样的。竹简本未见。其实《老子》本来就没有分章，现在的八十一章是后人分的。从文义上看，这后面的文字应该分为四句。

第一句："人之所恶，唯孤、寡、不穀，而王公以为称。"人们所讨厌的就是那些孤，寡，孤家寡人，还有"不穀"啊这些人，而帝王和王公就拿这些名词用以自称。可以和第三十九章互相参看，说明统治者要自谦，要柔弱，不可强悍。

第二句："故物或损之而益，或益之而损。"说明事物的变化不能只看表面，往往表面现象和实际结果适得其反，有的事物表面上减少了实际上却增加了，有的表面上增加了实际上却减少了。

第三句："人之所教，我亦教之。"别人教导我的，我也用来教导别人。这句话为后面一句作铺垫。

第四句："强梁者不得其死，吾将以为教父。"强悍的人不得好死，这句话就是别人教导我的，现在我也用来教导别人，尤其是统治者。"父"可理解为第一条、最重要的一条。

# 第四十三章　天下之至柔

天下之至柔，驰骋天下之至坚。无有入无间，吾是以知无为之有益。不言之教，无为之益，天下希及之。

【语译】

天下最柔弱的东西，能够驾驭天下最坚强的东西。无形的东西能够穿入没有间隙的东西，我因此知道"无为"是有益处的。不说出来的教导，不妄为的益处，天下人却很少能够做得到。

【解读】

"天下之至柔，驰骋天下之至坚。"天下最柔弱、最柔软的东西是什么？是水，是气，是那些无形无状的东西，当然更是"道"。天下最柔弱的东西就是最接近"道"的东西，所以它的作用是最巨大的，它能够战胜它的对立面——坚强的东西。"道"是虚无的，所以它外显出来就是柔弱的，越柔弱的东西越接近于"道"。自然界中，水是柔弱的；人世间，婴儿是柔弱的；男女之间，女人是柔弱的。所以水、婴儿、女人都是最厉害的，她们可以"驰骋天下之至坚"，可以战胜"天下之至坚"。

老子用了一个词"驰骋"，用得非常形象，最柔弱的东西能够在最坚强的东西中自由自在地奔驰，穿来穿去。坚强、坚硬的东西是没有间隙的，但柔弱的东西、没有形状的东西有一种巨大的、无形的力量可以把它穿透。

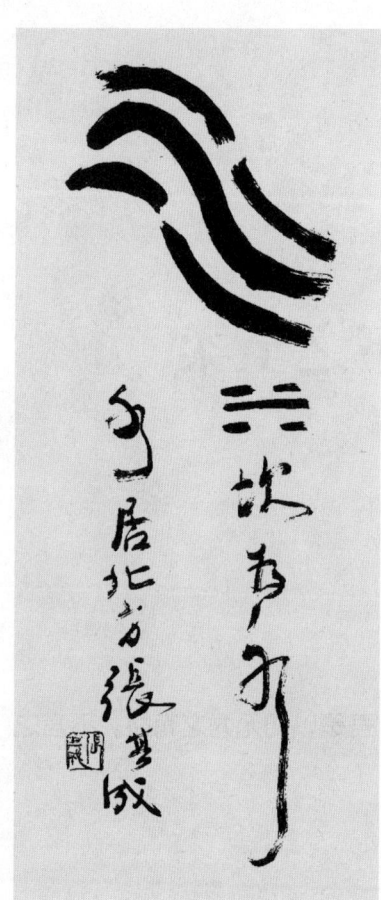

王弼以"气"和"水"为例,说明这个道理:"气无所不入,水无所不经。"王道以"气"和"光"为例,说:"天地之气,本无形也,而能贯乎金石;日月之光,本无质也,而能透乎郄屋。""气"是无形的,所以能够穿透任何东西,能够贯入金石;水是至柔的,所以能流经任何地方;光是无质的,所以能够射入房屋。

就至柔的水与至坚的石头而言,水可以把石头滴穿,但石头不能把水斩断——这就是"抽刀断水水更流,举杯消愁愁更愁"啊。

再如至柔的婴儿和至坚的壮汉相比,生命力是谁强?当然是婴儿,看一看《老子》第五十五章就清楚了。

"无有入无间,吾是以知无为之有益。"为什么"至柔"能胜过"至坚","无有"能穿入"无间"呢?其原因就在于这些东西都是"无",都是符合"道"的东西。"道"是无形的、至柔的,是宇宙的本质、世界的存在方式,是万事万物运动变化的规律。所以只要是符合这个本质和规律的东西,它的力量就是无穷无尽的,这也就知道了无为的好处。

"不言之教,无为之益,天下希及之。""不言"和"无为"的好处、效果不是常人所能认识到的,更不是常人所能做到的。老子以此出发,目的是告诫统治者要"至柔"而不要"至坚",要"无为"而治,以柔克刚,以退为进,要行"不言之教"。因为言语和思维往往有一定的差异,言语往往不能完整准确地表达思维。此外,人一旦发言,往往带有一定的目的性。更重要的是,老子看到当时那些靠言论而不是靠"无为"进行统治的君主、谋臣们大都是言不由衷、夸夸其谈,造成浮华不实的风气,或者是用言论制定各种政令来控制百姓,从而限制百姓自由,而带来的结果不仅没有保住自己的统治地位,而且招来怨声载道,一片骂名。

老子以锐利的目光观察自然万物生生灭灭的规律,发现世界的本质、事物存在的方式就是"至柔"、"虚静",从而发现统治之道也就是我们今天所说的管理之道,应该是"至柔"、"虚静",这就是"无为"。

# 第四十四章　名与身孰亲

名与身孰亲？身与货孰多？得与亡孰病？甚爱必大费，多藏必厚亡。知足不辱，知止不殆，可以长久。

【语译】

名声与身体哪一个更亲近？身体和财富哪一个更重要？得到与失去哪一个更有害？因此，过分吝惜必定招来更大的耗费，丰厚收藏必定招来惨重的损失。所以知道满足就不会遭受屈辱，知道停止就不会遇到危险，这样才可以长久。

【解读】

"名与身孰亲？身与货孰多？得与亡孰病？"这里一开头就提出了三个人人都关心的问题：名声与身体、财富与身体、得到与失去，哪一样更重要？其实所有的人都知道"身体"比"名声"、"财物"更亲近，更重要。因为身体是自己的，是不可缺少的，无法替代的，身体对每一个人来说只有一个，生命对每一个人来说只有一次。因此在"孰亲"、"孰多"（"多"相当于"重"）的问题上，在"得与失"——得到名誉、财富与失去身体的问题上，是不难选择的。可是老子为什么还要问这么一个显而易见的问题呢？是不是多此一举或明知故问呢？其实不然。

我们静下心来想一想，其实我们都明白身体比什么都重要，可是我们又都在不知不觉地犯一个低级错误，总是把人生的目标定位在功名、钱财上，为了功名、

孤山放鹤图

钱财不惜损耗自己的身体，有的是有意的，更多是无意的；总觉得身体没关系，工作才重要。可一旦发现身体有病了，甚至是得了难治、不治之症时，才悔恨不已，但是却悔之晚矣！所以现在民间有一句话，叫"年轻时用健康换钱，年老时用钱换健康"，我把它改一下："健康时用健康换钱，不健康时用钱换健康。"

老子的提问是要我们回归到最重要、最亲近的身体上、生命上，要在迷茫的人生旅途中时时处处提醒自己：是不是把外在的功名、钱财看得比内在的身体还重要了？得到了什么，失去了什么？有名有利与无名无利究竟谁更轻松、更自由？在不断的追问中，逐渐清醒，逐渐找回本真。这样自己的人生才不至于困惑，不至于迷失。

当然老子并不是一个消极主义者，不是要我们丝毫不考虑名利，老子只是强调人生的清静、自由、快乐，只要名利不影响到人的清静、自由、快乐的生活，那也是符合"道"的。可是往往人们将名利当作目标时，是停不下来的，是不知足、不知止的，往往都在追求"甚爱"、"多藏"。"爱"有两个意思，一个是我们通常所说的意思，还有一个是过分的爱惜，就是吝惜、吝啬的意思，这里是后一种意思。为什么过分的吝惜、丰厚的储藏反而招来更大的破费、惨重的损失呢？这是因为一个人一旦将人生目标锁定在只入不出、锁定在对外物的无限索取而丝毫不付出上，这个人必定会被外物所左右，必定会无比自私、吝啬、贪婪，必定会被人们所厌恶、所抛弃。如果这个人是一个领导人，那必定遭到他的下属的厌恶和反对，他的下属必定会远离他而去。得到了财物而失去了人心，相比较损失的比得到的要大得多，这就是"大费"、"厚亡"。

"甚爱必大费，多藏必厚亡。"真是人生的至理名言！

《大学》里有一句同样的名言："财聚则民散，财散则民聚。"

"知足不辱，知止不殆，可以长久。"知道满足的人不会遭受屈辱，知道适可而止的人不会遭遇危险，做到知足与知止的人，就可以得到长久平安的生活。相比较而言，那些"知足"、"知止"的人，不把人生的目标定位在无限索取而不付出上，他们有满足和停止的时候。最重要是"知"，这是一种大智慧、大明智。"知足"、"知止"不是知识上的"知"，而是人生价值观上的"知"。"知足"是人生正确的价值观，是快乐之源、幸福之本。第三十三章说"知足者富"，第四十六章说"知足常足"，俗语说"知足常乐"，这里说"知足不辱"，"知足"比"知不足"更需要勇气和智慧，而得到的则是心灵的富贵、快乐与荣耀。

第四十四章　名与身孰亲

# 第四十五章　大成若缺

大成若缺，其用不弊。大盈若冲，其用不穷。大直若屈，大巧若拙，大辩若讷。静胜躁，寒胜热。清静为天下正。

【语译】

最大的完满好像有欠缺，但它的作用不会衰竭；最大的充盈好像有亏空，但它的作用不会穷尽。最大的正直好像弯曲，最大的灵巧好像笨拙，最大的辩才好像木讷。虚静胜过躁动，寒冷胜过炎热。清静是天下的正道。

【解读】

这一章与第四十一章要相互参看，第四十一章所说的五个"大"——"大白若辱，大方无隅，大器晚成，大音希声，大象无形"，是从大自然现象中发现的辩证规律，这里所说的五个"大"——"大成若缺，大盈若冲，大直若屈，大巧若拙，大辩若讷"，则主要是从人生现象中发现的辩证规律，"大成"、"大盈"、"大直"、"大巧"、"大辩"是最完美的、最理想的人格形象，分别指最圆满有成就的人、最充实富有的人、最正直无私的人、最灵敏善巧的人、最雄辩有口才的人。这些都是指人的本质内涵，可它的外在表现却恰恰相反，最圆满的人看上去好像有欠缺，最富有充实的人看上去好像有空亏，最正直无私的人看上去好像弯曲不直，最灵巧的人看上去好像很笨拙，最有口才、最雄辩的人看上去好像说话迟钝。

**江阁远眺图**

## 第四十五章 大成若缺

为什么呢?一是因为"和光同尘"(第五十六章),自己虽然太圆满、太完善了,但并不锋芒毕露。"木秀于林,风必摧之",他们总是隐含才华,与众人打成一片,与众人相融合,这样才是真正的圆满、完善。这是在俗世中保持圆满的一种策略。二是因为"物极必反",月满则亏,日盈则昃,人太圆满了也会盛极而衰,走向反面,所以经常有意地有欠缺,做人做事留有余地,不要达到极点,万事不要做绝,这正是在自我人生中保持圆满的一种策略。

"静胜躁,寒胜热"这两句,王弼通行本原来是"躁胜寒,静胜热",可是其他章节中"躁"是和"静"相对,"寒"是和"热"相对的,所以蒋锡昌、严灵峰、陈鼓应等人就将它改过来了。我认为两种说法都符合老子的意思。"躁胜寒,静胜热",可以理解为活动可以胜过寒冷,安静可以胜过炎热。意思是反面能胜过正面,"反者道之动","相反相成"嘛。而改过来"静胜躁,寒胜热",也是这个意思,在文义上两两相对,从而强调了"静"和"寒"能够分别战胜"躁"和"热"。这就自然引出"清静为天下正"。

"清静"就是平淡安宁、自然无为,一个统治者能做到"清静",天下人就走向正道了。也有人把"正"解释为"政"、"贞",意思就是首领、模范,只有清静无为才能成为天下人的首领、模范。意思倒没错,可是不如"正道"、"正途"说得好。

# 第四十六章　天下有道

天下有道，却走马以粪。天下无道，戎马生于郊。祸莫大于不知足，咎莫大于欲得。故知足之足，常足矣。

【语译】

治理天下符合"道"，就退回战马去耕田种地；治理天下不符合"道"，战马就在战场郊野出生。灾祸没有比不知满足更大的，罪过没有比贪得无厌更大的。所以知道满足的这种满足，才是永远的满足。

【解读】

"天下有道"与"天下无道"是指治理国家是否符合于"道"，也就是天下政治是否正常合理、走向正轨。那么判断的标准是什么呢？老子认为天下有道无道主要看有没有战争，"天下有道，却走马以粪"，天下有道的具体表现是战马是否退回耕田。"却"就是退却、退回的意思。"走马"是善于奔跑的马，这里指战马，就是后面说的"戎马"。"粪"通"播"，指耕田播种。退回战马给农民耕田种地，说明天下太平了，没有战争了，这是符合"道"的，社会正常、走向正路了。"天下无道，戎马生于郊。"反之，天下无道的具体表现就是战马出生在战场的郊野，说明连年战争，战马征用太多，战死太多，只好让母马怀孕在战场上生下小马驹，训练长大后继续征战。表明战争无休无止，这是社会不正常、政治纷乱的表现。

秋郊饮马图

老子具有强烈的反战思想与人道主义精神，看到战争给人民带来的巨大痛苦和灾难，心情沉重，悲天悯人，希望统治者停止战争，让人们过上清静安定的生活。

"祸莫大于不知足，咎莫大于欲得。"灾祸没有比不知满足更大的了。"咎"就是罪过，也可以理解为灾祸。罪过、灾祸，没有比贪得无厌更大的了。"莫大"，就是没有比这个更大的。老子敏锐地看到，战争的根源就是统治者的"不知足"、"欲得"。不知满足、贪得无厌是一种可怕的心态。由这种心态出发，必然要去掠夺、去兼并、去侵略，从而带来战争，带来民不聊生。这是最大的灾祸，它比洪水、地震等自然灾祸更可怕；也是最大的罪过，是一种以所谓正当的名义大规模集体杀人的犯罪行为。"咎莫大于欲得"，马王堆帛书本就写作"罪莫大于欲得"。

老子一针见血地指出，要想天下百姓过上安居乐业的生活，就必须结束战争；而要结束战争，就必须改变自己不知足、贪得无厌的心态；而要改变这种心态，就必须体悟到知足的好处。

"故知足之足，常足矣。"所以知道满足的这种满足才是真正的满足！什么叫幸福？幸福就是一种感觉，当你知足的时候，外无所求，就会感到一种自我满足的幸福；当你不知足的时候，满脑子都是被一种贪欲所牵引，你就会有一种无法满足的空虚感，就永远不会感到幸福。老子说"知足"所带来的满足感是一种真正的、永恒的精神满足、精神快乐。这叫"常足"，马王堆帛书写作"恒足"。结合前面章节所说的"知足者富"、"知足不辱"，可以看出老子不仅把主观上的"知足"看成是避免战争、消除痛苦的根本方法，而且也是个人精神快乐的根本原因。在当今中国，虽然是太平盛世，没有战争的硝烟，可是为什么那么多的人还是会觉得精神痛苦、心情郁闷？我看不能简单归结于商场如战场、职场如战场，真正的原因，还在心灵深处，大家想一想：是不是因为"不知足"？

第四十六章　天下有道

# 第四十七章　不出户知天下

不出户，知天下；不窥牖，见天道。其出弥远，其知弥少。是以圣人不行而知，不见而明，不为而成。

【语译】

不用走出房门，就知道天下的事情；不用望窗外，就发现自然规律。走出门外越远，知道的就越少。所以圣人不必出行就能知道，不必眼见就能明白，不必去做就能成功。

【解读】

老子说："不出户，知天下；不窥牖，见天道。""户"是小门，"牖"是窗子。不用走出房门，就知道天下发生了什么事；不从窗子往外看，就能够发现天地运行的规律。这就是所谓的"秀才不出门，全知天下事"。这真是奇妙的功能，我们怎样做才能具备这种功能，才能达到这种境界？

有人告诉我，这还不简单吗？打开电脑上网。这句话虽然带有一点玩笑味道，不过我们不妨认真想一想：网络真的可以使人"不出户，知天下"吗？我看未必。网络的确能给我们带来各种各样的信息，可是我们怎样才能从海量信息中提取有用的信息？我想如果不用人脑只用电脑，恐怕反而使人迷茫，不知如何选择。这就是老子说的"其出弥远，其知弥少"。

"其出弥远，其知弥少。"这种说法与我们的常识不相符，常识告诉我们，要想了解外面的事情，就必须到外面去。老子却说走出门外越远，知道的就越少。这里老子实际上是指出了两种认知的方法，一种是外求的方法，一种是内求的方法。走出门外，观察外物，是外求的方法。心灵好比是一面明镜，本来就是纯净的，具有照察万物、照察世事的作用，这就是本明的智慧。一旦外出外求，心智就会外驰，心绪就会纷乱，心神就会散失，这面镜子就会被蒙上灰尘，就会模糊不清，当然就无法真正了解事物的真相。所以要了解事物的真相，就要"不出户"、"不窥牖"，意思是不要去外求，而要内求、内照，也就是要不停地去擦洗心灵的镜子，净化欲念，清除污垢，保持心灵本明的智慧，

枯槎短荻图

用心镜去照见外物及其运行规律。这种内省的功夫就是禅宗北派大师神秀所说的"身是菩提树，心如明镜台。时时勤拂拭，莫使惹尘埃"。内修、内省、内观、内视是儒、道、佛共同奉行的修炼功夫。

现在好多人都说，随着科学的发展，肯定是能解决的问题越来越多，可是你要知道，不能解决的问题也肯定越来越多了。很简单，画一个圆，这个圆里面是解决的问题，圆外面是没有解决的问题。解决问题越多，说明这个圆越大，圆越大，它外面所接触的地方也就越大，问题也就越多，是不是？外求就好比是画这个圆。

"是以圣人不行而知，不见而名，不为而成。"所以圣人不需要出行就能够知道外面发生了什么事，不必用眼睛去观察就明白事物的真相，不必去做就能自然成功。那怎么达到这种境界？只有内求、内证。这种内在体悟的方法是东方人重要的认知方法，它和西方人重视外在经验知识的认知方法不同。当然，造成东西方思维差异最根本的原因是，东西方对心灵本体的认识不同，老子、孔子、释迦牟尼等东方圣人都认为心灵、心性本来就是纯净的、清虚的、本明的，具有照察

外物的功能，而西方主流的思想家、心理学家则认为人类心灵的最深处是躁动的、焦虑的、不安宁的，所以要强制它而不是让它显现出来。这样的结果，当然就形成了西方人重外求、外证，重经验知识的思维传统。

这两种思维方式相比较，究竟谁对谁错呢？我认为没有对错，两种方法各有优点。而从本体上说，人的心灵是清明的，人的潜能是巨大的。躁动不是心灵的本质，只是心灵的外现。只有回归心灵清净的本质，才能开发出人的巨大潜能，从而认知外物。尤其是在我们目前过分重视外求方法，过分关注经验知识，内证、内求的能力大大退化的时候，就有必要加强内证、内求的训练，而不要一味外求，使心灵迷失清明。

# 第四十八章　为学日益

　　为学日益，为道日损。损之又损，以至于无为。无为而无不为。取天下常以无事，及其有事，不足以取天下。

【语译】

　　探求学问，一天比一天增加；探求"道"，一天比一天减少。减少又减少，一直达到无为的境界。无所作为却没有什么做不成功。治理天下永远要采用无所事事的方法，等到有事，就不足以治理天下了。

【解读】

　　"为学日益，为道日损。""为学"与"为道"所采用的方法恰好相反。"为学"是指探求学问，探讨外在的知识经验，这里是指探求仁义礼乐政教之类的学问，是儒家的追求，采用的方法是一天天地积累，一天天地增加，因为浩如烟海的知识、学问都是积累而成的。而一个人要探求这些知识、学问，也只有一天一天不知疲倦、不断努力地去学习，才能慢慢积累、丰富自己的知识。而"为道"却恰恰相反，正如庄子所说："吾生也有涯，而知也无涯，以有涯随无涯，殆已。"用自己有限的生命去探求无限的知识，是危险的，也是不可能实现的。那怎么办？只有"为道"，也就是探求宇宙人生的本质和规律。

　　怎样求"道"呢？老子说只有"日损"，就是一天一天地减少。减少什么？一

采薇图

是减少外在的知识经验,二是减少内在的欲望贪念,因为"道"不是"学",学问知识是后天积累而成的,是繁多的,浩如烟海,而"道"是宇宙万物的本质和规律,是先天本有的客观存在,是简单的,是纯一的。"道"是事物纯朴还没有分化的状态,因此为道就不能繁多、繁杂。首先内心要纯净,要虚静,要少私寡欲,除去杂念妄想,就像镜子一样干净。其次不能受已有的外在知识的束缚,要减少后天的经验、世俗的偏见,只有这样,才能照见"道"的真面貌。

"损之又损,以至于无为。"减少到什么程度呢?只有减少到无欲、无知、无名、无为的境界,才能返璞归真,从而真正求得"道"。"无为而无不为。""无为"是原因,"无不为"是结果;"无为"是途径和方法,"无不为"是目的和效果。看似什么都没做,结果是什么都做成功了。因为"无为"是不妄为,不按照主观意愿而按照自然规律去为,所以必定无所不为。

"取天下常以无事,及其有事,不足以取天下。""无事"也就是"无为"的意思。有人老是问我:"我的心总是静不下来,怎么办?"我说:"心不静是因为有事,如果无事,就心静了。"他说:"我怎么会无事呢?我有那么多事需要去处理。"可是我们静下心来想一想,什么叫"事"?事不都是人为的吗?不都是人造出来的吗?古人说:"天下本无事,庸人自扰之。"俗语说:"没事找事。"把事看淡,大事化小,小事化了,不就轻松、自由了吗?所以"无事"就是不要人为地找事,要符合自然之道,要自然而然地做事。一旦"有事",就是有自己的欲望和私心,也就烦恼缠身了,就不配去治理天下。

老子的哲学是"少"的哲学、"反"的哲学。当天下都在熙熙攘攘皆为利来、皆为利往,纷纷求多的时候,老子反其道而行之,提出"少"的主张,"少则得,多则惑"。只有求少、只有日损,才是天地之大道。

# 第四十九章　圣人无常心

圣人无常心，以百姓心为心。善者吾善之，不善者吾亦善之：德善。信者吾信之，不信者吾亦信之：德信。圣人在天下歙歙焉，为天下浑其心，百姓皆注其耳目，圣人皆孩之。

【语译】

圣人没有固定不变的意志，而是以百姓的意志为意志。善良的人，我以善良对待他；不善良的人，我也以善良对待他。这样天下人的品德都善良了。诚信的人，我以诚信对待他；不诚信的人，我也以诚信对待他。这样天下人的品德都诚信了。圣人立于天下，要收敛谨慎啊！让天下人的心灵都变得混沌、纯朴，百姓都专注于自己的视听。圣人让他们都变得像孩童一样。

【解读】

"圣人无常心，以百姓心为心。"老子说的"圣人"是指符合"道"的统治者，要做一个"圣人"，基本的判断标准就是不能有自己的意志，而要有百姓的意志，也就是不能有自己的主观意愿，不能以自我为中心，不能有"我执"。"圣人无常心"，马王堆帛书乙本写作"圣人恒无心"，意思是圣人永远不要有自我意志。不能从自我意志出发去决定好恶、判断是非，也不能以自我意志去限定百姓意志。而要反过来，以百姓意志为主去决定自己的意志。这就叫顺应自然、符合大道。

这样，自我意志与百姓之间、人与自然之间的隔阂才能打破，距离才能消除，从而达到人我合一、天我合一。

当今社会，我们每一个人的困惑、痛苦，往往都是"有心"和"我执"造成的。往往是执著于一个观念和意志，当这个观念和意志与自己亲近的人或与大家不相同时，就觉得别人错了，自己是对的，可是别人并不改变他的观念、意志，也不接受自己的观念、意志，于是就产生矛盾，不可解脱，这样就产生了困惑、不开心、郁闷、痛苦。其实也许只要我们自己改变一下自己的"心"，改变一下自己的观念、意志，你就会豁然开朗，发现原来他们想的才是对的，自己是错的，这样就不会有矛盾，又何来郁闷、痛苦？

夏禹王像

"善者吾善之，不善者吾亦善之：德善。"对待"善者"和"不善者"的态度，主要有两种，一种是以善对善，以不善对不善，这是有差别的态度。《圣经》中就说"以牙还牙，以眼还眼，以血还血"。另一种是无论是善还是不善，都以善对待他，这是一种无差别的态度，是慈悲、慈爱的表现。这是一种"德善"。老子采用的是这种态度。两者的结果是不同的，对统治者来说，前者属于法治、刑治，但往往会带来反抗、不满、报复，所以在"德"上往往难以提升。后者属于德治，以宽容的胸怀来感化人民，包括那些不善者，从而化解矛盾，消除对立，这样一来，天下人都向善了。

"信者吾信之，不信者吾亦信之：德信。"同样，对待"信者"与"不信者"的态度也有两种，老子采用的是无差别的诚信态度，以此去感化不信者，从而改变不信者的价值观，使天下人的品德都归于诚信。这是一种"德信"。

这其实是一种德治，是人性化的管理。这一点和孔子相近，孔子说："导之以政，齐之以刑，民免而无耻；导之以德，齐之以礼，有耻且格。"只有用德治、礼治，人民才不去犯罪而且有羞耻感，也就是品德上会升华。只是在"德"的内涵上，老子和孔子有所区别，老子主张回归人的清静无欲的本性之"德"，孔子主张回归先朝先圣的仁义礼智之"德"。

"圣人在天下歙歙焉，为天下浑其心，百姓皆注其耳目"。老子说的"圣人"和孔子说的"圣人"也不相同，老子说的"圣人"是得"道"之人，按"道"治国之人，孔子说的"圣人"是具备仁义礼智之人。老子说"圣人"的人生态度就是要"歙歙焉"，要收敛谨慎，不要张扬自己的个性和欲望，要回归无为的本性，当然需要收敛自己的意志。目的是使天下所有的人都回归到纯朴、混沌的"道"上。要老百姓都专注于自己的耳目，而不要去管别人的事情。这就是老子所说的"绝圣弃智"，不要去动用自己的聪明、心机，不要去算计别人，只管好自己的事情就行了。有人说老子这是愚民政策。其实不然，这是老子看到了当时的统治者为了扩大自己的欲望，去侵略别人，兼并他国，从而带来战争、带来人民的灾难痛苦。这种行为深深影响了百姓的人生态度，百姓的私欲随之扩大，相互之间动用心机，结果带来了各种纷争、矛盾，不仅自己不快乐，还导致别人不快乐。

所以老子感慨道："圣人皆孩之。"有道的统治者要让老百姓变得像小孩一样，都要回归到孩童的状态。"孩"是个使动词，意思是"让……变成孩童"。这与第二十八章说的"复归于婴儿"是一个意思。

# 第五十章　出生入死

出生入死。生之徒，十有三。死之徒，十有三。人之生，动之于死地，亦十有三。夫何故？以其生生之厚。盖闻善摄生者，陆行不遇兕虎，入军不被甲兵。兕无所投其角，虎无所用其爪，兵无所容其刃。夫何故？以其无死地。

【语译】

人出现在世上为生，进入坟墓为死。属于长生一类，有十分之三；属于短命一类，有十分之三；人本来可以长生却自己走向死亡的，也有十分之三。这是什么原因呢？因为奉养得太过分了。听说善于养生的人，在陆地上行走，不会遇到犀牛和老虎，在军队中作战不会受兵器伤害。犀牛用不上它的角，老虎用不上它的爪，兵器用不上它的刃。这是什么缘故呢？就是因为他没有进入死地。

【解读】

"出生入死"的意思是从出生到死去。现在已经成为一个成语，但成语的意思是指离开生路，走向死路，形容冒着生命危险，不顾个人安危。这与老子的本义并不相同，老子这句话，是为后面的三个"十有三"作铺垫的，是对人生的一种客观描述。每一个人都是从生中来到死中去的，每一个人的一生都是一个从生到死的过程。王弼解释"出生地，入死地"，吴澄解释"出则生，入则死"，其实都是这个意思。李白有一句话说得好："天地者，万物之逆旅；光阴者，百代之过客。"

我们来到的这个世界好比一个旅馆,我们的一生好比一个匆匆的过客。每一个人都是哭着来到这个世界,可是离开这个世界时有的人笑着走,有的人却哭着走。人生的最高境界,莫过于哭着来,笑着走。

"生之徒,十有三。死之徒,十有三。人之生,动之于死地,亦十有三。"老子说的三个"十有三"——十分之三,是指三种人,各占十分之三。第一种人是"生之徒","徒"是类的意思,这里指长生、长寿一类人;第二种人是"死之徒",是指夭折、短命一类人;第三种人本来可以长生的,但是因为自己的缘故而走向死路。前面两种人都是由于自然缘故而长生或夭折的,后一种人是人为缘故而短命的。原因就是"生生之厚",第一个"生"是动词,养生、求生的意思;第二个"生"是名词,生命。为追求长生,而奉养太厚了,过分地享受,酒食宴乐,声色犬马,结果违背了自然之道,伤害了身体,走向死亡。

"夫何故?以其生生之厚。"这句话的意思是解释第三个十分之三的人为什么不能长寿的原因,意思就是说他们太讲究养生了,反而早死了。所以在道家看来,不主张刻意地去养生,保养得太过分了,反而早死。

前面这三种人各占十分之三,加起来就是十分之九,那么还有十分之一呢?大概就是"善摄生者"。"盖闻善摄生者,陆行不遇兕虎,入军不被甲兵。""摄生"就是养生的意思,在古代说养生,大都是指摄生的意思,我们今天基本都说是养生。这句话意思是说,我听说大概善于养生的人,他在陆地上行走的时候是不会遇到犀牛和老虎的,"兕"就是犀牛,在军队中作战的时候他是不披铠甲,不带兵器的。

"兕无所投其角,虎无所用其爪,兵无所容其刃。"实际上是说,对于善养生的人来说,犀牛是用不着它的角的,老虎也用不上它的爪的,因为它们都不会去伤害他,兵器也用不上它的刃,因为根本就不会有战争。

第五十章 出生入死

伯牙鼓琴图

"夫何故？以其无死地。"老子并不是不讲养生，而是不主张违背自然天然去养生，比如那些"生生之厚"的人就是不善养生的人，这是老子反对的。善于养生的人应该怎么做呢？老子这里没有明说，只是说，善于养生者的好处，是不会受到兕、虎等猛兽和兵器的伤害。这里的犀牛、老虎、兵器都是比喻，比喻各种危险，包括自然环境、人生道路、人情世故。其实老子已经暗地里说出了善于养生者的养生方法，那就是"以其无死地"，这是一种"无为"养生法。《庄子》有一篇叫《刻意》，就说到那些成天练习呼吸吐纳、导引运动的人，只是追求长寿而已，这并不是高明的养生法。这些都是初级的"有为"法。只有那些"不刻意而高""恬淡寂漠，虚无无为"的人才是与天地之齐平的高明的养生者。《黄帝内经》也说："恬淡虚无，真气从之，精神内守，病安从来？"只有淡泊质朴，平和宁静，达到物我两忘的境界，才不会得病。这才是最高明的养生方法，才不会进入死地。这十分之一的人就是真正善于养生的人，是不用去刻意"摄生"就能摄生的人。结合老子其他章的论述，总结一下，善于养生的人，就是要致虚守静，涤除玄览，抟气致柔，见素抱朴，不要有任何过度的欲望，就像婴儿一样纯净、柔弱，这样还会有谁来伤害你呢？我们再结合第五十五章对婴儿的描述就明白了。

# 第五十一章 道生之

道生之，德畜之，物形之，势成之。是以万物莫不尊道而贵德。道之尊，德之贵，夫莫之命而常自然。故道生之，德畜之，长之育之，亭之毒之，养之覆之。生而不有，为而不恃，长而不宰。是谓玄德。

【语译】

"道"生成万物，"德"养育万物，物体使万物有形，环境使万物长成。所以万物没有不尊崇"道"、珍视"德"的。"道"之所以受尊崇，"德"之所以被珍视，就在于没有对万物加以干涉而是让它们永远顺应自然。所以"道"生成万物，"德"养育万物，使万物成长、培育，使万物安宁、成熟，使万物滋养、维持。产生万物而不据为己有，成就万物而不自恃己功，长养万物而不加以主宰，这就叫玄妙的"德"。

【解读】

"道生之，德畜之。"这个"之"就是指万事万物，意思说道生成了万事万物，德养育了万事万物。"道"和"德"对万物的作用是决定性的。按照第四十二章的表述，万物生长的过程是：道生一，一生二，二生三，三生万物。万物由"道"产生，"道"生出气，气生出阴阳，阴阳相合产生万物。万物产生以后，"道"内化成为万物各自的本性，仍然在决定、支配着万物。万物依据各自的本性发展成各

孟母断机教子图轴

自的形状,具有各自的特色。"德"养育万物。"德"是"道"的具体体现,是"道"的分化,是禀受于"道"而表现出来的生命活力、事物的功用与特性,"道"通过"德"来对万物发生作用。道和德实际上是一回事,如果从阴阳来解释,道看不见、摸不着,就是阴;德能表现出来,所以是阳,道和德是阴阳合一的。

"物形之。""物"指具体的物体,是由"道"和"德"生成的,"道"和"德"通过具体的物体使万物有了形状。"形之"是使万物成形的意思。

"势成之。"是"道"和"德"通过"势"——自然环境,包括地域、气候等使万物长成。"势",马王堆帛书本作"器",是说"道"和"德"通过具体的器具使万物长成了。

反过来推测万物生成的过程,有形体的事物是"势"或"器"促使它最终完成的,是物体赋予它形状的,是"德"养育它的,是"道"生出它的。实际上"物"、"势"或"器"都是由道德生出的。所以道德就好比父母,一个人对父母一定要孝顺,万物对道德一定要尊崇。

"是以万物莫不尊道而贵德。"意思是说,所以万物都是尊崇这个道,珍视这个德。尊道贵德这是道家的一种传统,儒家是尊师重道,而这个道也是师之道。

"道之尊,德之贵,夫莫之命而常自然。"意思是说,"道"之所以受到尊崇,"德"之所以被看重,就在于没有对万物加以干涉而是让它们永远顺应自然。

"故道生之,德畜之,长之育之,亭之毒之,养之覆之。"人世间父母亲的爱是最伟大、最无私的,父母生育了子女,并不以占为己有为目的,而是以分离为目的,要让子女离开家庭、走向社会,在社会中成长、成功。世界上只有父母亲的爱是唯一一种以分离为目的的爱,所以它是最符合"道"的。"道"具体体现在"德"生万物、养万物、长万物、育万物、爱万物、护万物。"亭之毒之","亭"

是安宁的意思，"毒"是成熟的意思。"养之覆之"，"覆"是保护、维护的意思，正是人间父母之爱的体现。

"道"的伟大之处不仅仅在于它的创造性、奉献性，而且还在于它的无目的性、无意志性。它生长、养育万物不是为了万物的回报，正如父母养育子女不是为了子女的回报。"道"让万物成长但不指使万物，"莫之命而常自然"，不向万物发号施令，而是让万物按照自己本来的属性自然而然地、自由地、自发地生长化育。"生而不有，为而不恃，长而不宰"，这是道的三大法则：生了万物，但是不能占有它；成就了万物，但是不能自恃己功；长养了万物，但是不能去主宰。"是谓玄德"，这就叫玄妙的德，一种最高的德、大德、尚德，也就是道。这说明"道"在整个的创造过程中没有任何占有欲。

人间做父母的也是这样，他们并不是为了占有子女、控制子女而生育子女的。可是我们想一想，现在不少父母在养育子女的过程中，却是有意或无意地去限定子女、控制子女，有的限制子女的恋爱婚事，有的限制子女的专业志愿、工作选择，结果轻者子女叛逆、关系僵化，重者导致子女轻生，或终身不幸。

做领导的，也要反思一下，对待下属有没有像这样的父母亲一样去控制他们、主宰他们？

"玄德"之人当然不是这样，"玄德"之人是符合"道"的人，老子所说的"赤子"、"婴儿"就是玄德之人，孟子的"赤子之心"、李贽的"童心说"都受到它的影响。刘备字"玄德"也是按照这个意思取的。

# 第五十二章 天下有始

天下有始，以为天下母。既得其母，以知其子。既知其子，复守其母，没身不殆。塞其兑，闭其门，终身不勤。开其兑，济其事，终身不救。见小曰明，守柔曰强。用其光，复归其明，无遗身殃。是为袭常。

【语译】

天下万物都有本始，它是天地万物的母亲。已经掌握了这个母亲，就可以推知它的孩子。已经认识了孩子，就又回去守持住母亲，一直到死都不会有危险。塞住孔窍，关上门户，终身都不会有病。打开孔窍，助长欲望之事，终身都不可救药。能察见微小叫做"明"，能守住柔弱叫做"强"。运用光辉，重新回归到内在的光明，不给自己带来灾祸，这就叫做沿袭恒常之道。

【解读】

"天下有始"，这个"始"是本始、起始，天地万物的本始当然就是"道"。"始"这个字是女字旁，本义为"女之初"，就是童女、少女，我在第一章中已经说过"无，名天地之始；有，名万物之母"，"无"好比是少女，"有"好比是母亲。这里又说"天下有始，以为天下母"，天下有一个本始，好比童女，它可以产生万物，好比母亲。少女和母亲（少妇）是一个人，就是"道"，一个人分两个阶段，就是"道"从无到有，从孕育万物到生成万物的两个阶段。

"既得其母，以知其子。"对万物来说，"道"是母亲；对"道"来说，万物就是孩子。母与子是相互关联的，也是相互投射的，孩子身上有父母的遗传基因，因此从母亲身上可以认识孩子，从孩子身上也可以认识母亲。这是告诉我们"道"虽然玄妙而不可捉摸，但可以从纷繁的万物中追根求源，从而把握"道"，把握天地万物的本质和运动的规律。从"道"中又可反推到我们为人处世的原则，从而在任何时候，做任何事情都离不开这个原则。一旦回归于母体，我们就安全了，就不会有危险了。

**长春真人看儿孙嬉戏图**

"既知其子，复守其母，没身不殆。"意思是，已经认识这个孩子了，但是还要回去守住这个母亲，即我们一切都要返璞归真。子可以有很多，但是母亲只有一个，这就叫做守一。你只有守住了这个根本，守住了这个大道，你才可能至死也不会有危险，就像《周易》，你抓住了乾坤二卦的根本所在就可以了。

"塞其兑，闭其门，终身不勤。开其兑，济其事，终身不救。"怎样认识"道"呢？就需要"塞其兑，闭其门"。也就是要关闭感官的出口、欲望的门径。第五十六章中也说了这两句。"兑"是口，《周易》兑卦表示口，这里指五官七窍。这样做，终身都不会有病。"勤"通"瘽"，指病痛。如果反过来打开了感官的出口、欲望的门径，那么就不可救药了。这里主要是说要去除私欲杂念，心灵纯净即可得"道"。后来道教、中医在此基础上，发明一种"闭关"的修炼方法与"辟谷"的养生方法，对人体的修养、健康都是极有好处的。

"见小曰明，守柔曰强。"察见微小，守持柔弱，这才是明智与坚强。因为能以小见大，见微知著，保持柔弱，不是常人所能做到的，只有得"道"的人才能做到。现在很流行的一句话，叫细节决定成败，老子特别注重细节，告诉我们要观察细小的东西，不要等它已经长大了才去关注它，那就不叫"明"了，要在有

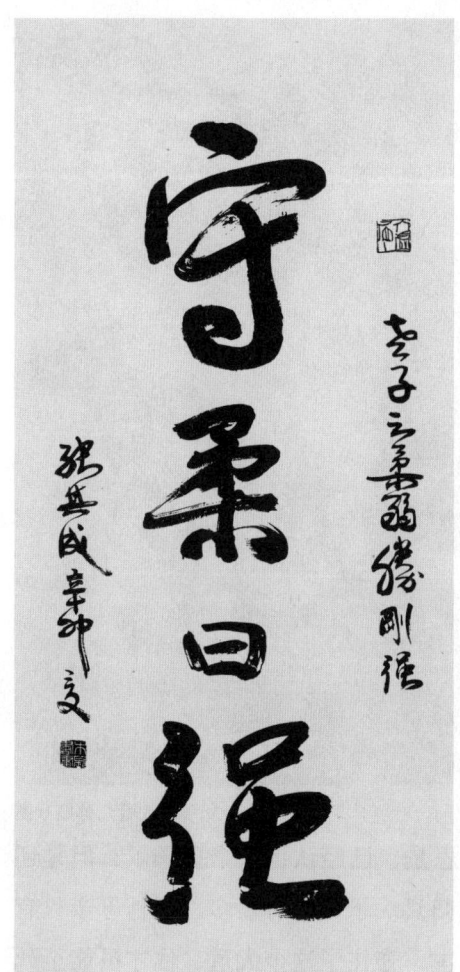

苗头的时候发现它。"明"是老子反复强调的一种大智慧。佛家把众生烦恼、痛苦的第一因归结为"无明"。老子把不知"道"叫作"不明",把知"道"、悟"道"、得"道"叫作"明"。老子说"知常曰明"(第十六章、第五十五章)、"自知者明"(第三十三章)、"不自见故明"(第二十二章)、"不见而明"(第四十七章),这里又说"见小曰明"。"见小"与"不自见"、"不见"并不矛盾,"不自见"是不自我表现,"不见"是不亲见,不用眼睛去见,这里的"见小"当然也不是用眼睛去观察微小的东西,因为人的眼睛观察能力总是有限的,所以要用我们清净的心灵去照见微小的东西,要内见、内视、内观。

"用其光,复归其明,无遗身殃。是为袭常。""光"是指理智之光,这个光要内收,不可外显,要"和其光"(第五十六章、第四章)、"光而不耀"(第五十八章),将理智之光反照于内,就是"明"。可见"明"是人人本具的大智慧,而外显太甚了,内在反倒黑暗了,大智慧被泯灭了,只好去显示小聪明了,有时候聪明反被聪明误。所以老子反复强调回归内心的真正光明,找回内心的大智慧,这样就不会给身体带来灾祸,这就叫沿袭恒常之道,与道合一了。

# 第五十三章　使我介然有知

使我介然有知，行于大道，唯施是畏。大道甚夷，而人好径。朝甚除，田甚芜，仓甚虚。服文彩，带利剑，厌饮食，财货有余，是谓盗夸。非道也哉！

【语译】

假使稍有知识的话，就走在大道上，只害怕走入邪路。大道很平坦，可有人却喜欢走小路。朝廷很腐败，农田很荒芜，仓库很空虚。可还是穿着华丽的衣服，佩带锋利的宝剑，吃足了精美的饮食，钱财剩余很多，这就叫强盗头子。这不是正道啊！

【解读】

老子对当时朝政的腐败，统治者的贪婪、奢侈表示了极大的愤慨，痛斥他们为"盗夸"——强盗头子。"夸"帛书本作"杅"，《韩非子·解老》中作"竽"。"夸"、"杅"、"竽"通用，"盗竽"相当于"盗魁"，因为竽是主导乐器，竽先奏，其他乐器便跟着演奏。"夸"还有大的意思，"盗夸"也就是大盗。老子是一个心态平和的人，一般不轻易动怒，可是这里忍不住痛斥这样的君主，可见实在是愤怒之极，无法忍受了。

"使我介然有知，行于大道，唯施是畏。大道甚夷，而人好径。""使我介然有知"中的"我"就是指统治者，当然绝不是指"盗夸"的统治者，是"有知"的

虢国夫人游春图

统治者，"介然"指微小、稍微。稍微有知，都会走大道，不走邪道。"施"通"迤"，指邪路。大道是"夷"的，平坦的，而"径"——小路是不平坦的，可有的统治者偏偏不走平坦的大道，不仅不害怕邪路，反而喜欢走邪路、小路。

这里的"道"是双关语，既是有形的道路，又是无形之"道"。"施"（迤）和"径"也是双关语，既是有形的邪路、小路，又是指违背大道的无形的邪道。由于这些统治者不明大道，而走入邪道，所以才一味地聚敛财富、豪取掠夺，导致"朝甚除"，"除"通"污"，这里是腐败的意思。"田甚芜，仓甚虚"，田野荒芜、仓库空虚。可是他们自己却是"服文彩"，"服"是动词，穿着的意思，穿着华丽的衣服。"带利剑"，佩带锋利的宝剑。"厌饮食"，"厌"是吃饱、吃足的意思，吃足了精美的饮食。真是"朱门酒肉臭，路有冻死骨"，形成鲜明的对比。"财货有余，是谓盗夸。"财富剩余很多，这就是强盗头子。这样的统治者损公肥私、道德败坏，大大损伤了天地之道。"非道也哉！"这不是正道。

然而天道是公平的，是疏而不漏的，这种"非道"之人必然不会永远存在下去，古往今来，暴政者都没有好下场。天地万物最终都是按"道"运行的，人类社会最终也会回复到它公平、和谐的世界中去。

再看当今社会上那些大富豪们，虽然他们并不都是通过强取豪夺来聚敛财富，大多数还是通过合理的市场竞争取得财富的，但他们已经意识到社会的公平性，正如卡内基所说："当一个人在临死的时候还拥有巨额财富，那是耻辱。"所以世界首富比尔·盖茨、世界第二富巴菲特都正在把大部分财富捐赠出来用于公益、慈善事业，这就是天地公平之道啊。

# 第五十四章　善建者不拔

善建者不拔，善抱者不脱，子孙以祭祀不辍。修之于身，其德乃真；修之于家，其德乃余；修之于乡，其德乃长；修之于邦，其德乃丰；修之于天下，其德乃普。故以身观身，以家观家，以乡观乡，以邦观邦，以天下观天下。吾何以知天下然哉？以此。

【语译】

善于建树的人不可拔除，善于抱守的人不会脱落，子孙按照这个道理而祭祀不绝。修德于自身，他的德就纯真；修德于家庭，家庭的德就富余；修德于一乡，一乡的德就会增长；修德于一国，一国的德就丰足；修德于天下，天下的德就会普遍。所以要从我的自身去观察别人的身，从我的家庭去观察别人的家庭，从我的乡里去观察别人的乡里，从我的国家去观察别人的国家，从我的天下去观察别人的天下。我凭什么知道天下这样的情况呢？就是采用了这个方法。

【解读】

"善建者不拔，善抱者不脱，子孙以祭祀不辍。""善建者"与"善抱者"指既能建立事业，又能保持事业的人，善于种树的人种的树你怎么拔都是拔不掉的，善于抱守的人抱住你你怎么甩都是甩不掉的，所以由他们建立的事业是坚固而不可动摇、不可失落的，不仅能自我坚守，而且能传之后代，子孙后代如果掌握了这个道理，按照这个原则持守，就可以继续将事业传承下去而长盛不衰。"祭祀不辍"表示香火不衰，"辍"是停止的意思。这当然是人人所向往的。

中国建设银行的广告语是"善建者行"，是对"善建者不拔"的化用，"建"和"行"字用红色标出来，这"行"字既可以读银行的"行（háng）"，又可以读行不行的"行（xíng）"；既有银行的意思，又有夸奖的意思。源于经典，巧妙化用，富有韵味，也收到很好效果。

怎样才能成为"善建者"与"善抱者"呢？老子告诉我们一个字，就是"修"。"修"指修德。老子的修德与孔子的修德不同，孔子修的是仁义之德，老子修的是自然虚静之德；孔子修德是一个逐步积累善行的过程，老子的修德是一个逐步减少欲望杂念、回归人的清净本性的过程。但修行的路线却是相同的，那就是都要从自身修起，修身是修德之本。《大学》中说："一是皆以修身为本。"由修身而齐家、治国、平天下。

伏羲氏八卦治天下图

《老子》中首先就说"修之于身"。"修之于身，其德乃真；修之于家，其德乃余；修之于乡，其德乃长；修之于邦，其德乃丰；修之于天下，其德乃普。"修德的次序是修身、修家、修乡、修国、修天下，分为五步。修德的结果也分为五种：真、余、长、丰、普，是逐步推广、增长、普及的过程。修德于自身，其德就纯真；修德于家庭，这个家庭的德就富裕；修德于乡里，这个乡里的德就会增长；修德于这个国家，这个国家的德就很丰足；修德于天下，天下的德就会很普遍。这样自身乃至普天下所有人都回归清静德行，都具备无己、无名、无私、无欲、无为的禀赋，那么天下都步入大道了。这样建功立业，就会永远不衰亡、不停止。

"故以身观身，以家观家，以乡观乡，以邦观邦，以天下观天下。""观"是修德的一种具体做法。老子说的"观"是指内观，内观自心，观一观自心是不是有杂染、有污垢、有灰尘？私欲杂念就是污垢、灰尘。所以内观的过程就是洗心的过程。"以身观身，以家观家"，是指以自己观别人、以自家观别家，其余类推，这个"观"当然不是观表面现象，而是指透过现象观其本质，观一身、一家、一乡、一国、一天下的人心、本性是不是清净无染了，这就是"涤除玄览"。"吾何以知天下然哉？以此。"我凭什么知道天下的这种情况呢？就是以天下观天下观察出来的。

　　"观"也是儒、道、佛共同的方法。儒家创始人孔子说："观过，斯知仁矣。""观其志"、"观其行"、"观其所由"，北宋大儒邵雍作《观物内篇》《观物外篇》。佛家有止观法门。《心经》第一个字是"观"："观自在菩萨。"《金刚经》最后一个字是"观"："一切有为法，如梦幻泡影，如露亦如电，应作如是观。"让我们学会"观"的修身方法。

# 第五十五章　含德之厚

含德之厚，比于赤子。毒虫不螫，猛兽不据，攫鸟不搏。骨弱筋柔而握固。未知牝牡之合而朘作，精之至也。终日号而不嗄，和之至也。知和曰常，知常曰明，益生曰祥，心使气曰强。物壮则老，谓之不道，不道早已。

【语译】

含有厚德的人，好比是初生的婴儿。毒虫不去刺伤他，猛兽不去伤害他，凶鸟不去搏击他。他的筋骨柔弱，拳头却握得很牢固。他还不懂得男女交合，可小生殖器却常常勃起，这是因为精气充足的缘故。他整天大哭，但嗓子却不会沙哑，这是因为和谐到极点的缘故。懂得和谐叫做"常"，懂得"常"叫做"明"，纵欲贪生叫做"祥"（灾祸），意念操纵精气叫做"强"。事物壮大就会衰老，这叫做不符合"道"，不符合"道"就会很快死亡。

【解读】

这是老子描述婴儿最精彩的一章。"含德之厚，比于赤子。""赤子"就是刚出生的婴儿，婴儿是柔弱的代表，是"道"的象征物。只有婴儿才具有"含德之厚"——最丰厚的美德，婴儿柔弱如水。

老子发现了婴儿的四大秘密。第一大秘密就是一生下来的婴儿，"毒虫不螫，猛兽不据，攫鸟不搏"，也就是说那些有毒的虫子不会刺这个婴儿，猛兽不会来侵害他，凶鸟不会搏击他。我们大家都听说过狼孩子的故事，狼不伤害婴儿，反而把他抚养起来。你们去过罗马吧？罗马的城标就是一匹母狼在给一对双胞胎婴儿喂奶。这到底为什么？大家想一想，婴儿看到凶猛的野兽来了是什么反应？是笑！他不知道这些毒虫和猛兽会伤害他，没有任何戒备心，当然也不会反抗，更不会主动去攻击这些动物，所以这些毒虫和猛兽都不会伤害他。比如毒蛇，只要你不动它，它就不会来攻击你。这里还有一个秘密，即婴儿是纯阳之体，浑身充满了天真、纯正、醇厚之气，所以生命力是最强的，凶猛的野兽伤害不了他，也不忍心伤他。婴儿是最柔弱的、最天真的，所以婴儿是最安全的，也是最快乐的，最具有生命力的。想一想我们长大了，我们见到凶猛的野兽怎么做？要么吓得逃跑，要么拿起武器和它们抗争。结果呢？往往受伤害。这给我们做人的启发是什么？就是人与人之间不

**合溪草堂图**

第五十五章　含德之厚

要处处相争，没有什么冤家对头，你报之以微笑，矛盾就会化解。对养生也有启发，俗话不是说"笑一笑十年少"吗？

第二大秘密就是"骨弱筋柔而握固"，意思是说婴儿筋骨是最柔弱的，但是他要握一个拳，却怎么都掰不开。不像我们骨头很硬，只要稍微弄一下，手就张开了。婴儿是怎么握拳的？是大拇指握在里面的，你像这样握拳试试，是掰不开的。我们长大了怎么握拳？是大拇指握在外面的，一掰大拇指手就松开了。大家仔细看一看，在五个指头中大拇指和其余四个指头长得最不一样，是最另类的。我们现在夸别人或夸自己总是伸出大拇指，其实这恰恰就是最容易受攻击的地方。这给我们做人的启示就是要内敛，要"含刚强于柔弱之中，寓申韩于黄老之内"。这也是柔弱胜刚强。

第三大秘密就是"未知牝牡之合而朘作"。"朘"通行本作"全"，根据马王堆帛书乙本做了改正，就是男孩的生殖器。婴儿，他是不懂男女性交的，但是他的

小生殖器经常翘起来。我经常问我们大人为什么，有人回答憋尿了。我就问他们：为什么大人憋尿了不翘起来？老子解开了这个秘密，那就是婴儿的精气充足、生命力强的缘故。老子说，"精之至也"，意思是说这时的肾精最充足了，所以能自然勃起。他告诉我们要补"精"，精气充足就会自然勃起了。我们现在说男子到了中年一般都肾虚，肾主先天之精气，其实就是讲肾之精气虚，所以我们要护养下丹田，护养肾精。

第四大秘密就是"终日号而不嗄"。小孩子整天在哭，但是他的嗓子从来不哑，这是什么原因？是小孩子会运气，是极度和谐的原因。有一个真实的故事，就是世界歌王帕瓦罗蒂，因为他经常要唱很高的音，所以他很担心自己嗓子会哑掉。有一次，他在下榻的饭店听到隔壁婴儿在哭，哭了几个小时，始终不哑，他就觉得很奇怪，然后他就悟出来了，小孩子不是用嗓子在发音，是用丹田之气，气从下丹田发起，然后通过中丹田，通过胸腔，再从嗓子发出来。帕瓦罗蒂由此悟出了发音的方法，从此以后他的嗓子再也没哑过。小孩是怎么发音的呢？小孩不仅是嗓子在叫，肚子也在动，胸也在动，额也在动，头也在动，注意观察以后发现三个丹田，即下丹田（肚脐下方一点点，中医叫"关元"）、中丹田（胸口处）、上丹田（两眉之间鼻根的上方，中医叫"印堂穴"，老百姓叫"天眼"、"天目"），还有百会穴和嗓子，都在动。你再观察，这几个地方动的频率都是一样的，非常和谐，所以叫"和之至也"。所以养生就在于和谐，精气神的和谐。老子是最早发现这个秘密的，并把它总结为一个"和"字。真是一语中的！

所以老子说："知和曰常，知常曰明。"知道"和"就知"道"了，和谐就是得"道"的状态。老子在第十六章又说："复命曰常，知常曰明。""知和"和"复命"（回归本性）都叫做"常"，"常"就是恒常不变的"道"。两者是从不同角度说的。宇宙万物的"命"——本性就是和谐的、清静的，所以认识了和谐的本性就是认识了"道"，"常"就是指恒常不变的"道"。"益生曰祥，心使气曰强。""益生"指纵欲贪生，"祥"不是吉祥，而是妖祥，是灾祸。对一个人的生命来说，如果为了延长生命，一味追求美味佳肴、声色犬马、纵欲宴乐，必然适得其反，加速生命的终结。用意念、欲望来支配精气、支配身体，表面上看是刚强，实际上是加速了衰老。

"物壮则老，谓之不道，不道早已。"因为事物太强壮了就会衰老了，这就叫做不符合道，不符合道就会早死。"物壮则老"，是生命的规律，所以老子反复强调柔弱胜刚强，柔弱才是延长生命的方法。

# 第五十六章　知者不言

知者不言，言者不知。塞其兑，闭其门；挫其锐，解其纷；和其光，同其尘。是谓玄同。故不可得而亲，不可得而疏；不可得而利，不可得而害；不可得而贵，不可得而贱。故为天下贵。

【语译】

知道的人不说，说的人不知道。塞住孔窍，闭住门户；磨去锋芒，解除纠纷；调和光芒，混同尘世。这就叫做"玄同"。所以人们不能与他亲近，也不能与他疏远；不能让他获利，也不能让他受害；不能让他高贵，也不能让他卑贱。因此为天下人所珍重。

【解读】

"知者不言，言者不知。"字面意思是知"道"的人不随便说，随便说的人肯定不知"道"。因为"道"本身是不可言说的，"道可道，非常道"。还有一层更深的含义是，知"道"的统治者是不随便发号施令的，发号施令的统治者是不知"道"的。所以知"道"的统治者要"行不言之教，处无为之事"。

"塞其兑，闭其门"已见于第五十二章，是说要关闭欲望的入口和出口。"兑"在八卦当中画作"☱"，在自然事物中表示沼泽，在人体身上表示口，大家都知道人体口鼻之间有一个穴位叫人中，人中的下方有一个穴位就叫兑端，表示口的端

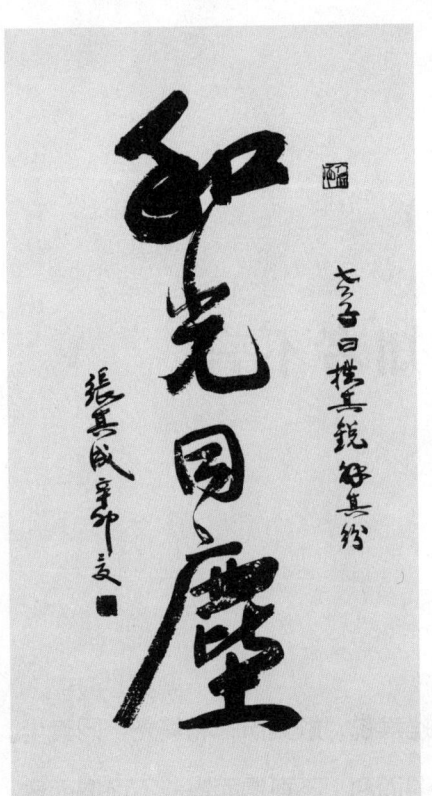

点。"挫其锐，解其纷；和其光，同其尘"已见于第四章，是说要与大众和同，不要锋芒毕露、光彩袭人。人在寰中，心超物外。这种人达到了"玄同"的境界。"玄同"是消除了亲疏、贵贱、利害关系的玄妙齐同的境界。老子往往将符合"道"的东西叫"玄"，因为"道"就是玄之又玄的，如"玄牝"、"玄德"。这里老子将一切无分别、浑然相同的状态称为"玄同"。"玄同"就是同化于"道"中，是人生的最高境界。"玄同"是得道的境界，"玄德"是得道的美德。庄子发挥了这一思想，在《齐物论》里提出了"天地与我并生，万物与我为一"的观点，其实就是"玄同"的境界。

"故不可得而亲，不可得而疏；不可得而利，不可得而害；不可得而贵，不可得而贱。"所以不能够去跟别人亲近，也不能跟别人太疏远；既不能够让别人获利，也不能够让别人受害；既不能让别人高贵，也不能让别人卑贱。孔子说过："远则怨，近则不逊。"如果你是老板，你对你的员工是不是这样？你离他近了，他搞不清这是怎么回事；你离他远了，他有抱怨。那怎么做？老子的方法就是不管他，无为嘛，顺其自然。

"故为天下贵。"意思是说这样的人才是天下人所尊重的。

# 第五十七章　以正治国

以正治国，以奇用兵，以无事取天下。吾何以知其然哉？以此。天下多忌讳，而民弥贫；民多利器，国家滋昏；人多伎巧，奇物滋起；法令滋彰，盗贼多有。故圣人云：我无为而民自化，我好静而民自正，我无事而民自富，我无欲而民自朴。

【语译】

用正常之道治国，用奇异方法用兵，用无为原则统治天下。我怎么知道是这样的呢？是根据以下事实：天下禁忌越多，人民就越贫困；人民越多用利器，国家就越昏乱；人民的技巧越多，邪恶的事情就越兴起；法令越严明，盗贼就越多出现。所以圣人说：我无为了，人民就自我化育；我安静了，人民就自然端正；我无事了，人民就自然富裕；我没有欲望了，人民就自然朴实。

【解读】

"以正治国，以奇用兵"。"正"和"奇"是一对反义词，正常之道与奇异之法，要配合使用。治国要用正法，用兵作战要用奇法。后来《孙子兵法》运用并发挥了这种思想。《孙子兵法》中说："凡战者，以正合，以奇胜。"——用兵作战就在于"善出奇者"，所以后来就有一个成语，叫"出奇制胜"。如果把《孙子兵

商人遇盗图

法》十三篇的精髓概括为一个字,那就是"势"字;如果概括为两个字,那就是"正"和"奇";如果用六个字来概括,那就是"以正合,以奇胜"。意思是以正兵当敌,以奇兵制胜。以正兵当敌是指以正面的力量去迎接敌人,当然真正要取得胜利,你不要这么死扛着去打,而是要以奇出兵,就是从侧面出兵,出怪招,一下把对方打败了。这其实就是老子思想在军事上的运用。

可是治理国家却不能用奇招,要用正道,老子所谓的"以正治国",就是指以清静无为的正道治理国家,"以无事取天下","无事"就是无为、无所用事,"取天下"不仅指取得天下,还指治理天下。

"吾何以知其然哉?"意思是说,我怎么知道会是这样呢?"以此。天下多忌讳,而民弥贫",意思是说,根据下面的事实,天下的人忌讳越多,人们就越贫困,也就是说你的法律法规越多,禁忌越多,这也不许做,那也不许做,人民就会越贫困。"民多利器,国家滋昏;人多伎巧,奇物滋起;法令滋彰,盗贼多有。"意思是说,人们越是多用那个锋利的利器,这个国家就越混乱;如果人们机巧越多,那他们的奇物就越新奇;法律越严明,盗贼就越来越多。这跟前面提到的一样,"大道废,有仁义"。在分析为什么要以正道无为治天下的原因时,老子连续用了四个"越……越……"排比句,这四句中的"弥"、"滋"都是"越"的意思。

表明的总体意思是：越是有为而治，天下就越乱。这四句都是从"无为而治"的反面论述的。接下来又从正面——无为而治的效果进行论证。

"故圣人云：我无为而民自化，我好静而民自正，我无事而民自富，我无欲而民自朴。"因此圣人说，我无为了，人们就自我化育；我喜欢安静，老百姓就自然喜欢安静了，不会去争抢了；我无事了，人们就自然富裕了；我没有欲望了，老百姓就自然朴实了。"我无为"、"我好静"、"我无事"、"我无欲"中的"我"是指统治者，"无为"是总的治国原则，"好静"、"无事"、"无欲"是"无为"的具体体现。这样治理的结果是人民"自化"、"自正"、"自富"、"自朴"。但有一个前提，就是统治者一定要"无为"。所以这里强调的是治理国家的最高境界。表达了按道来办事要无为、无事、无欲、无求，这样的话，天下就可以治理得非常好了。

历史上有一个朝代，在一段时间里做到了无为而治。那就是汉代初年，汉文帝、汉景帝时期，当时统治者好"黄老之学"。因为西汉初年，经过战乱时代以及秦始皇暴政以后的一个时期，刘邦开创大汉基业的初期，就采用了"休养生息"的制度，之后文帝、景帝时期继续沿用了这个制度，减免大量税负，而且他们自己的生活特别简朴。有一次汉文帝要修一个台子，就问需要多少钱，工匠说五百两，文帝嫌太贵而放弃了。这就说明文帝简朴、好静，所以带来了中国历史上第一个盛世：文景之治。

# 第五十八章　其政闷闷

其政闷闷，其民淳淳；其政察察，其民缺缺。祸兮，福之所倚；福兮，祸之所伏。孰知其极？其无正也。正复为奇，善复为妖。人之迷，其日固久。是以圣人方而不割，廉而不刿，直而不肆，光而不耀。

【语译】

为政混沌宽容，人民就淳朴；为政明察严苛，人民就狡诈。灾祸啊，幸福正依傍在它里面；幸福啊，灾祸就潜藏在它里面。谁知道它们最终的结果呢？祸与福是没有定准的。正会再变为反，善会再变为恶。人们迷惑的时间已经很久了。因此圣人方正而不伤人，锐利而不刺人，直率而不放肆，光亮而不耀眼。

【解读】

"其政闷闷"与"其政察察"是两种完全不同的执政风格，"闷闷"指混混沌沌、昏昏昧昧，意思是不严厉、粗疏、宽容，这正是无为而治的体现。"察察"是清晰、明察、严厉、苛刻的意思，这是有为而治的体现。不同的执政风格、不同的政治手段，带来的结果当然也是不同的。"其政闷闷，其民淳淳"，是说政治、为政时宽厚清明，老百姓便淳朴忠诚。若是"察察"，就是非常的明察、严苛，这样人民就会"缺缺"，缺缺就是狡诈的意思。所以老子讲怎么治理国家，管理民众，最关键的就是统治者。统治者喜欢要什么，老百姓就会呈现什么状态。如果统治者好静，那么天下就相安无事；如果统治者好动，就会天下大乱。为政宽厚，则人民也淳厚；为政严苛，则人民也严苛。这就是因果报应规律。

所以"其政闷闷，其民淳淳。其政察察，其民缺缺"，实际上是祸福相依。"祸兮，福之所倚；福兮，祸之所伏。"这两句也是千古名句。灾祸里面潜藏着幸福，而幸福里面潜伏着灾祸，这叫"祸福相依"。大富大贵的时候可能就有灾祸了。前几年发生了一件真实的事，一个老婆婆突然中奖得了五百万，从此以后她再也快乐不起来了，为什么？因为买彩票时是她和另外两个老婆婆三个人一起去的。她这么一中奖，其他两个老婆婆就不干了，说你中奖的时候我们跟你一起选的号码，这

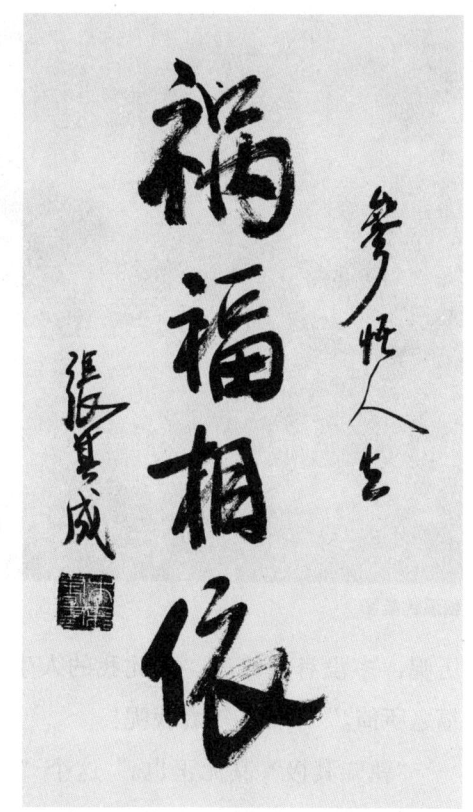

个老婆婆一想也是的，于是她说："那我就分给你们每人二十万吧。"这两个人仍不满，二十万哪够？不仅如此，她的亲戚朋友一知道她中奖了，立即编出各种理由问她借，她不借也不行。从此以后她还能快乐得起来吗？

古往今来，由于富贵尤其是沉湎于富贵带来的灾祸，真是举不胜举。中国有一句老话叫"富不过三代"，真是发人深省啊。你可能会说："'福兮，祸之所伏'，我可以理解；但'祸兮，福之所倚'，我没法理解。这不是机械循环论吗？"其实不然。灾祸里面潜藏着幸福，失败蕴含着成功。美国某大学曾做过一项研究，就是调查那些成功者有没有失败过，失败的时候是什么心态。结果发现几乎所有的成功者都失败过，几乎每个人在遇到失败的时候，都是一种平和的心态。有的人失过业，当时他就想失业好啊，说明这件事不适合我，我再换一个工作。有的人投资失败了，他就想，我交了学费了，学到了很多经验，这是金钱都买不来的啊。而那些没有成功的人，几乎每一个人都是在抱怨，都在怪罪别人。所以在面临灾祸时的心态太重要了，你只要想着前面就是胜利，就有幸福，你还会走绝路吗？

好多人失恋以后痛不欲生，要寻短见，可是你只要这么一想，你就绝对不会自杀了：失恋好啊，我经历了这么多酸甜苦辣的滋味，好多人都还没有这么多经

松溪钓艇图

历呢，多没有滋味啊。从此我的人生一定会更加丰富多彩，更加美丽！"祸兮，福之所倚。"幸福在等着我呢！

"孰知其极？其无正也。"这个"正"就是定的意思。这种祸福的变化是不会停止的。所以我们经常要反向去想：大祸了，你要想到福；大福了，你要想到祸。就这么去思考问题，你就一定不会走极端。

《韩非子·解老》中对祸福转变有一段解释："人有祸则心畏恐，心畏恐则行端直，行端直则思虑熟，思虑熟则明事理。"又说："人有福则富贵至，富贵至则衣食美，衣食美则骄心生，骄心生则行邪僻而动弃理。"这很好地分析了祸变福、福变祸的因果关系。

关于祸福，太极图就能说明其中的道理。太极图白的里面有黑的，黑的里面有白的。究竟有没有准则呢？有没有一个最终的结果呢？祸和福是没有定准的，也没有一个最终的结果。这就是我们中国人的智慧。老子告诉我们在逆境的时候要自强不息，在顺境的时候，要居安思危！就是在祸当中你要看到福，在福当中你要看到祸。这样我们就能走上"中道"，就不偏激了，不会走到两个极端上去。

"正复为奇。"正的会变成奇的，正是阳，奇是阴，阳的东西可以变成阴的，阴的东西可以变成阳的。"善复为妖。"就是善的东西也会变成恶的。"妖"就是恶的意思，善可以变成恶，恶也可以变成善。也就是说正奇、善恶、祸福始终在相互转化，永远不会中止。

"人之迷，其日固久。"人们迷惑的时间已经很久很久啦！已经分辨不清正和奇，善和妖，祸与福是如何相互转化的。福的时候为什么会变成祸？祸什么时候能变成福？最关键的原因在哪儿？从表面上看你会发现这个世界简直是没有办法把握！祸里面有福，福里面有祸。但是实际上这种变化还是有准则和规律的。第一个就是守中道，福来的时候，不要得意忘形；祸来的时候，要保持乐观的情绪。第二就是讲究因果。种瓜得瓜，种豆得豆。福在的时候要种下善因，最后还是福。祸在的时候，要积极面对，终会转祸为福。

因此，真正按"道"治国的统治者——圣人就应做到"方而不割，廉而不刿，直而不肆，光而不耀"，这是"其政闷闷"的具体写照。虽然是"方、廉、直、光"——方正、锐利、直率、光亮，但应该"不割、不刿、不肆、不耀"——不伤人、不刺人、不放肆、不耀眼。"割"，用刀伤人。"廉"，棱角，形容锐利。"刿"，用刀刺人。"耀"，光亮耀眼。说明"方、廉、直、光"这些好的品质和行为，如果不加收敛，随时可以转化成"割、刿、肆、耀"这些伤害人的坏的品质和行为，所以要内收、自守，时时处处提醒自己：是不是过度了？转向反面了？有一位政协主席将政协工作概括为"光而不耀"，是很有见地的。其实不仅是政协工作，一切领导工作都应该"光而不耀"，总而言之就是要守"中道"，要用光照亮别人、一心利人、成就别人、成就事业而不炫耀。这样就能正确把握治国、处事的火候。

# 第五十九章 治人事天

治人事天，莫若啬。夫唯啬，是谓早服。早服谓之重积德；重积德则无不克；无不克，则莫知其极；莫知其极，可以有国；有国之母，可以长久。是谓深根固柢，长生久视之道。

【语译】

治理人民，侍奉上天，没有比"啬"更好的办法了。只有"啬"才是尽早服从天道。尽早服从天道就是在不断积累德性。不断积累德性，就没有什么不能克服。没有什么不能克服，就没人知道它的极点。没有人知道它的极点，就可以统治国家。掌握了统治国家的根本，就可以长久。这就是根深柢固，长生久存的道理。

【解读】

这一章既是讲养生的，也是讲治国的，因为治身和治国是一样的，所以这一章就一个字——"啬"，"啬"是治人事天的一个法宝，"治人"讲管理人民，"事天"讲侍奉上天（也有学者认为"事天"指保养天赋），"莫若啬"，没有比"啬"更重要的！

"啬"是什么意思？我们今天有一个词大家都知道，叫"吝啬"。文学作品中有很多知名的吝啬鬼，一个是欧也妮·葛朗台，一个是《儒林外史》里面的严监生。严监生临终的时候老咽不下最后一口气，一直伸着两个手指，家里人都不明白。后来有个人了解他，知道是说灯槽里的灯芯有两根，太浪费了，熄掉一根，严监生这才咽了气。所以"啬"就是"吝啬"，是小气、舍不得的意思，是从顾惜、节俭中引申而来的，与第六十七章的"俭"意义相近。同时，"啬"还有"爱"的意思。你太爱了，舍不得了，想据为己有，过分爱惜、节俭就是"吝啬"。所以"啬"本义是节省、节俭、爱惜。

《孟子·梁惠王章句上》中说，齐宣王非常仁慈，他要举行一个"衅钟"的仪式，就是铸造了一口大钟要进行祭奠，要用牛作为牺牲，用牛血来祭这口钟。牛在被从祭台下牵过去的时候觫觫发抖，大王看见了，就说了一句"吾不忍其觳觫"，意思是我不忍心看到它觫觫发抖的样子，然后又说"以羊易之"，意思是赶快找只羊来代替它。孟子就问齐宣王有没有这回事，大王说，对，有这回事。孟子就说，你这个行为，老百姓并不认为是仁爱，不会认为你是起了恻隐之心才不杀它，而是"百姓皆以王为爱也"。在这里"爱"是什么意思？就是吝啬啊！说你是舍不得一头牛，而舍得一头羊，因为羊小一些牛大一些，所以你舍不得，而不说你有仁慈之心啊！所以爱的意思有两层，一是太过分的爱，那就是吝啬；一个就是仁爱，一种舍得的爱。

"母"可以理解为女性，女性的爱是最伟大的爱，女性的爱是坤卦的爱，最无私，最能奉献。能做到百分之百的牺牲，百分之百的奉献，百分之百的责任，这就是母亲。举个例子，女人难产，医生问保大人还是保孩子，女人一定说保孩子。如果要问男人呢？男人肯定说我两个都要，要是只能要一个，那就保大人。母亲的爱，特点是舍不得，这是优点同时也是缺点。所以"母"字会和"吝啬"的"啬"字出现在一起。

治理国家，侍奉上天，"莫若啬"，这个"啬"字的意思介于吝啬和仁爱之间。治理国家要"啬"，要爱惜，不要随意地耗散掉。"爱"对统治者来说就是不要穷兵黩武，要休养生息，要减少政令。从养生的角度来讲，就是要珍惜自己的精气神，不要让其外泄。无论是养生还是治国都要"啬"，就是要爱惜它，不要让它外泄掉。只有这样，个人和国家才能够长久生存下去。我们现在都是耗散得太多了。

"啬"是老子哲学中一个十分重要的概念。"治人事天"要"啬"，养生健身要"啬"，为人处世也要"啬"。治国的"啬"，就是要爱惜人民，减少政令；养生的"啬"，就是要爱惜精气，减少欲望；为人的"啬"，就是要爱惜自身，减少交往；谋事的"啬"，就是要爱惜精力，减少事务。"啬"是达到清净虚空之"道"的最佳途径。

雪江渔艇图

"夫唯啬，是谓早服。""啬"可以说就是"早服"。关于"早服"有两种解释，一是尽早服从天道、顺应自然事理，二是早作准备，我们采用第一种解释。因为"啬"是服从天道的途径和方法，做事"啬"了，就符合自然之道了。只有"啬"才是早早地服从天道，虽然还没说"啬"是什么东西，但掌握了"啬"你就是早早得道，顺从天道！也就是说天道就是"啬"。

"早服谓之重积德；重积德则无不克。"早早服从天道，你就是在不断地积累德！不断地积累德，你就无所不克啊！把德行积累得非常丰厚了，那么就没有什么东西不能够攻克。"啬"就是"重积德"，"重"是多、不断的意思。老子的"积德"与孔子的"积德"不同，我在第五十四章解读中提到：老子的"德"是自然虚静之德，是人的本性、禀赋，孔子的"德"是仁义礼智之德，是人后天的修养品德。所以老子修德是减损的过程，孔子修德是积累的过程。为什么这里老子说"积德"呢？这里的"积德"实际上并不是积累、增加德性，而是逐渐地去接近德性，这是一个逐步有序地回归的过程，其实也就是"啬"的过程。

接近了人的德性，其结果是无所不克，无往而不胜，而这种克敌制胜的能力，又不是常人所能认识的。"无不克，则莫知其极。"没人能知道这种力量的极点在哪里。因为这正是"道"的力量、"德"的力量，是无边无穷的。"莫知其极，可以有国。"只有掌握了这种力量的人，才配去治理国家、保卫国家。"有国之母，可以长久。""母"是老子最喜欢用的词之一，是阴柔、虚空、玄妙的本体，也就是后面所说的"根柢"，都是指"道"。"道"就是天下之母，"道"就是"母"，伟大的母亲，你掌握了国家的"母"，指保有国家的根本，你就会天长地久，国家就能永世长存。

"是谓深根固柢，长生久视之道。""根"、"柢"就是树根，它们的区别在于：向四边伸的叫根，向下扎的叫柢。根柢深固，表明"道"的掌握程度十分坚固，这样一来，当然治国就可以使国家永存，修身就可以使人长生。"长生"就是使人长寿，"久视"就是长久地生存下去。

# 第六十章　治大国若烹小鲜

治大国若烹小鲜。以道莅天下，其鬼不神；非其鬼不神，其神不伤人；非其神不伤人，圣人亦不伤人。夫两不相伤，故德交归焉。

【语译】

治理大国就像煎烹小鱼儿一样。用"道"来治理天下，那么鬼也不灵了；不但鬼不灵了，就是神也不伤人了；不但神不伤人了，圣人也不伤人了。神与圣人都不伤人，所以德性都回归到人民身上了。

【解读】

几年前，世界第一 CEO 杰克·韦尔奇来中国做过一场演讲，主要就是讲了一句话："做企业就是做游戏。"据说这场演讲给的报酬是一百万美元。做游戏是怎么做的？第一条，要有游戏规则，所以你管理企业首先要有规则，要有规章制度。第二条，游戏是以赢为目的的，游戏做下去要赢，但是又不能过分看重这个赢，因为它毕竟是游戏。所以做企业要把握好营利这一目的。第三条，最关键的一条，既然是游戏，那就是好玩，所以你在做企业的时候要做得好玩，而且这个好玩不是你一个人觉得好玩，而是大家都觉得好玩，大家都参与到游戏中来，大家都快乐，都好玩。只有好玩才能激发出无穷的创造力。看来这一百万美元报酬是值得的。

老子说"治大国若烹小鲜"，治理一个大国就像烹一条小鱼儿一样，这句话值

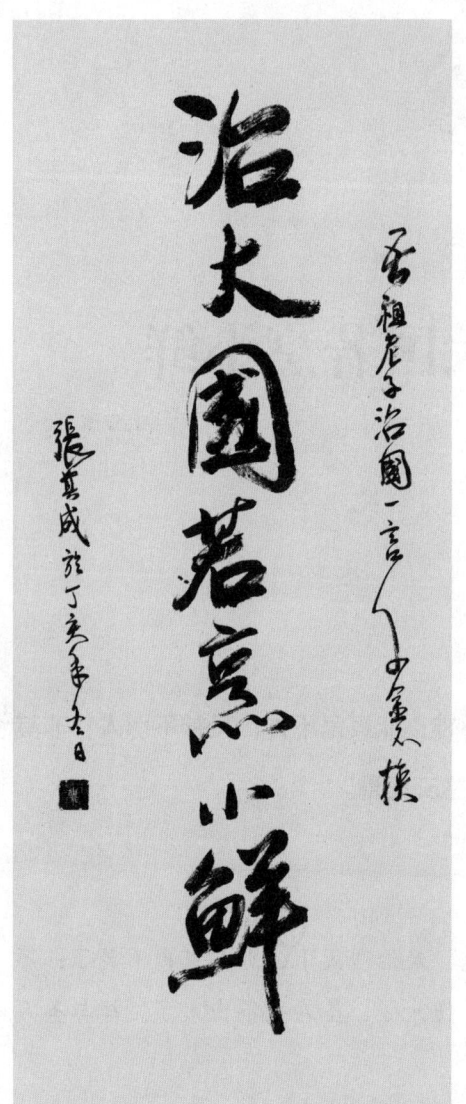

多少钱?一百亿美元也买不来,那是无价之宝啊。我每一次讲《老子》时,都让大家来讨论,怎样煎烹小鱼儿。

第一,是不要随便翻动,也就是说,治国的时候政令不要朝令夕改,领导者不要随意说话,尤其不能颠来倒去,否则就完蛋了。

第二,是要掌握火候,把握时机,大火要不得,要慢火文火。治理国家,治理企业要慢火文火,意思是我们要心平气和,不要急躁浮躁。"文火"在老子看来是以柔弱胜刚强,要用软化、柔弱的东西。把握火候——这一点很重要,做企业、做管理要掌握时机、掌握分寸、掌握过程和程度。

第三,本来就是小鱼了,所以不能再加油、味精、盐、糖等调料。治国的政令、法令,要遵循老百姓自然的状态,返璞归真,不要在管理中随意加入个人的意志,不要添加太多个人私欲的东西。

第四,治大国若烹小鲜,是要举重若轻,化繁为简。治理一个大国就好像在烹饪一条小鱼,整个烹小鲜的过程会带给人一种快乐的感受,就是要把它当成好玩的事,要当成游戏!所以做企业就是做游戏,治国就是做游戏。但是做游戏肯定要有游戏规则,做游戏最终是要好玩吧?但现在我们却往往把它异化了,本来是很好玩的一个事情,却弄得自己劳心劳力,疲惫痛苦不堪。

你看老子用了一个"小"字,一个"烹"字,把治大国说得如此轻松,如此好玩,这不正包含了杰克·韦尔奇所说的"做企业就是做游戏"的意思吗?短短一句话,却包含了这么多深刻的道理。它告诉我们治大国、做企业的目的是什么,就是要使人人快乐。现在我们所说的快乐经济学、幸福指数,都包含在这里面了。希望大家对照一下自己,我们现在做企业好不好玩?累不累?如果你觉得太累了,觉得不好玩了,那你做企业的目的、做企业的心态可能就有问题了,就需要好好读一读《老子》了。总的来说,"治大国若烹小鲜",就是无为而治。"无为"不是不做,而是不要违背这个"小鲜"的本性去做,不要瞎做,不要妄做,不要胡做。只有按照

竹西草堂图

事物本性去做,才能保持生态平衡,才能和谐发展、生生不息。

"以道莅天下。""莅"就是莅临、治理的意思。用"道"来治理天下,可以使"其鬼不神",就是指鬼神不灵了,不起作用了。"非其鬼不神,其神不伤人",不是鬼不灵了,而是说它不出来伤人了。鬼神在当时还是人们信仰的对象,鬼神介于人与天之间,对人可以降福也可以降祸,所以人对鬼神都怀有敬畏感。如果统治者按"道"来治理天下,像"烹小鲜"一样统治百姓,那么即使是鬼和神也不会降祸伤人了。这表明了老子将"道"放在鬼神之上,认为"道"可以主宰鬼神,这在当时是十分了不起的。

"非其神不伤人,圣人亦不伤人。"不但那些鬼神不出来伤人,而且圣人们(这里指统治者)也不再伤害百姓。就是说,得道的统治者对人民不发号施令,不用酷刑,不随意干涉,人民自然安宁,不受伤害。

"夫两不相伤",鬼和神是两个,神和圣又是两个,他们都不出来伤人了。"故德交归焉",所以德就回归到人们的身上了!德回来就是道回来,因为德是道的一种外在表现。这不仅说明人民的祸福不在鬼神而在人为,而且也说明只要统治者施政能做到清静无为,天下人民就都能恢复清静自然的德性。

# 第六十一章　大国者下流

大国者下流，天下之牝，天下之交也。牝常以静胜牡，以静为下。故大国以下小国，则取小国；小国以下大国，则取大国。故或下以取，或下而取。大国不过欲兼畜人，小国不过欲入事人。夫两者各得所欲，大者宜为下。

【语译】

大国居于江河的下流，处于天下的雌性位置，又是天下交汇的地方。雌性总是凭虚静战胜雄性，因为虚静才处在下位。所以大国用谦下态度对待小国，就能取得小国；小国用谦下态度对待大国，就能取得大国。因此有的是靠谦下来取信，有的是靠谦下被取信。大国不过是想聚养人，小国不过是想侍奉人。两者各自满足欲望，大国应该谦下。

【解读】

"大国者下流。"这一章的主题就是"下"，通篇在说一个"下"字。大国居于江河下流，正如"上善若水"，水往低处流，处在众人所厌恶的地方。大国"以静为下"，"大者宜为下"。大家想一想江河的下流是什么地方？不就是大海吗？大海包容万物，承载万物，当然比上流的小河小川更宽广，更有包容力、承载力。

"天下之牝，天下之交也。"按照阴阳原理，下为阴，上为阳。所以下流就是天下的雌性、阴性之处，是天下万物交汇的地方。现在人们喜欢看风水，风水怎么看？好风水就在形似"女阴"的地方，这是最聚气的地方，是阴阳之气交汇之处，也是最具生命力的地方。老子经常用女阴作比喻，说明"道"具有无限的生命力。牝是最安全的地方，所以大国在这里才能成为大国。

"牝常以静胜牡，以静为下。"女性经常凭借她的虚静战胜男性，人的衰老，首先是阳精衰老。阳气一定先衰，阴气肯定衰在后啊，所以女性的寿命一定比男性长。女性通常比男性活得久，也是因为女人比男人柔弱，柔弱胜刚强，女人的耐力肯定比男人强。所以要成为一个大国你就需要先柔弱，先要居下位，要以静为下，因为虚静所以要居于下位。

与江河的一泻千里相比，大海是相对静止的。动为阳，静为阴。阴能胜阳，静能制动。这里老子又用了一对反义词——"牝"和"牡"。在第六章中，老子提到"道"就是"谷神"，又叫"玄牝"。"牝"是雌性生殖器，"牡"

秋江渔隐图

是雄性生殖器。这两个字的字形就是雌、雄生殖器的形状。"牝"是虚的，"牡"是实的；"牝"是静的，"牡"是动的；"牝"为阴，"牡"为阳；"牝"谦下，"牡"高上。两者相互交合，产生万物。两者比较，又是"牝"能胜"牡"。显然老子描述的是母系社会的状况，可当时老子所处的社会早已是父系社会，他看到父系社会的种种弊端，国与国之间、人与人之间的争强好胜、尔虞我诈，造成朝政腐败、民不聊生、灾祸不断，所以十分痛心，希望回到母系社会居下、不争、阴柔、虚静的状态中去。

"故大国以下小国，则取小国。小国以下大国，则取大国。""国"在马王堆帛书甲本中写作"邦"。"下"在这里是个动词，表示谦下地对待，大国谦下地对待

第六十一章　大国者下流

小国，小国谦下地对待大国，看起来是谦下了，可实际上却是和谐了、达到目的了。一个大国如果不是强取豪夺，而是以非常卑下的态度来对待小国，那小国就能臣服于它。所以你要先示弱，柔弱是最有力的武器。如果一个小国能以谦下卑下的态度来对待大国，那就一定能依附于大国。可见"下"不仅仅是对大国而言的，对小国也很适用。"下"的作用还在于可以使大国和小国"各得所欲"，各遂所愿。

"故或下以取，或下而取。""或"就是有的，因此有的国家是靠谦下卑下的态度来得到别的国家的臣服，而有的国家是靠谦下卑下的态度而能够依附于别的国家。意思就是说，你只要谦虚就既可以取信于别人，也可被别人取信。

"大国不过欲兼畜人，小国不过欲入事人。"大国谦下地对待小国，就取得小国的信任，小国就归顺大国了，大国的目的只是想聚养小国，"兼畜人"就是聚拢、养护小国之人。小国谦下地对待大国，就能取得大国的信任，就能依附于大国，小国的目的只不过是想侍奉大国，"入事人"就是侍奉大国之人。比如大国美国，现在什么事都管，它的目的很简单，就是想统治别人，想要蓄养别人，我可以救助你们但是你们都得被我统治。而小国呢，就是想去依附别人，去侍奉别人，只要你美国给我好的食物，好的援助，我就愿意亲附于你。

"夫两者各得其所欲。"就是说大国与小国各自的欲望都得到了满足，各取所需啊。但从实际情况看，"小国以下大国"是容易的，但"大国以下小国"则是困难的，所以老子最后强调"大者宜为下"。当今世界，美国无疑是大国，可它哪里愿意为下，它要成为世界的警察，对其他国家指手画脚，它不是以谦下的态度来的，而是带着武器来的，结果遭到大家的指责，其他国家并没有"入事"它，它也没有"兼畜"别人，更没有"取小国"，取得小国的信任和支持，就是因为它不愿"下"，只愿"上"的缘故。

当然"下"不仅是对一个国家而言的，对一个企业、一个单位、一个人而言也是如此。每一个人都应采用"下"的态度。这是中国人一贯的思想，无论儒家还是道家都主张谦下。《周易》中谦卦是六十四卦中唯一六根爻都吉的卦，就是因为谦下、虚心啊。俗话说："满招损，谦受益。"杜甫说："水能性淡为吾友，竹解心虚即我师。"郑板桥说："虚心竹有低头叶，傲骨梅无仰面花。"毛泽东说："虚心使人进步，骄傲使人落后。"

# 第六十二章　道者万物之奥

道者万物之奥。善人之宝，不善人之所保。美言可以市尊，美行可以加人。人之不善，何弃之有？故立天子、置三公，虽有拱璧以先驷马，不如坐进此道。古之所以贵此道者何？不曰：求以得，有罪以免邪？故为天下贵。

【语译】

"道"是万物深藏的地方，是善人的法宝，也是不善人所应该保持的。美好的言语可以换取别人的尊敬，美好的行为可以赢得别人的器重。人就算有不善的，又怎么能抛弃"道"呢？所以天子即位、三公就职时，即使先奉上拱璧，后奉上驷马，也不如进献给他"道"。古代重视"道"的原因是什么呢？不正是说：有求就可以得到，有罪就可以免除吗？所以"道"才会被天下人所重视。

【解读】

"道者万物之奥。"这个命题说明了"道"的功能、作用。"奥"是深藏、庇荫的意思。"道"是万物深藏之地，能庇荫万物。

"善人之宝，不善人之所保。"万物当然包括善人与不善人。"道"是善人和不善人都应该保持的。善人由于"道"而保德，不善人由于"道"而保身。

"美言可以市尊，美行可以加人。""市尊"的"市"是动词，买、取的意思，指取得别人的尊敬。"加人"的"加"是使动词，"让……重视"的意思，指让人

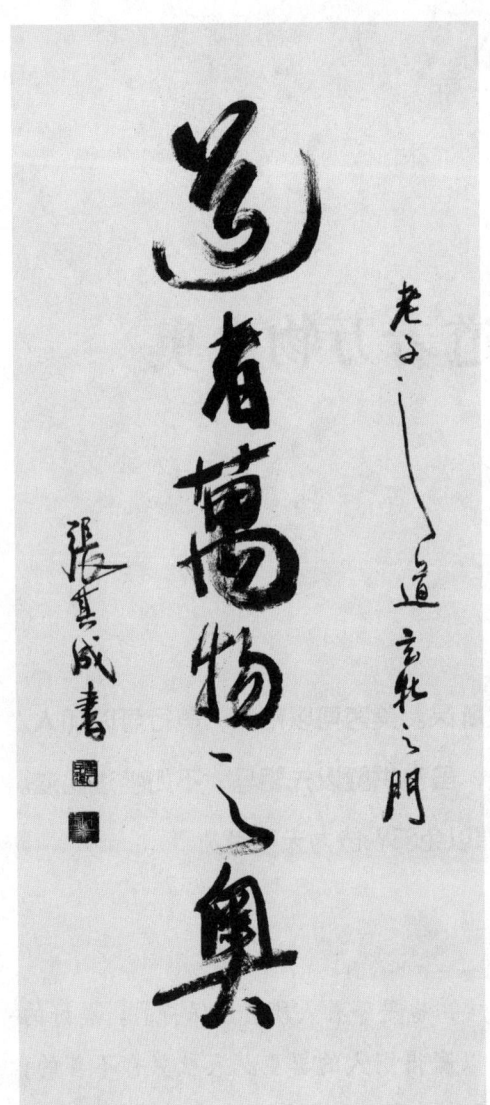

看重、受人器重。意思是说,美好的言语,可以换来别人的尊重;美好的行为,可以赢得别人的器重。老子是反对"美言"的,第八十一章说"信言不美,美言不信",因为"美言"是指花言巧语。而这里的"美言"则是指符合"道"的言语,"美行"也是指符合"道"的行为。

"人之不善,何弃之有?"就是不善的人,也不应该抛弃"道"。这个"之"指代"道"。这句话也可以理解为,就是不善的人,"道"也不会抛弃他。我认为两个意思都说得通,前者是从不善人的角度说的,说明"道"的重要性、必要性;后者是从"道"的角度说的,说明"道"的慈悲性、普适性。如果不善人离开了"道","道"就不会保全他,他就不能"有罪以免"。如果不善人不离开"道",并且越来越按"道"来做,那么就会逐渐变为善人。所以"不善"和"善"都是相对的,"道"才是绝对的。"道"能使善人"求以得",能使不善人"罪以免",因为一切都来源于"道",一切都受"道"的支配,一切都要回归于"道"。

"立天子、置三公",是指天子即位和三公就职,"三公"指太师、太傅、太保,是周代设立的三个辅佐国君的大臣。天子即位、三公就职时,要举行隆重的仪式。"虽有拱璧以先驷马",拱璧先于驷马,就是先献拱璧——一种圆形带孔的璧玉,后进献驷马——四匹马驾的车。这样珍贵的礼物虽然都是宝贝,但都是有形的,真正的宝贝是无形的,这就是一开头所说的"道"——"善人之宝",所以老子说"不如坐进此道",不如进献上这个"道"。因为是天子、三公即位,你要告诉他们治理国家的方法。所以"道"应该是进献给天子、大臣的最好礼物。

灵公向孔子问阵图

老子希望天子、三公都能以道治国，这样天下所有的人——善人与不善人，都会得到保全了。

"古之所以贵此道者何？"古人为什么重视这个道呢？是什么原因呢？为什么我说的这个道那么重要呢？

"不曰：求以得，有罪以免邪？"不正是说：有求就可以得到，有罪就可以免除？这是说什么意思呢？求是什么目的？是求道啊，就是说，你要是去求道，就能够得到；你得道了，即使有罪也可以免除。

"故为天下贵。"所以这个"道"会被天下人所重视。这里说的是"道"的作用，它是万事万物的根本，而且这个"道"可以拿来治国。

# 第六十三章　为无为

为无为，事无事，味无味。大小多少，报怨以德。图难于其易，为大于其细。天下难事必作于易，天下大事必作于细。是以圣人终不为大，故能成其大。夫轻诺必寡信，多易必多难。是以圣人犹难之，故终无难矣。

【语译】

以"无为"去作为，以"无事"去做事，以"无味"去品味。无论大小多少，都以恩德去报答怨恨。解决困难从容易入手，成就大业从小事起步。天下难事，一定是从易事开始的；天下大事，一定是从小事开始的。因此圣人始终不做大事，所以最终能成就他的伟大。轻易就许诺的人一定很少能守信，看事情太容易的人一定会遇到很多困难。因此圣人总是把事情看得很困难，所以最终就没有困难。

【解读】

"为无为，事无事，味无味。"这三句头一个字都是动词。"无为"、"无事"、"无味"都是指不是人为而是符合自然地作为、做事、品味。"无为"、"无事"，前面很多章节中都提到了。"无味"就是指自然之味，而不是人为加入了味精等调料之后的味道。"味无味"就是品尝无味的东西，把无味当作最好的味道。有一句话叫"淡而无味"，不仅饮食上要淡而无味、清淡寡味，而且做人也要恬淡自然，不要追求多滋多味，要把恬淡的生活当作最有滋味的生活。这是老子的处世哲学，也是我们人生的最高境界。

"大小多少，报怨以德。"对于"大小多少"，除了解释为"无论大小多少"，还有其他多种解释，有人解释为"把小看成大，把少看成多"，"大"和"多"是意动词；也有人解释为"大生于小，多生于少"。这两种解释是为了与后文关联，但总觉得牵强，不如直接理解为无论是大是小、是多是少，都以德报怨。

山水图

如何回应别人的怨恨？《道德经》主张"以德报怨"，那就是我用我的恩德来报答你的怨恨；《圣经》主张"以怨报怨"，那就是"以牙还牙，以眼还眼"。而《论语》中孔子则提出第三种办法，那就是"以直报怨"，这个"直"究竟是什么意思？每个人的理解都不一样，有人说是直接的直，以直报怨不是很简单吗？你要是与我有怨仇了，我马上就报仇，就翻译成直接了。这个可能跟孔子的思想有些不一样了。所以"直"是什么意思？应该是正直的意思，就是用公平正直来回应怨恨。很简单，如果他怨恨我，符合正道的话，我就以德报怨，如果他怨恨我不是正理，不是正道，那么我就可以以怨报怨，我是这么理解的。还可以理解成，以天道正理来报怨。由此可以看出老子和孔子的区别。

"难"与"易"，"大"与"细（小）"互为阴阳，表面上看相对的，其实是相生的。"图难于其易，为大于其细"，"于"是介词，从的意思。做困难的重大的事情要从它的反面——容易的、细小的地方入手。"天下难事必作于易，天下大事必作于细。"从正面上看，天下的大事、难事，要从小事、易事做起，也就是说，不可能一步登天，总是一个渐进的过程，正如后面一章所说："合抱之木，生于毫末；九层之台，起于累土；千里之行，始于足下。"从反面看，天下的大事、难事，也都是毁于小事、易事，正如韩非子所说："千里之堤，溃于蚁穴。"老子这句话还隐含一个意思，那就是任何易事都要当作难事来处理，任何小事都要当作大事来完成。这就是最后所说的"圣人犹难之，故终无难矣"，"犹"是都的意思，得道之人把所有的事都当作难事来做，这样最终就没有难事了。

"是以圣人终不为大，故能成其大。"得道之人始终不干大事，而是把大事化

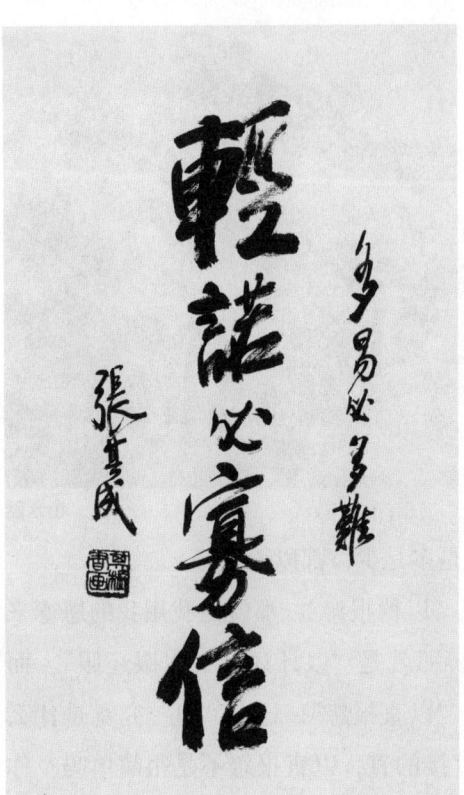

成小事，这样才能成就大事；也可理解为得道之人始终不自以为在干大事，不自以为伟大，这样才能成就大事。这是老子高明的辩证法。现在我们有很多人就想做大事，最后一事无成，而有的人就一件一件地做小事，按部就班，按照次序来做，最后反而成了大事，所以我们不要求大而要求小，不要求多而要求少。

"夫轻诺必寡信，多易必多难。"这是经过千百年验证的人生至理名言。当今社会，也要警惕那些轻易许诺的人，因为这种人往往是不守信用的。我们自己也一定要注意不要轻易地答应别人，一旦答应就必须兑现。重诺者才重信。孔子也说过"言必信，行必果"。同时我们对待任何事情都不要掉以轻心，事先要把各种困难都设想到，这样才容易实现目标，而那些一开始把什么事情都想得很容易的人，则一定会遇到很多困难。由于自己准备不足，一旦遇到困难，就会措手不及，结果往往无功而返。

"是以圣人犹难之，故终无难矣。"所以圣人啊，总是会把事情看得很难很难，最终就没有困难了。你要是把事情看得容易，它反而会变得很困难，你要是把它看得很困难，它反而会变得很容易！

# 第六十四章　其安易持

其安易持，其未兆易谋；其脆易泮，其微易散。为之于未有，治之于未乱。合抱之木，生于毫末；九层之台，起于累土；千里之行，始于足下。为者败之，执者失之。是以圣人无为故无败，无执故无失。民之从事，常于几成而败之。慎终如始，则无败事。是以圣人欲不欲，不贵难得之货；学不学，复众人之所过，以辅万物之自然而不敢为。

【语译】

事物安稳的时候容易把握，没有迹象的时候容易谋划。事物脆弱的时候容易分解，细微的时候容易消散。要在还没有发生的时候就处理它，在没有混乱的时候就治理它。合抱的大树，从小细芽长成；九层的高台，从一筐土堆起；千里的行程，从脚下起步。强行作为必然失败，硬性把持必定损失。所以圣人无所作为，就不会失败；无所把持，就不会损失。人们做事，常常在快要成功的时候失败了。如果能在结束的时候还像开始时那样谨慎，就不会失败。因此圣人想要的就是不要什么，不重视那些稀有的财物；想学的就是不学什么，改正众人的过错，用来辅助万物自然发展而不敢自己作为。

【解读】

"其安易持，其未兆易谋；其脆易泮，其微易散。""其"是事的意思。在局面安稳的时候，是容易保持，容易掌控的；在事情还没有征兆的时候，还没有苗头的时候，是容易谋求解决的；在事物还脆弱的时候，是容易分解的，泮就是分解的意思；在事物还细微的时候，是容易消散的。开头四句连用四个"易"字，表明事开始、微小时候的重要性。前两个"易"是从正面说的，说明抓住萌芽时机就容易成就大事；后两个"易"是从反面说的，说明忽视萌芽之时事物就容易消解。干任何事情都应该谋于始，而不要谋于终。起始为因，终了为果。大人重因，小人重果。菩萨畏因，凡夫畏果。要想成就大业这个"果"，必须重视为什么要成就大业的这个"因"。任何事物在起始"因"的阶段，甚至于迹象还没有显露出来的时候，都是最容易把握的。一旦失去这个良机，就困难了。

"为之于未有，治之于未乱。""为"就是治理的意思，是说要在事物还没有发生，没有出现苗头的时候，你就要去处理它；在事情还没有混乱的时候，你就要去治理它。在事情处于"未有"、"未乱"的阶段，治理起来非常容易，等到事情发展到一定程度以后，再去处理就非常棘手了，有的甚至无能为力了。所以中医强调要"治未病"。

**明皇避暑宫图**

"合抱之木，生于毫末；九层之台，起于累土；千里之行，始于足下。"这三句话是并列着说的，合抱的大树它是从毫末，也就是从细芽开始生长的；九层的高台，是从一筐一筐的土堆起来的；一千里的行程，是从脚底下开始起步的。"合抱之木"、"九层之台"、"千里之行"，都是从细微处开始的，进一步说明起始阶段的重要性、"因"的重要性。细小萌芽的"毫末"，能长成参天大树；一块块土石能堆积成九层高台；脚下的一步步能迈到千里之外。可是一旦达到了合抱之木、九层之台、千里之行的阶段，人们往往却忘记了当初的第一棵嫩芽、第一块土石、第一个脚步。这是危险的,老子举这三个例子,就是告诉我们一定要"慎始"。

然而强调慎始,不是说就不需要"慎终",老子将两者放在同等重要的位置,"慎终如始",这是因为老子看到很多人办大事往往功亏一篑,在将要成功的时候由于没有坚持到最后而失败。其原因就是慎始不慎终。如果既慎始又慎终,就不会失败了。

那么怎样才算是"慎始慎终"呢?比如得到了一件宝贝,就成天捧在手里,谨慎小心之极,这算不算"慎始慎终"呢?错了!这叫"为者败之,执者失之",紧紧抓住不放,反而会失去它。老子认为真正的慎始慎终是"无为"、"无执",不要硬性地去做,不要执著不放。

"是以圣人无为故无败,无执故无失。"所以圣人告诉我们,他因为无为,所以就不会失败,因为没有执著,所以就不会损失。

"民之从事,常于几成而败之。"人们办事情常常是在那个几乎要成功的时候一下子就失败了,功亏一篑。

所以,"慎终如始,则无败事"。从始至终都能谨慎行事的人,就不会有失败的时候。普通人做事情往往是开始的时候兴致勃勃,谨小慎微,慢慢就丧失兴趣,粗枝大叶,最后功败垂成。

"是以圣人欲不欲,不贵难得之货;学不学,复众人之所过,以辅万物之自然而不敢为。""欲不欲"、"学不学",第一个"欲"和"学"是动词,分别表示想得到、要学习。想要的和想学的恰恰是它们的反面,要的就是不要,学的就是不学。看起来别扭,其实就是要无欲、无学。"无欲"的具体表现是"不贵难得之货","贵"是意动词,看重、看得很珍贵。"无学"的具体表现就是不学习知识,只是改正大众的错误,辅佐万物,让万物自然成长,而不是靠外在的知识、经验指导万物成长。"复"本来是恢复的意思,在这里应该是改正的意思。"无欲"才是"大欲","无学"才是"大学"啊。

# 第六十五章　古之善为道者

古之善为道者，非以明民，将以愚之。民之难治，以其智多。故以智治国，国之贼。不以智治国，国之福。知此两者，亦稽式。常知稽式，是谓玄德。玄德深矣、远矣！与物反矣，然后乃至大顺。

【语译】

古代善于推行"道"的人，不是用"道"来教人民聪明，而是用"道"来教人民愚昧。人民之所以难以治理，就是因为他们智巧太多了。所以用智巧治理国家，是国家的祸害；不用智巧治理国家，是国家的福气。要明白这两种治国方式就是治国的法则。永远了解这个法则，就是"玄德"。"玄德"是深奥、遥远的啊！与万物一起回归，然后回归于自然。

【解读】

"古之善为道者，非以明民，将以愚之。"古代那些善于为道者，就是以道治国者，不是用道来明理，不是要让下面的人民聪明，明白事理，而是要用道来愚民，要让人民愚昧。很多人认为老子是愚民主义者，理由就是老子认为"道"是"非以明民，将以愚之"。这不是典型的愚民政策吗？从表面上看的确是这样，但我们要认真思考一下，老子是用什么来"愚民"的？很显然，老子是用"道"来愚民的，是要人民回归到真朴、自然的状态。所以这个"愚"不是愚蠢的"愚"，而是大智若愚的"愚",是一种纯朴、敦厚、没有机心、没有奸诈的原始状态。老子反对"明民"。"明民"的"明"是使动词,就是用所谓的知识来使人民聪明,实际上是用知识来使人民狡猾、奸诈。所以表面上是"明"、"智",实际上是脱离了纯朴自然的本性。

老子处在春秋乱世之时,各诸侯国之间明争暗斗,统治者处心积虑,用尽心机,竞相伪饰,造成社会混乱,战火遍地,人民痛苦。有感于此,老子呼吁统治者停止战争,不要动用机心,不要打着"明民"的招牌,使民心涣散、民心变坏,要返璞归真,使人民安居乐业。

老子所说的"愚之",表面上看只是"愚民",实际上还包括"愚己",第二十章就说过"我愚人之心也哉",就是说统治者自己首先要有愚心,也就是纯朴、自然的心。因为一个社会的政治好坏,完全取决于一个统治者是一颗"愚心"还是一颗"明

踏雪寻梅图

心"。如果统治者是真诚、质朴的"愚心",那么以此心引导人民,人民就会回归真诚、质朴的本性;反之,如果统治者是一颗机巧、狡诈、虚伪的"明心",那么人民一定也会趋向于机巧、狡诈、虚伪。

"民之难治,以其智多。"老百姓之所以难以治理,就是因为他们智慧太多,机巧太多,费尽心思,做事总用自己的机巧,那这个国家就一片混乱了。所以等到人民"智多"了、机心重了,就难以治理了。

"故以智治国,国之贼。不以智治国,国之福。"同样,我们的统治者,你要是用智慧机巧来治理国家,这是国家的祸害,"贼"就是祸害的意思。不用机巧来治理国家,反而是国家的福气。连老百姓都要蒙昧,要进入那种混沌状态,纯朴的状态,那么你们这些统治者就必须先这样去做,你不要运用机巧,而是要用敦厚的品德、淳朴的心态去管理下面的人,下面的人就跟着效仿好了。

现在搞管理的经常搞评比，评先进评优秀，这就不好了。一评优秀，那么评出来的肯定是一小部分人，大部分人会觉得自己不优秀，所以就不公平了。有些人为了获得优秀，就会挖空心思钻营，这就是属于用机巧了。老子是不赞成这个的，这反而是国家的一种祸害。所以老子发现，用所谓的"智"治国和不用"智"治国，情况是大不相同的，前者是"国之贼"，后者是"国之福"。

"知此两者，亦稽式。"用不用"智"的问题实际上是用不用"道"的问题，用"智"者就不是用"道"，不用"智"者就是用"道"，所以这两种不同的方式，实际上反映了一个"稽式"——法则，那就是合不合"道"。了解并掌握这个法则，就可以区分什么样的统治者是"国之贼"，什么样的统治者是"国之福"了。

"常知稽式，是谓玄德。"老子将这种掌握法则、能区分"国之贼"与"国之福"的人叫做"玄德"，即具备玄妙纯朴德性的人。"玄德"，玄是黑色的，就是尚德，最高的那个德，是道的体现。第五十一章中，老子也将"生而不有，为而不恃，长而不宰"的人称为"玄德"。可见只要符合"道"的人就都是"玄德"。

"玄德深矣、远矣！与物反矣，然后乃至大顺。""玄德"之人是深奥的、深远的，是与万物一起复归于道的纯朴自然的状态，最后达到一种太和和顺的最高境界。"与物反矣"的"反"就是"反者道之动"的"反"，有两个意思，一是相反，即与表面现象相反，比如统治者是"明民"，我就是"愚民"；二是返回，即返回到事物的自然真朴的状态，返回到"大顺"。"大顺"意思是最大的和顺，那就是自然、淳朴的状态。

# 第六十六章　江海为百谷王

　　江海所以能为百谷王者，以其善下之，故能为百谷王。是以圣人欲上民，必以言下之；欲先民，必以身后之。是以圣人处上而民不重，处前而民不害。是以天下乐推而不厌。以其不争，故天下莫能与之争。

【语译】

　　江海之所以能成为众多河流归往的地方，是因为江海善于处在低下的地位，所以才能让河流归往。因此圣人想要居于人民之上，一定要言语谦下；想要站在人民前面，一定要身居其后。所以圣人居于上位但人民不觉得有压迫，居于前面但人民不觉得有妨碍。因此天下人都乐于拥戴他而不厌弃他。正因为他不争，所以天下没有人能和他相争。

【解读】

　　"江海所以能为百谷王者，以其善下之，故能为百谷王。""水"是老子最喜欢用的词语，也是老子最喜欢的事物。"水"几乎就是"道"的化身。"上善若水，水善利万物而不争，处众人之所恶，故几于道。"（第八章）这里又用"江海"、"百谷"作比喻，说明江海因为能居下，所以成为百谷——百川、众多河流的归往之地。老子用了一个"王"字，说明江海是百川的主宰，是百川最终的归宿。最根本的原因就是因为居下不居上。在第三十二章中，老子也打了这个比喻："譬道

江山万里图

之在天下，犹川谷之于江海。"

由此引申出得道的统治者——圣人，治国治民的根本原则就是居下："是以圣人欲上民，必以言下之。欲先民，必以身后之。"老子用了相对的两组词语——"上"与"下"，"先"与"后"。"上民"的"上"是动词，处在人民的上面，意思就是统治人民，就一定要"以言下之"，"下"也是动词，居于下位，看上去是说要用言语对人民表示谦下，实际上不仅是言语，还包括思想、行为等都要居下。"先民"的"先"是动词，表示站在人民的前头，也就是成为人民的领袖，就一定要身居人民之后，"后"也是动词，居于后面。这里虽然只讲"身"，实际上也包含思想、行为。

老子看到当时社会那些居上位、居前位的统治者，或高高在上，盛气凌人，给人民造成了极大的压力和负担；或事事在先，只要有利可图，就抢在前面，给人民造成极大的妨碍。所以老子提出，统治者应该使"民不重"、"民不害"，这两条是判断是不是优秀领导的标准，它不是从领导本身来判断的，而是从他所领导的对象的态度来判断的。

"是以圣人处上而民不重，处前而民不害。"所以如果是圣人处在上位，那么人民就不觉得沉重，处在前面，那么人民就不觉得受到妨碍。也就是说，如果我们的统治者是圣人的话，尽管他处在上面，人民也不觉得有多重，你是我的领导，但是我并不觉得你是在压迫着我。尽管他处在前面，引领着大家，大家不会觉得是在妨碍自己。为什么呢？因为他是以谦下的态度来领导的。

"是以天下乐推而不厌。"一个好的领导者，一定是让下属"乐推而不厌"的领导，下属乐于拥戴而不讨厌你，关键在于你自己是不是居下、居后。一个居下、居后的领导，一定会让下属有轻松感、快乐感。

最后一句"以其不争，故天下莫能与之争"，老子已经多次说过这样的话："夫唯不争，故天下莫能与之争。"（第二十二章）"夫唯不争，故无尤。"（第八章）"不争而善胜。"（第七十三章）可以说，"不争"才是最大的"争"，不争者才是最大的赢家。

　　海纳百川，有容乃大。做企业，企业的高管首先要做到虚无，就是说胸怀要博大，要虚空，因为宇宙万物都不是某一个人的，你办了这个企业，这个企业虽然是你自己辛辛苦苦开创的，但不是说有了你一个人就能达到的，而是大家共同努力的结果，不要把它据为己有。按照《老子》的观点，你越把它据为己有，它就越不会长久，就像一个人如果始终都捧着一个碗，那这个碗迟早有一天会打碎的。这就是《老子》给我们的企业家的第一个观点，或者说我们企业家首先应该具备的素质。我的理解是这样的：一个企业家在做这个企业，他的目的不仅仅是为了利润，而且是为了整个的企业员工，他们的价值的实现，他们人生的快乐和幸福，我认为这是最根本的。要做到这一点，需要什么？需要你这个企业家有一种虚无的、宽大的、博大的胸怀，你越不把企业据为己有，这个企业的每一个人就越能发挥他们的主观能动性，企业就越能成功，你也就越富有，越有成就感。

# 第六十七章　我有三宝

天下皆谓我道大，似不肖。夫唯大，故似不肖。若肖，久矣其细也夫。我有三宝，持而保之：一曰慈，二曰俭，三曰不敢为天下先。慈故能勇；俭故能广；不敢为天下先，故能成器长。今舍慈且勇，舍俭且广，舍后且先，死矣！夫慈，以战则胜，以守则固。天将救之，以慈卫之。

【语译】

天下人都说我的"道"太大了，好像什么都不像。正因为它太大了，所以才似乎什么都不像。如果它像什么，那么它早就很渺小了。我有三件宝贝，我持有并保存着它们：第一是慈爱，第二是节俭，第三是不敢居于天下人前面。因为慈爱，所以能够勇敢；因为节俭，所以能够富裕；因为不敢居于天下人前面，所以能够成为众人的领袖。如果舍弃慈爱而求勇敢，舍弃节俭而求富裕，舍弃居后而求争先，结果只有死亡！慈爱，用它征战就能胜利，用它防守就能巩固。上天要救助一个人，就用慈爱去护卫他。

【解读】

"天下皆谓我道大，似不肖。夫唯大，故似不肖。"这一章的开头是对"道"的描述，"道"是大的，它大到什么都不像。"肖"是像、相似的意思。"道"是无所不包的，所以其大无比，什么都不像，又什么都像。下面就是人生之道，生命之道。

"若肖，久矣其细也夫。"如果它像一个什么东西，那么它就很细小了，"细"就是小的意思，就很渺小了。这个我想大家都能体会到，越是具象的东西，它的生命力就越不强。我们讲一件艺术作品，工笔画，一般来说，没有写意画艺术价值高。因为它太像了，描画得太像了，生命力反而减弱了，艺术价值也低了。生命力最顽强、卖得最贵的那些画都是些什么画呀？我们中

在陈绝粮图

国画。要是国外那就是凡·高、毕加索的画，我们一般看不懂的，因为越是这样它的包容性就越大，它的时代性就越小，它的价值也就越大。这就是形和象的问题。大象是无形的，你太注重这个形就没有象了。齐白石说过一句话，他说，"学我者生，似我者死"，你向我学习你能活，你要是跟我一模一样你就死定了。"学我者生，似我者死"，要在似与不似之间。道就是什么都涵盖了，所以它什么都不像，它要是像一个东西，那你说它还是道吗？所以最高主宰必须是无形的、无象的，不能太实了或者是有形的。

另外还有一种现象，在世的时候春风得意，死后不一定能流芳百世。你看，那些圣人、宗教的创教者，没有一个在世的时候是非常风光的。基督，他是被钉死在十字架上，后来才复活的。孔子周游列国，惶惶若丧家之犬。释迦牟尼也是如此，他出家后第六年，是他破土新生的时候，瘦得皮包骨头，后来稍微有所好转，但远远不像后世所说的那样。老子应该也是这样，骑着牛，一头青牛而已。有些人在世的时候非常风光，比如说孟子周游列国，特别的风光，他跟大王讲话，大王都没有办法回答，"王顾左右而言他"。孟子太雄辩了，结果后来怎么样？曾经好几个朝代都要打倒孟子，摧毁孟子，后世指责反对孟子的人比较多，但是对孔子就很少这样。所以我们千万不要看一时一事的荣耀，你越无形的时候，越什么都不像的时候反而越强。

"我有三宝，持而保之。"我有三件宝贝，要永远拥有它，并保存它，它是教

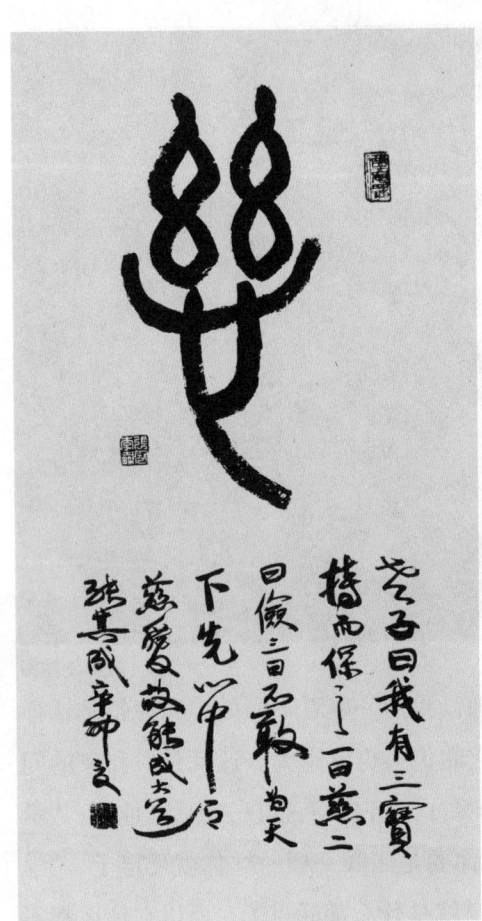

我们如何生存的，生存不仅仅是保命，也是创造生命。生存的法宝、生命的法宝有三个，道家崇尚"三"：三生万物，道有三性，三知三守三复归，这里又提出人生三宝。

"一曰慈。"第一是"慈"，就是慈爱。释迦牟尼也讲慈，讲慈悲。"与乐为慈，拔苦为悲"，给予别人快乐的叫做"慈"，解除他人痛苦的叫做"悲"，这就叫慈悲。有一个故事，一个人看见两条狗在打架，他把手伸过去劝架，结果他的手被咬得鲜血淋漓，这不是慈悲。慈悲是有智慧的，这叫愚痴。再讲一个故事，有一个上人，在寺庙里看到一只走失的梅花鹿，其他的人都在给鹿喂草，就他用棍子把鹿打跑了，其他人不理解问他为什么？他说猎人要猎杀鹿，要是现在你对鹿好，下次鹿见着猎人也不跑了，就会被猎杀。他这就是慈悲，叫做慈智双运，慈悲和智慧是连在一起的。

其实古圣先贤都是讲"爱"的。老子说慈爱，孔子说仁爱，墨子说兼爱，基督说博爱。老子说的慈爱是一种什么爱？我认为老子的"慈"和释迦牟尼的"慈"是最接近的，但和孔子的"仁"有一定的差别。慈爱跟孔子说的仁爱区别在哪里？打个比方吧，慈爱是像水一样的爱，就像母爱；孔子的仁爱是像山一样的爱，就像父爱。父爱和母爱都是伟大的爱，母爱可能更伟大。比如说一位母亲生孩子时难产了，医生问保大人还是保孩子，通常这个未出生孩子的父亲的回答是保大人，而母亲往往会回答保孩子。你看母亲的爱、女性的爱多么伟大！女人的爱——母爱能够做到三个百分之百：百分之百的奉献，百分之百的牺牲，百分之百的责任。这就叫慈爱。即使是对待"不善人"以及怨恨自己的人也同样慈爱，是以德报怨。孔子的仁爱是一种有等级的爱，有先后的爱；先爱自己，再爱别人。它是父爱，可能更严厉一些、理性一些，是以直报怨。仁爱是一种容易去实践也容易实现的爱。老子的慈爱和孔子的仁爱虽然有区别，但同样伟大。

老子说的"慈"就是大爱，因为他说过"何弃之有"，万事万物，包括善人与不善人，没有什么可以舍弃的，这不是大爱吗？对你的家人、朋友、敌人都要慈，对万物众生，都要慈，这才算"慈"。否则只要有一点点差别，那就不叫"慈爱"了。唐代有个大医学家，也是个道士，叫孙思邈，后来被称为药王。他说："凡大医治病，必当安神定志，无欲无求，先发大慈恻隐之心，誓愿普救含灵之苦。"先要安下神来，无欲无求，先发大慈悲之心，恻隐之心，发誓拯救苍生百姓的苦难。这是老子说的"慈"。哪个医生要是能做到这点，那病还没开始看，就好了一半。

"二曰俭。"第二是"俭"，为什么要节俭？这反映了老子珍惜万物的悲悯心怀。万物都是平等的，都应该爱护、应该爱惜，不要浪费它，不要糟蹋它。这也就是第五十九章说的"啬"。

"三曰不敢为天下先。"第三是"不敢为天下先"，用一个字来说就是"后"，就是居于天下人的后面。这是老子不争、无为思想的体现。老子告知我们的是南面之术，就是统治天下的方法，但他用的策略是不为天下先，实际上反而成为天下之先，以居后成为天下的统治者。这就叫以退为进，以柔克刚，这是一种大智慧。

接着老子将保持"三宝"带来的结果作了阐述。

"慈故能勇。"正因为你慈爱了，所以能够勇敢。一般认为有了慈爱心之后，就会比较懦弱，好好先生，不雷厉风行，不勇敢，其实错了。正因为慈，所以是最勇敢的，就像母亲为了救孩子脱离危险愿意献出自己的生命一样。

中国古代有一位名叫周豫的人，善于煮食鳝鱼，他煮的鳝鱼肉质松软鲜美，他的方法就是，将鲜活的鳝鱼放入锅中，锅底下用小火慢慢烧，鳝鱼就会在不知不觉中被煮熟。

有一次，一个奇特的现象引起了他的注意，锅中有一条鳝鱼

秋江渔隐图

把头与尾巴浸在沸水中，腹部却向上弓起。周豫感到十分好奇，于是就把这条形状奇特的鳝鱼用刀剖开看个究竟。当剖开鳝鱼的腹部时，他惊呆了，原来这是条母鳝鱼，为了保护肚子里的众多鱼卵，甘愿将自己的头与尾浸入沸汤之中，而将腹部弓起，得以避开滚热的汤水，直到死亡，以为这样可以保全它们。想不到小小的鳝鱼也能上演人间慈母舍命救子的一幕。周豫慨然长叹，发誓终身不再吃鳝鱼。

母亲的慈爱是伟大的，也是最为勇敢的。母亲会为了孩子的安全献出自己的生命，天底下还有什么能比这个更无私，更勇敢。

"俭故能广。"正因为俭、节俭、节约、少，所以反而能富裕、广阔、广大。

众所周知，石油大王洛克菲勒非常富有，一生中至少赚进了10亿美元，但他的生活却很节俭。

有一次，他想坐单位的公车回家，没有一毛零钱，于是向他的秘书借，并说："你明天一定要提醒我还你钱，免得我忘了。"

秘书随口说了一句："没关系，不就一毛钱嘛。"洛克菲勒听了非常严肃地说："你怎么把一毛钱不当回事呢？如果你存一元钱到银行里，需要整整两年才会有一毛钱的利息啊！年轻人，要珍惜你的每一分钱。"

洛克菲勒平时经常到一家熟悉的餐厅用餐，每次在餐后都会给服务员一毛五分钱的小费。有一次，不知什么缘故，他只给了五分。服务员禁不住嘟哝道："洛克菲勒先生也太小气了，连一毛钱都不舍得，要是我那么有钱，绝不吝惜那一毛钱。"洛克菲勒听后笑了笑说："这就是你为什么一辈子当服务员的缘故。"

石油大王洛克菲勒的富有与他从小养成节俭的习惯是分不开的。现实中往往有这样一种现象，越知道钱来之不易的人，越懂得节俭的重要。中国有句俗语，富不过三代，有一个很重要的原因就是：没有经历积累财富的艰辛的儿孙们，不懂得节俭对于维持与扩大家业的重要。

"不敢为天下先，故能成器长。"正因为不敢走在天下人的前面，反而能成为众人的领袖。"器"就是器物，在这里指众人、老百姓。不敢为天下先，不是消极退缩，而是一种谦逊的精神。

齐景公身边有一个佞臣叫梁丘据，很会曲意逢迎、献媚邀宠，深得景公欢心与宠爱，这个人还在外结交当时齐国所谓的"三杰"，即公孙接、田开疆和古冶子。这三个人身材魁梧，力大无穷，结拜为兄弟，自号为"齐邦三杰"，挟功恃勇，口出狂言，欺压闾里，简慢公卿，即使面对景公，也是傲慢无礼，以你我相称，全无君臣之礼。景公由于爱惜他们的才勇，所以很纵容他们。但有一个人看不下去了，那就是齐国的丞相晏婴。

田开疆是田氏家族的人，当时田氏篡权的迹象越来越明显，晏子担心他们狼狈为奸，成为国家的祸患，想要劝谏景公除掉他们又怕他不听，反而打草惊蛇，于是他想不动声色地除掉这三个人。

有一次机会来了，鲁昭公和鲁国丞相来齐国访问，齐景公与晏子设宴相陪，齐国的"三杰"也来了，他们昂然而立，目中无人。二位国君酒至半酣，晏子奏请说："难得鲁国国君光临敝国，园中的'万寿金桃'已熟，何不摘几颗来为两位国君祝寿。"景公准奏，命园吏取金桃来。晏子说："这金桃贵重至极，我亲自去摘。"说完拿钥匙去了。

齐景公对鲁昭公说："据老人讲这棵桃树来自海外仙山，又叫'蟠桃'，前三十余年都是枝叶茂密，但只开花不结果，想不到今年却结了几颗，我十分珍惜，所以封锁园门，今日贵客来临，我不敢独享，特取来与你一起品尝。"

过了一会儿，晏子回来，共献上六颗金桃。两位国君两位相国各品尝一颗，还剩两颗，于是晏子向景公奏请说："盘中还有两颗桃，主公可让群臣自报功劳，谁功劳大就让谁品尝，也好表彰他的贤能。"于是景公传令：谁自信功劳大，有资格吃这个桃的，可以站出来，由相国评功赐桃。

景公的话音一落，公孙接就站出来说："当年跟从主公打猎时遇到猛虎，是我挺身而出打死猛虎，这份功劳怎么样？"晏子说："擎天保驾，功劳很大，可以吃颗金桃，再赐酒一杯。"

古冶子不服气，站出来说："杀虎不足为奇，主公有一次乘船时一条妖龙兴风作浪，是我深入水底斩杀的，使主公危而复安，这功劳怎么样？"晏子说："当时波涛汹涌，若不是将军斩杀妖龙，后果不堪设想，这是盖世奇功，理应饮酒吃桃。"

这时田开疆也不甘落后，大步流星地上前说道："我曾经奉命伐徐，斩将杀敌，徐君恐惧，威震天下，使三国国君来齐，奉主公为盟主，凭这份功绩可以食

二桃杀三士图

桃吧？"晏子说："你的功劳比古冶子、公孙接两人的十倍还要大，但是你说晚了，没有金桃了，只好赐酒一杯，等待来年吧。"田开疆按剑叹道："斩龙打虎只是小事，我跋涉千里，血战成功，反而没有资格吃桃，在两国君臣面前受辱，也将被后人所耻笑，我有何面目再活在世上呢？"说完挥剑自刎而死。

公孙接大惊，也拔剑道："我凭这么小的功劳就吃了金桃，田开疆功大反而吃不到，我不懂得谦让，这是不廉；他因我而死，我看到他死了不能跟从，这是不勇。"说完也自杀了。

古冶子大声惊呼道："我们三个人义同骨肉，誓同生死，如今他们已死，只有我还苟活，于心何安？"说完也自刎而亡。景公想叫人制止他，已经来不及了。

老子在后面说了，"舍后且先，死矣！"三位勇士如果懂得这种"不敢为天下先，故能成器长"的道理，就不会为了争功邀赏而命丧黄泉了。

"今舍慈且勇，舍俭且广，舍后且先，死矣！""今"不是指今天，而是"如果"，如果你舍弃了慈悲而去求勇敢，舍弃了节俭而去求富裕，舍弃了居后而去争先，那你就死定了。

"夫慈，以战则胜，以守则固。天将救之，以慈卫之。"所以"慈"用来打仗，一定能取胜，用"慈"来防守，一定能稳固。天要救助一个人，就会用慈爱来护卫他。

在这三宝之中，最关键的就是第一宝"慈"，有了慈爱之心，才能俭和后，"慈"是第一位的。

# 第六十八章　善为士者

善为士者不武，善战者不怒，善胜敌者不与，善用人者为之下。是谓不争之德，是谓用人之力，是谓配天，古之极。

**【语译】**

善于做将帅的人是不崇尚武力的，善于作战的人是不发怒的，善于克敌制胜的人是不直接交战的，善于用人的人对人态度是谦下的。这叫做不争的品德，这叫做利用别人的力量，这叫做符合天道，这是古来就有的最高准则。

**【解读】**

这一章提到了四种"善者"："善为士者不武，善战者不怒，善胜敌者不与，善用人者为之下。"这四种人的做法跟我们一般人的看法恰恰相反，在一般人看来，善于做将帅的人（"士"在这里指将帅），肯定是勇武逞强的；善于作战的人，肯定是强悍的、经常发怒的；善于克敌制胜的人，肯定是身先士卒、直接交战、善于决斗的；善于用人的人，肯定是盛气凌人、颐指气使的。可是老子说的却完全不是这样，恰恰是"四不"。善于做将帅的人，是不崇尚武力的；善于作战的人，是不发怒的；善于克敌制胜的人，是不直接参战的；善于用人的人，是处在下面的。这大概也是老子"与物反矣"的表现吧。

"善胜敌者不与"，我讲一个事情，曾国藩会不会打仗？一开始不会，他一生经过三次转变，第一次是法家，法家的表现就是就地正法、杀人如麻，湘军被他治得非常严厉，但最后还是打了败仗。屡战屡败，但他颠倒过来——屡败屡战，这可以说是儒家自强不息的精神，但他毕竟还是打了败仗，所以后来他信奉道家思想，才开始改变失败局面。起因是他得到了一本宋版的《道德经》，看完后，思想一下子就转变了，这也是他人生道路的转折点。曾国藩就是因为学了《道德经》，求得了左宗棠的支持，从此才开始打了胜仗。左宗棠自视甚高，给自己取了外号"今亮"，意思是当今的诸葛亮。原曾国藩跟左宗棠互相瞧不上，但曾国藩地位更高。传说左宗棠曾当面嘲讽曾国藩，给他出了一个上联："藩臣当卫国，进不敢攻，退不能守，问尔经济又何曾"，曾国藩也不饶他，给他回了一个下联："季子自鸣高，仕不在朝，隐不在山，与人意见辄相左"。要在过去，曾国藩绝不会去屈膝求助于左宗棠，可现在不同了，他领悟了《道德经》以退为进、守柔曰强的道理，尤其是书中一句话，"知其雄，守其雌"，一下子让曾国藩顿然开悟，于是他就去寻求左宗棠的支持。但左宗棠不理他，觉得他没才能，心理素质、承受能力又差（曾国藩曾自杀两次），所以不见他。有一次左宗棠家里的仆人传报曾国藩来拜访，左宗棠问仆人曾国藩是一个人来的还是一群人来的，穿官服还是穿便服来的，仆人说是穿便服一人独来，于是左宗棠说让他进来吧，但不要开大门，要开边门。曾国藩却不气不恼，因为他已经明白道家居下、居后的道理，他是来寻求左宗棠支持的，他示弱说：季高兄啊，你的书法太好了，我想求你一副对联——"敬胜怠，义胜欲；知其雄，守其雌。"左宗棠一看，说你这个对联太消极了，我重新给你写一个。曾国藩心想，你哪知道我现在的心思。所以立即说：好！请季高兄赐联。左宗棠想了一下，给他写了一副对联："集众思，广忠益；宽小过，总大纲。"曾国藩连连称赞。左宗棠特别高兴，于是大力支持曾国藩，从此之后，曾国藩胜多败少。但有一个秘密，只要是曾国藩亲自督战的战争，只要他在战场上，那全是失败的，到最后要打南京（天京）的时候，是他的九弟曾国荃打的，曾国荃请曾国藩亲自督战，但曾国藩说我在后方等你胜利的消息。这就是善于作战的人，是不直接交战的。

当然，这个故事说的不是老子的本意，老子的本意是说你要克敌制胜，不是要直接和别人战争，而是后来孙子说的"不战而屈人之兵"，"上兵伐谋，其次伐交，其下攻城"，"攻城之法为不得已"的思想。

这四"善"是对将帅而言的，表明了老子的战争观、将帅观，可以推广到所有的领导者。"四不"："不武"、"不怒"、"不与"、"为之下"（不上），是做领导者的四条法则。对当代领导者来说，

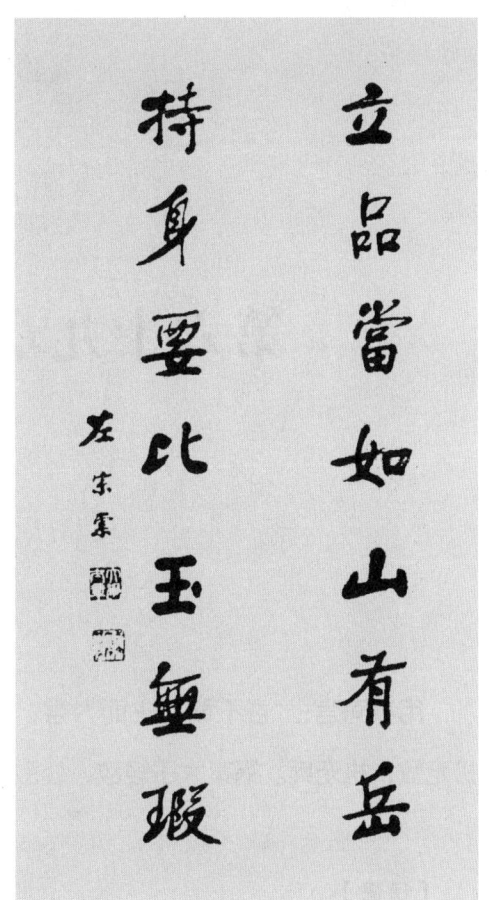

"不武"就是不要用权势来压制别人，不要采用过度的处罚手段来管理，要以文化人、以德服人；"不怒"不仅指不要发怒，还指不要躁动，要有耐心、要沉稳；"不与"是不要事必躬亲，不要生怕别人做不好，什么事都插一手；"为之下"（不上）就是不要事事在上，要谦卑居下。

老子把具备四"不"的人归纳为"不争之德"、"用人之力"、"配天"、"古之极"。"不争之德"好理解，我们已经反复解释过。"用人之力"是第一次提出，利用别人的力量，这叫借力打力。太极拳为什么厉害？就在于借力打力，以柔克刚，四两拨千斤。太极拳高手的发力，完全是借对方的力，而不是靠自己的力，这是最厉害的！一个高明的领导，你做到了四"不"，实际上恰恰是激发了你的部下、你的员工的积极性。他们所有力量都使出来了，事情往往就容易办成，这不等于是你的力量发挥到极致了吗？同时这又是"配天"，就是符合天道的，天没有自己作为吧？但它无所不能，无所不作，所以人都要向天学习啊。这也是自古以来的最高准则。老子真是高明！

# 第六十九章　用兵有言

用兵有言："吾不敢为主而为客，不敢进寸而退尺。"是谓行无行，攘无臂，扔无敌，执无兵。祸莫大于轻敌，轻敌几丧吾宝。故抗兵相若，哀者胜矣。

**【语译】**

用兵作战有一句话："我不敢采取攻势而采取守势，我不敢前进一寸而要后退一尺。"这就是说摆出阵势就像没有阵势一样，挥动胳膊就像没有胳膊一样，迎击敌人就像没有敌人一样，手拿兵器就像没拿兵器一样。最大的灾祸莫过于轻视敌人，轻视敌人将会丧失自己的法宝。所以两军对峙、力量相当时，慈悲的一方可以获胜。

**【解读】**

"用兵有言：吾不敢为主而为客，不敢进寸而退尺。"用兵作战有一句话，我不敢采用攻势而采用守势，不敢前进一寸而要后退一尺。用兵作战的双方分为"我"和"敌"，按攻与守分为"主"和"客"。"主"就是主动的一方，也就是进攻的一方；"客"就是被动的一方，也就是防守的一方。老子主张"不敢为主"、"不敢进寸"，而要"为客"、"退尺"，这和前面两章的观点是完全一致的。这几章都是集中论述用兵作战问题的，表露了老子的反战思想。一般来说，进攻比防守的耗散更大。更重要的是，进攻是一种侵略行为，是好战的表现，防守是迫不得已，是自卫行为。老子反对进攻，主张后退，将"不敢为天下先"列为三大法宝之一。

"是谓行无行，攘无臂，扔无敌，执无兵。"这四句的头一个字都是动词，句式结构与第六十三章"为无为，事无事，味无味"相同。"行无行"前一个"行"是排列阵势的意思，后一个"行"是阵势的意思。"攘"，举起手臂；"扔"，迎击对抗；"执"，拿着，持有。意思是说，摆阵法就要摆出没有阵法的阵法，让敌人不知道你用什么阵，是长蛇阵，还是八卦阵，不知道；挥动没有胳膊的胳膊；抵抗没有敌人的敌人；手里拿着没有兵器的兵器。

这四句的意思是不要流于形式，不要受到有形的限制，老子这里讲的是，真正的高人用兵打仗，绝不是决战沙场，两兵相向，刀枪相加，表达的仍然是"善战者不与"、"不战而屈人之兵"的思想。最高明的阵势在于无阵势，最有力的攻击不需要挥动手臂，不需要手拿兵器。

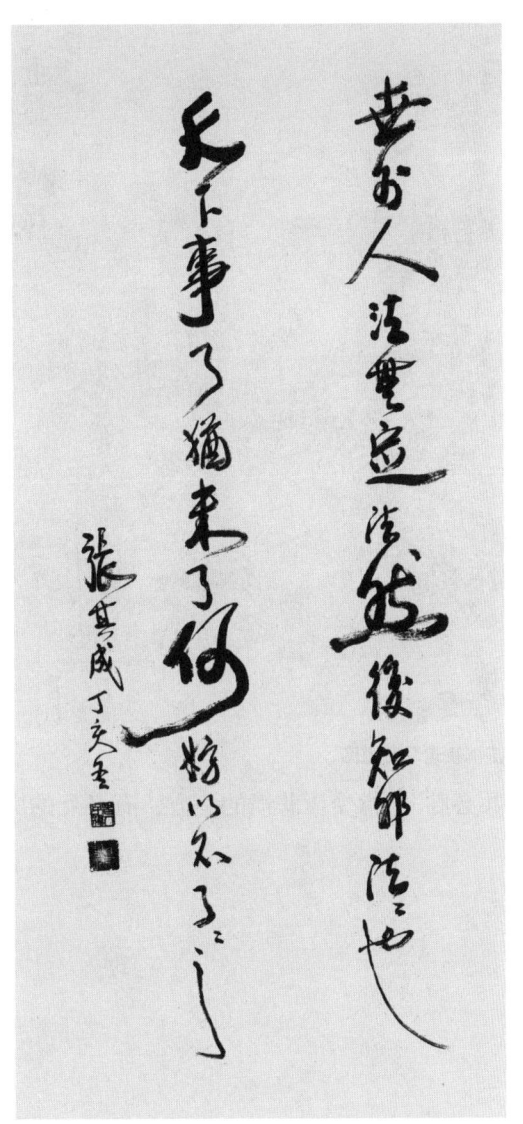

我想起四川新都宝光寺的一副名联："世外人法无定法，然后知非法法也；天下事了犹未了，何妨以不了了之。"真正的高明者是无定法、无定形的。

"祸莫大于轻敌。"轻敌包括轻易出兵、轻视敌人等含义，轻敌实际上是好战的表现。不把人民的安危、国家的利益放在重要的位置，动不动就出兵动武，给对方以及自己的人民和国家造成灾祸。或者在战争中轻视敌方，低估对方兵力，不拿对方人的生命当一回事，企图攻城略地，结果以失败告终，给自己和对方的人民和国家造成灾祸。所以"轻敌"恰恰是"不慈、不俭、不后"，违背了人生三宝"一曰慈，二曰俭，三曰不敢为天下先"。慈悲就不会轻易出兵，不会轻视敌人，也不会草菅人命；节俭就不会轻率动用兵力、浪费粮草；不敢为天下先就不会首先挑起事端、发动战争。所以说"丧吾宝"。

"抗兵相若，哀者胜矣。""相若"就是相当、相似，"哀者"就是慈悲者。老子曾说："慈故能勇"，"夫慈，以战则胜，以守则固"。"哀"这里的意思就是"慈"。具有人生第一宝"慈"的一方必定胜利，因为"慈"就不会"轻敌"，就不会掠夺侵略别国，更不会随意杀戮人民，他之所以出兵完全是不得已，是为了保卫自己的国家、保护自己的人民，所以是正义的，就会胜利。后来引申出一个成语"哀兵必胜"，指受压悲愤的一方，有必死的决心，一定能够克敌制胜。

**庞涓夜走马陵道图**

# 第七十章　吾言甚易知

吾言甚易知，甚易行。天下莫能知，莫能行。言有宗，事有君。夫唯无知，是以不我知。知我者希，则我者贵。是以圣人被褐怀玉。

**【语译】**

我的言论很容易明白，很容易实行。天下却没有人能知晓、没有人能实行。言论有宗旨，做事有根据。正因为无知，所以不能了解我。能了解我的人很少，能效仿我的人难遇。因此，圣人外面穿着粗衣，怀里揣着美玉。

**【解读】**

"吾言甚易知，甚易行。"我的言论很容易明白，很容易去实现，也就是说，我说的这些道，其实是很容易明白，也很容易去实行的。为什么老子的言论容易明白、容易实行？因为老子说的并不是深奥的知识，而是朴实的真理，是事物的本来面貌。他说的言论都是有根据的，他说出了人的本性、事物的本质。所以他的言论是"无知"，是淳朴无知的，是本于自然的，这就是"道"。老子说万物的本质是质朴的、自然而然的、纯净的，人的本性也是纯净的、质朴的。万物的本质、人的本性正是万物和人的起源，也正是万物和人的归宿。无论是做君主还是做百姓，都是从"道"中来，往"道"中去的。所以每一个人，无论是统治一个国家还是管理一个家庭，都要谦和、柔弱、慈俭、虚静、不争。你们看老子说得

归庄图

多清楚,按照这种言论去做多么容易。

可是"天下莫能知,莫能行",但是天下的人,却没有人能够知晓,没有人能够去实行。

"言有宗,事有君。"我的言论是有宗旨的,我做事情有一个君主,也就是说是有根据的。

"夫唯无知,是以不我知。"由于你们不知道我所说的与所做的都是有宗旨和有依据的,所以就不知道我所说的道。"不我知",即"不知我",不了解我。其实是不了解我说的"道"。人们忘记"道"、离开"道"已经很久很久了,对原本很简单、很容易的"道"太陌生了。人们在现实生活中受到名声、荣誉、财富等后天因素的影响,逐渐有了价值判断、伦理判断,有了道德观念,这个后天的"道德"已经完全不是老子说的先天的"道德"了。作为万物自然本质规律的"道"以及作为人的本性、禀赋的"德"已经被欲望、利益、金钱所掩盖、所代替。正因为这样,所以"知我者希,则我者贵",能够了解我所说的话即道的人就很少很少了,那么能效仿我去行道的人就更难能可贵了。"则"是动词,效仿的意思。

"是以圣人被褐怀玉。""被",通"披"。"褐"就是粗衣,粗布做成的衣服,外面穿着粗衣,可是怀里面却有美玉。也就是说,当人们忘记道、远离道已经很久之后,那些怀揣美玉宝贝——有"道"有"德"的"圣人"却被人们当成"被褐"的粗人。老子为现实感到悲凉,感到痛心。如今物欲横流,一切向"钱"看,比老子那个时代有过之而无不及,好好品味老子的话,对我们的人生一定会有莫大的帮助。

# 第七十一章　知不知

知不知，尚矣。不知知，病也。圣人不病，以其病病。夫唯病病，是以不病。

【语译】

知道了却不以为知道，是最高明的；不知道却自以为知道，就有毛病了。圣人没有毛病，是因为把病当成病。正因为把病当成病，所以才不会有毛病。

【解读】

"知不知，尚矣。" "知不知"很多人解释为"知道自己不知道的"，从后面的"尚矣"来看，就不通了。"尚"就是"上"，是最上等，最高明的意思。所以应该解释为"虽然知道却自以为不知道"，这才是"尚矣"。这正是得道的"圣人"的写照。"圣人"是真正的"知"但却表现为"无知"的人。这与"为无为，事无事，味无味"，"行无行"，"欲不欲"，"学不学"的句式不同，这些句式都是动宾句式，头一个字都是动词谓语，后两个字是名词宾语；而"知不知"却是并列句式，第一个"知"是动词，后面"不知"是动词词组。

"不知知，病也。" "不知知"和"知不知"意思相对，意思是"虽然不知道却自以为知道"，这种人当然就有"病"了。"病"是指不正常，有缺点。现代社会这种"不懂装懂"的大有人在，其中一部分是有意的"不懂装懂"，而大部分则是无意的"不懂装懂"，前者是浅薄，后者是蒙昧。所谓无意的"不懂装懂"，是指根本就不懂

人物山水图

却没有意识到,自己还觉得什么都懂,这多么可悲,多么反常啊。

"圣人不病,以其病病。""不病"指没有毛病,没有缺点。"病病",前一个"病"是动词,"把……当作病"的意思;后一个"病"是名词,毛病、缺点。"病病"就是把毛病当成毛病,把缺点当成缺点。这样就不会有毛病,不会有缺点。接着上一句的"不知知,病也",这个"病"就是指不知道而自以为知道的毛病、缺点。如果把这个缺点当成缺点来看待,也就是意识到"不知而知"是缺点、是毛病,那么就会去改正它、克服它,这样当然就不会有毛病、缺点了。如果不把"不知知"当成毛病,当成耻辱,反而当成正常的行为或者荣耀的事,那么永远也不会改正、克服。所以能"病病"者是圣人,不能"病病"者是庸人。

"夫唯病病,是以不病。"正因为把毛病当成毛病,所以才没有毛病。这个"病病"不是指一天到晚都害怕毛病,而是指没毛病的时候要提防毛病、预防毛病;有毛病的时候要正视毛病、重视毛病。这与《黄帝内经》中"圣人不治已病治未病"的思想是一致的。"治未病"包括未病防病、有病防变、病后防复发等,这都是"病病"的体现,这样就不会有毛病了。

# 第七十二章　民不畏威

民不畏威，则大威至。无狎其所居，无厌其所生。夫唯不厌，是以不厌。是以圣人自知不自见，自爱不自贵。故去彼取此。

【语译】

人民不害怕威压，那么大的祸乱就要来到了。不要逼迫人民的居所，不要压榨人民的生活。正因为不压制人民，才不会被人民厌恶。因此圣人了解自己却不自我表现，珍爱自己却不自显高贵。所以舍弃后者而采取前者。

【解读】

"民不畏威"与第七十四章的"民不畏死"意思相近，是说当时人民处在统治者相互争夺的环境中，战争给人民带来了极大的痛苦，苛捐杂税压迫得人民喘不过气来，人民时时处处受到统治者的威逼，生活艰难，朝不保夕，甚至生不如死。在这种情况下，还怕什么威逼？还怕什么死亡？人民的人性被极大地扭曲，这个时候最容易走上极端。人民为了生存就会反抗，有的甚至会去抢夺、偷窃、暴乱，社会生活就会混乱，更有甚者还会发生弱肉强食、易子而食的可怕情景。所以老子说一旦百姓什么威逼都不怕的时候，"则大威至"，"大威"就是大的灾难、大的祸乱，马上就要来临了。这是老子对当时暴政的抗议，也是在为统治者敲响的警钟。

**幽居乐事图**

老子提醒统治者千万不要造成这种局面，一定要防微杜渐，从人民的日常生活开始，"无狎其所居，无厌其所生"。"狎"，帛书本作"闸"，是截断、关闭的意思。"厌"，压迫。两句的第一个字"无"，通"勿"。这是老子对统治者的劝告。意思是要关注民生，给百姓以正常起居的生活，而不要封闭、改变人民的衣食住行等日常生活。统治者不要动不动就去压迫人民的生活，去压榨人民的生活。为什么？因为你越这样做，他们就越不害怕了。因为形成了一种免疫力。比如说领导经常批评员工，一天到晚地骂他，你一开始骂，他还有点紧张，到后来，他就疲了，他反而什么都不害怕了。

"夫唯不厌，是以不厌。"两个"厌"意思不同，前面是压迫的意思，后面是厌恶的意思。前面的主语是统治者，后面的主语是老百姓。老百姓是不是厌恶，完全取决于统治者自己的做法，自己是不是压迫老百姓。意思是说，正因为不压制人民，所以才不会被人民所厌恶。以此给统治者提出忠告。

"是以圣人自知不自见，自爱不自贵。"所以圣人，他是自知的，不去自我表现；是自珍爱，不自显高贵。"知人者智，自知者明"，人生最难了解的就是自己，但你要了解自己，不要"自见"，不要太去追求自我表现。你要珍爱自己，爱惜自己，但是不要去自显高贵，觉得自己优人一等，高高在上，目中无人。"故去彼而取此。"所以要舍弃后者，即舍弃自见、自贵，要采取前者，即采取自知、自爱。

# 第七十三章　勇于敢则杀

勇于敢则杀，勇于不敢则活。此两者，或利或害。天之所恶，孰知其故？天之道，不争而善胜，不言而善应，不召而自来，繟然而善谋。天网恢恢，疏而不失。

【语译】

勇于果敢就会死，勇于柔弱就可活。这两者有的有利，有的有害。上天所厌恶的，谁知道是什么缘故？自然法则是不争斗而善于获胜，不说话而善于回应，不召唤而自动到来，行动迟缓但善于谋划。自然罗网广大无边，虽然疏松却没有遗漏。

【解读】

"勇于敢则杀，勇于不敢则活。""敢"与"不敢"意思是坚强与柔弱。人要是太勇敢了，太逞能了，反而会招来杀身之祸。要是勇于柔弱，反而能活。这个柔弱，一般人很难做到。一般的果敢好办，拍桌子，摔板凳，看起来很果敢威风，谁都能做到，但是最困难的是什么？是示弱。示弱这点最困难，这种勇气，我们要学习。坚强则杀，柔弱则活。"此两者，或利或害。"所以坚强和柔弱"或利或害"，是很清楚的。"或"是"有的"的意思。当然是柔弱者有利，坚强者有害。

"天之所恶，孰知其故。""孰"就是谁，上天所厌恶的，谁知道是什么缘故？上天厌恶勇敢、果敢、坚强，同情柔弱。老子怕我们不懂，马上就给我们举一些

玉清元始天尊图

例子。上天厌恶勇敢的而喜欢不勇敢的，这是什么缘故？实际上这就是自然法则，公平性原则。

"天之道，不争而善胜，不言而善应，不召而自来，繟然而善谋。"天道不去争斗而善于获胜；不去说话，就善于回应了；不去召唤，他们自动就来了；行动迟缓，反而善于谋划。"繟然"就是迟缓的样子。别看这种人很柔弱，好像没有什么谋略，其实这种人最有谋略。

"天网恢恢，疏而不失。"天就像一张大网一样，恢弘、广大无边。虽然疏松，但是没有缺失，没有遗漏，你说天网能够看得见吗？天上的网看不见。它会惩罚恶人，会奖赏善人，这就叫"天网"，就是一种自然的法则，是一种天道的法力。天道的威力、法力是无边的。

中国人是有信仰的，这种信仰至迟在商代就有了。信仰的最高本体是什么？基督教信仰上帝，我们中国人信仰天地。所以甲骨文中，看到好多"天"、"地"这类词，还有"上帝"这个词，上帝就是上天。中国人是信天的。孔子讲天道、天命。孔子说，"君子有三畏"，第一就是畏什么？"畏天命"；第二"畏大人"，大人实际上就是天命的一种化身；第三"畏圣人之言"，畏惧圣人说的话，圣人说的话就是替天行道，说的是天道。总而言之，中国人畏的是天命。

先秦墨家，墨子讲"天志"，墨子认为天是有意志的，他的学说后来不占主导地位了，后来是儒家、道家占主导，墨家在汉以后就消亡了。我们打个比方，如果墨家不消亡的话，那么我们现在就是什么社会了？就是一个基督教社会，宗教社会。墨子在我看来就像基督一样，他是把人间的一切困难自己承担，就像基督钉死在十字架上。所以墨子这个人非常了不起，而且他有个团队，是讲信仰的，他们信仰天志，他们认为天是有意志的。要相信天，天可以惩罚与奖赏我们，它可以区分善恶，能奖善惩恶，所以我们古代其实都是有信仰的，信"天"。上一辈的人不是都和我们说过吗，不要做坏事，要不然天会惩罚你的。可是现在有很多年轻人不服气，说天哪有什么意志。你说天会不会惩罚？肯定会的，你这么来看嘛，你看沙尘暴，正是因为人做了一些违背自然的事情，所以天惩罚人类了吧。对啊，人在做天在看。所以不要去做破坏生态的事情，你看我们现在发展核武器，如果不加以控制，肯定会遭到天谴啊，最后把人类消灭了。所以"天网恢恢，疏而不失"。

　　本章用了三个"天"，一个是"天之所恶"，一个是"天之道"，一个是"天网"。"天之所恶"说明天的意志，"孰知其故"，天的好恶意志，凡人是不知道的。什么是"天"的意志？"天"有没有意志？老子没有加以说明。其实老子讲"天"不是讲"天志"，而是讲"天道"，是对"天志"的否定。"天道"不争、不言、不召、不急（坦然，舒缓的样子），这是自然的规律，这种说法与其他各章对"天道"的描述是一致的。虽然如此，但"天道"的作用却是巨大的，只要按照"天道"来做，就能达到"善胜"、"善应"、"自来"、"善谋"的效果。"天网"指自然的范围、天道的范围，好比一张大网，"恢恢"形容广大、宽大，可以网罗一切。天网虽然是无形的、稀疏的，但任何东西都逃脱不了它的支配，说明天道的法力及威力是无边的。

# 第七十四章 民不畏死

民不畏死，奈何以死惧之？若使民常畏死，而为奇者，吾得执而杀之，孰敢？常有司杀者杀。夫代司杀者杀，是谓代大匠斲。夫代大匠斲者，希有不伤其手矣。

【语译】

人民不害怕死亡，怎么能用死亡来吓唬他们？如果使人民总是害怕死亡，对那些捣乱的人，我就可以抓来杀掉，那么谁还敢捣乱？总是有行刑官来主管杀人。那些硬要代替行刑官去杀人的，就像代替木匠去砍木头一样。那些代替木匠去砍木头的人，很少有不砍伤自己手的。

【解读】

"民不畏死，奈何以死惧之？"这句话非常有名，常常被用来说明人民不怕死的大无畏精神，其实老子的本义是说如果人民到了不怕死的地步是非常危险的，因为这是一种无法管理的局面，到了这一步，你就没有办法再使用死刑了。而造成这种局面的最重要的原因就是统治者长期使用重罚、死刑的结果，是长期欺诈百姓、威逼百姓的结果。正如第七十二章所说："民不畏威，则大威至。"老百姓在苛捐杂税、横征暴敛、重罚死刑之下痛苦不堪，过着生不如死的生活，还怕什么死呢？唐代柳宗元不是写了《捕蛇者说》，说"苛政猛于虎"吗？苛捐杂税像老虎一样，所以老百姓干脆去捕蛇了，被蛇咬死了也是开心的事。也就是说，你不把我当人看，这么来压榨我，我还怕什么死啊。

"若使民常畏死，而为奇者，吾得执而杀之。孰敢？"如果使人总是害怕死，而对那些做奇奇怪怪捣乱的事情的人，也就是违法违纪的人，我把他抓来杀掉，那么谁还敢捣乱呢？意思就是你偶尔用一两次，杀鸡儆猴，老百

笼袖郊民图

姓可能就不敢违法了。所以新加坡那个鞭刑是偶尔为之。他要三鞭的话，要先检查，可以打了才"啪"一下打下去。然后放了，再检查看看行不行。有的不行了，就让你休息两个月，再"啪"的打下去，所以它是偶尔为之。因此要使得人怕死，使谁都怕那个鞭刑，若让他连死都不怕了，那就麻烦了。

所以老子极不希望"民不畏死"这种局面发生，他告诫统治者要改变管理方式，采用无为而治的方法，"使民常畏死"，让人民重视自己的生命，珍惜自己平静正常的生活。这个时候才便于治理。这就是管仲所说的"仓廪实而知礼节"，这时候人们就会懂礼仪，讲法制，重罚、死刑才能真正起到震慑"为奇者"——违法乱纪的捣乱者的作用。

"常有司杀者杀。""司杀者"指主管杀人的人，也就是行刑的官员。"司"是主管的意思。但这里"司杀者"暗指天道，也就是自然规律。因为只有自然规律——天道才可以主宰万物和人的命运。"司杀者杀"意思是行刑官在主管杀人，实指自然规律在主宰人的死亡，主宰人的生杀大权。如果违背自然规律，就会遭到惩罚甚至死亡。

"代司杀者杀。"代替主宰杀人的行刑官去杀人，实指代替自然规律去杀人。谁代替自然规律去杀人？当然是那些无道的统治者。老子认为人的生死本来是由天道决定的，是由自然规律决定的，任何人都不能代替自然规律去杀人。庄子就说过人是"适时而来，顺时而去"。《黄帝内经》中也说，只有"合同于道"，才能

"尽终其天年，度百岁乃去"，否则就会夭折。可是无道的统治者却为了自己的利益、为了加强自己的统治，滥用刑罚，肆意杀人，草菅人命，那些本来应该享尽天年的人却在青壮年时遭到杀戮，这不是统治者在代替天道杀人吗？

"是谓代大匠斲。""斲"右边偏旁表示斧子、刀子的意思，它在这里做动词，意思是砍木头。代替行刑官去杀人就像代替木匠去砍削树木一样，就是"越俎代庖"。老子痛心疾首，对这种企图代替天道的行为痛加谴责，并发出忠告，"代大匠斲者，希有不伤其手矣"，意思是说，我们不熟悉工匠技艺的人却偏要逞强代替工匠去砍削木头，一不小心就会砍到自己的手了，意思是就会出错。那么"代司杀人者"，就不仅仅是伤其手，肯定会伤其身、伤其头了。这就是说，我们任何人都要各司其职、各行其道。这就是一种天地的道，各干各的事，不要去"越俎代庖"。

由此可见，老子的天道自然观有深厚的人文精神，老子是一个具有强烈人文关怀的思想家，是一个关注民生、以人为本的帝王之师。

# 第七十五章　民之饥

民之饥，以其上食税之多，是以饥。民之难治，以其上之有为，是以难治。民之轻死，以其上求生之厚，是以轻死。夫唯无以生为者，是贤于贵生。

【语译】

人民之所以饥饿，是因为统治者吃掉赋税太多，因此就会饥饿。人民之所以难以治理，是因为统治者强行妄为，因此就会难以统治。人民之所以不怕死，是因为统治者自我保养太过，因此人民会冒死反抗。那些不过分看重生命的人，要比过分看重生命的人高明。

【解读】

"民之饥，以其上食税之多，是以饥。"在这里"以"有两种意思，前一个是因为，后一个是凭借。人民之所以饥饿，是因为统治者吃掉的赋税太多了，所以就会发生饥饿了。这个说得太对了，苛捐杂税太多了，统治者的贪欲太强了，到处搜刮民脂民膏以满足自己的私欲，弄得民不聊生，出现"朱门酒肉臭，路有冻死骨"的景象。

"民之难治，以其上之有为，是以难治。"为什么人民难以治理啊，不是人民的原因，是你统治者的原因。就是因为你们这些统治者太"有为"了。老子是主张无为的，"有为"指的是你去妄为、胡为、硬为，不顾民心、民情，而且朝令夕

春景山水图

改，搞得老百姓无所适从。最后是上有政策，下有对策，这样一来，老百姓就难以统治了。

"民之轻死，以其上求生之厚，是以轻死。"为什么老百姓不怕死啊，就是因为你这个统治者自我保养得太过了，所以人民就"轻死"了。就是说统治者只管自己养身，苛捐杂税繁多，压迫剥削得老百姓都无法活下去，所以老百姓就会冒死来反抗了。反正都是死路一条，所以他们还怕死吗？"求生之厚"的"厚"是丰厚、奢侈的意思，反映了统治者奢侈糜烂的生活，与"俭"恰恰相反。

"民之饥"、"民之难治"、"民之轻死"，都是不合"道"的统治造成的，这三种情况是递进的，一层比一层严重。首先是饥饿，然后是难治，最后是不怕死。"轻死"就是看轻死亡，不怕死。一旦到了不怕死，就会无所不作，社会就危险了。而造成人民这三种情况的正是统治者。因为统治者赋税太多，才造成人民的饥饿；因为统治者任意妄为，才造成人民的反抗、抵制，所以难以治理；因为统治者只管自己享受，不管人民死活，为了自己养生，剥夺百姓粮食，剥夺百姓基本生存权，百姓生不如死，所以不怕死，冒死反抗。

老子不希望人民"轻死"，而希望人民"贵生"。贵生，就是看重生命、珍惜生命。可是老子又说过"外其身而身存"，很多人认为老子是不重视生命的。其实不对，老子说的"外其身"——不刻意顾惜身体，目的正是为了"身存"。正如这里所说要"无以生为"，即不把保命养生看得很重，也就是不刻意保养生命，其实目的正是"贵生"。不刻意养生要比刻意"贵生"更高明，效果更好。

"夫唯无以生为者，是贤于贵生。"那些无以生为者，指不过分看重生命的人，比贵生（过分看重生命）的人更加高明。这里过分看重的生命是谁的生命啊？是自己的生命。意思就是说不要太关注自己，那种不关注自己的人比太关注自己的人高明。由"无以生为者"去治理整个天下，他肯定会治理很好。就拿企业的董事长来说，你这个董事长要是什么都自己把持着，那下面的人就没有地方发挥智慧了，也就没有乐趣了，他们的价值也不能得到实现，于是就会消极反抗，事情做不好，你的企业也不能够发展。这是老子的一贯思想，他是要什么呢？要"贵人之生"，这个"生"是别人的生命，不是自己的生命。

"贵生"是道家的基本思想之一。老子主张"贵生"，但不主张刻意养生，而主张无为养生，顺应自然之道地养生。后来的道家继承并发展了这一思想。《庄子》有一篇《刻意》，就是主张自然养生，而不要刻意去养生的。而到东汉道教创立以后，则发明了各种养生方法，其中有很多有为法是对老子无为养生的发展、改造。但无论何种方法，都不能离开老子虚静养神的根本原则。

第七十五章 民之饥

# 第七十六章　人之生也柔弱

人之生也柔弱，其死也坚强。草木之生也柔脆，其死也枯槁。故坚强者死之徒，柔弱者生之徒。是以兵强则灭，木强则折。强大处下，柔弱处上。

【语译】

人活着的时候身体是柔软的，死后就变得僵硬了。草木活着的时候是柔脆的，死后就变得枯槁了。所以坚强的东西属于死亡一类，柔弱的东西属于生命一类。因此兵器太强就会断掉，树木太强就会折断。强大的反而处在下面，柔弱的反而处在上面。

【解读】

为什么柔弱胜刚强呢？老子怕我们不懂，总是在打比喻。在前面的很多章节中，老子用水作比喻，水是最柔弱的，但水的力量却是最大的。

这里老子又举了人和草木两个例子。先看人，"人之生也柔弱，其死也坚强"，人最柔弱的时候是婴儿；到中老年以后，人的筋骨就越来越硬了；人最刚强的时候是死了，躯体彻底僵硬了。说明人最柔弱的时候——婴儿时期，却是最有生命力的，随着筋骨越来越硬，人的生命力反而越来越下降，到筋骨最刚强的时候，也就成为一具僵尸了。

再看草木，"草木之生也柔脆，其死也枯槁"，草木柔弱的时候是生命力最强的时候，任何大风都刮不断它。比如说柳树枝条随风摆，永远也吹不断；而坚强的树被大风一吹就断掉了，所以这叫柔弱胜刚强，越柔弱就越有生命力，越坚强就越容易死。

这就告诉我们，做人要柔弱，要圆通。其实做人圆通一点没什么不好的，你太锋芒毕露，和别人格格不入，不是自找苦吃吗？所以要圆通。

老子总结说："故坚强者死之徒，柔弱者生之徒。"一切坚强的东西都和死亡是一类，一切柔弱的东西都和生命是一类。"徒"是类属的意思。也就是说，随坚强而来的是死亡，随柔弱而来的是生命。柔弱的东西是属于有生命力的东西，所以婴儿的生命力是最旺盛、最顽强的。俗话说，有苗不愁长，说的就是这个道理。

水阁清幽图

我们再来看一个人自身的例子。请问人身上什么东西最刚强？什么东西最柔弱？对了，牙齿最刚强，舌头最柔弱。那么请问是牙齿先掉，还是舌头先掉？牙齿掉光了，舌头还在。越柔弱越有生命力。

"是以兵强则灭，木强则折。强大处下，柔弱处上。""兵"不是指士兵，而是指兵器，兵器越强，那么越容易断掉。所以最厉害的兵器是无形的兵器，比如无形剑、无影刀。树木越强，也越容易折断，风吹一下就断掉了。所以强大是处在下面的，柔弱是处在上面的。任何事物越柔弱，生命力越强，境界越高；越刚强，生命力越弱，境界越低。当代人应该好好学习"柔弱胜刚强"的为人处世方法。

第七十六章 人之生也柔弱

# 第七十七章　天之道

天之道，其犹张弓与？高者抑之，下者举之；有余者损之，不足者补之。天之道，损有余而补不足。人之道，则不然，损不足以奉有余。孰能有余以奉天下？唯有道者。是以圣人为而不恃，功成而不处，其不欲见贤。

【语译】

自然的法则，难道不正像拉开弓弦一样吗？高了就压低它，低了就抬高它，多余了就减少它，不足了就补足它。自然的法则，就是减损多余的，用来补充不足的。人类的法则却不是这样，是剥夺不足的，用来供奉有余的。谁能够把有余的东西拿来供给天下不足的人？只有有道的人才能做到。因此圣人有所作为而不自恃己能，有所成就而不据为己有，不愿意显现自己的才能。

【解读】

老子将"天之道"和"人之道"作了对比，两者恰恰相反，从而反映出"人之道"违背了"天之道"，应该彻底纠正，回复到天道上来。

"天之道，其犹张弓与？高者抑之，下者举之；有余者损之，不足者补之。"天道、天理的自然法则就好比是拉开弓弦射击目标，如果弓抬得太高了，就要把它压下来一点；如果弓举得太低了，就要给它抬高一些；弓拉得太过了，就要松开一点；弓拉得不够，就要再补充一点力，拉得开一点。"张弓"要根据目标的高低来调节弓箭的位置,又要根据距离的远近来调节弓弦的松紧,关键在于调节到合适的位置和松紧,调节到整体平衡、和谐。只有调到合适的程度,才能一发中的。文中的"高"、"下"指弦位的高低,"有余"、"不足"指拉弦的松和紧。"抑之"、"举之"指压低、抬高弓箭的位置,"损之"、"补之"分别指拉紧、放松弓弦。

"天之道,损有余而补不足。"从拉弓弦的比喻中引申出普遍适用的道理,体现了天道公平、均衡、和谐的原则。自然规律总是对立统一、互补共生的,比如日月往来、四季交替,日中则昃、月满则亏,寒极而热、热极而寒,都是均衡的,它不会让某一种事物或现象永远强盛,让另一种事物或现象永远弱小。这种均衡、公平,既不是上帝的主宰,也不是人为的作用,更不是外力的作用,而是自然而然的,是事物自身运动的结果。

但"人之道,则不然",人之道与天之道的公平、均衡原则背道而驰,是"损不足以奉有余",反而要减少不足以增加有余,这样有余者更加有余,不足者更加不足。"马太效应"不正是这个意思吗?这是极不公平、极不合理的。整个社会都应该符合天道的公平性原则,如果把财富聚集在少数几个人或者少数阶层手里,那么必定要遭到报应。

我见过很多有名的企业家,他们好多人告诉我,他们子女这一代完蛋了。我问怎么回事?他们说有两种情况,一种是高度的自尊,一种是高度的自卑。什么是高度自尊呢?子女认为钱能摆平一切,所以他们为非作歹,反正家里有钱。什么是高度自卑呢?他们认为父母已经什么都做好了,我再吃几辈子都够了,不需

山水图

要自己再做什么了，这就麻烦了。所以天之道就是在"损有余而补不足"，我们只有符合天道，后代才能有所作为。例如石油大王洛克菲勒，他根本不给子孙钱，就让他们勤工俭学。我们中国人要做到这一点好像有点困难，但是天道不会偏爱中国人，不可能单单对我们宽容一些。目前我们国内的一些有识之士，一些大富豪已经认识到了这一点。

"孰能有余以奉天下？"谁能够把有余的东西拿出来分给天下呢？"唯有道者"，只有懂得道的人，行道的人。懂得天道了，他就会把自己多余的财产拿出来分给天下。比尔·盖茨、巴菲特他们就做到了。

只有按"天道"统治的"圣人"，才能将天道的公平原则体现在治理国家、治理百姓上，消除二元对立，消除两极分化，实现社会大同。其中关键是"有余者"一定要"奉天下"，要奉献出自己的财富去救济"不足"的贫穷人。以天道的公平原则，实现人间的和谐局面。

"是以圣人为而不恃，功成而不处，其不欲见贤。"所以，圣人、有道之人，他有所作为，但是不自恃其能，这句话已经出现好几遍了。他有所成就了，成功了，但是他不据为己有。他不愿意展现自己的才能，要把才能隐藏起来。

# 第七十八章　天下莫柔弱于水

天下莫柔弱于水，而攻坚强者莫之能胜，以其无以易之。弱之胜强，柔之胜刚，天下莫不知，莫能行。是以圣人云："受国之垢，是谓社稷主；受国不祥，是为天下王。"正言若反。

【语译】

天下没有比水更柔弱的，但攻击起坚强的东西来，没有什么能胜过水的。这是因为没有什么能代替它。弱可以战胜强，柔可以战胜刚，天下人没有不知道的，但却没有人能做到。所以圣人说："承受国家的屈辱，才称得上国家的君主；承受国家的灾难，才称得上天下的君王。"正面的话好像反面一样。

【解读】

"水"是老子最推崇的事物。第八章说"上善若水"，这里说"天下莫柔弱于水，而攻坚强者莫之能胜"，老子曾分析了水的"七善"，我归纳了水的十大特征。水是最柔弱的，所以是最坚强的，最厉害的，因为柔能克刚，但刚却不能克柔。水可以把石头穿透，可以承载万物，可以融化泥土，可以洗净污垢，可以汇成巨流冲垮房屋、庄稼、树木。水还可以滋润万物，使万物生长，生命离开了水就会死亡……试想有哪一种坚强的东西有这么大的威力？水是最柔弱的，水的力量又是最大的，也是最不可战胜的。所以我们做人、做事也要向水学习。

**大禹治水图**

我们地球表面百分之七十一是水，我们人体中百分之七十是水。水是最常见的物质，是包括人在内的所有生命生存的重要资源，也是生物体最重要的组成部分，在生命的演化过程中，水起到了不可替代的作用，所以老子说"以其无以易之"，有哪一种东西可以替代水呢？

人类很早就对水有了认识，西方哲学第一个命题就是泰勒斯的"水为万物之源"。中国古人早就说过："大一生水"（战国竹简本《老子》），"一曰水"（《尚书·洪范》），在最早的五行排列中，"水"位居第一。

老子从水的柔弱胜坚强中得出一个普遍结论："弱之胜强，柔之胜刚。""之"在这里没有实义，起到取消句子独立性的作用。在万事万物中柔弱都胜过刚强，在人体生命中柔弱也胜过刚强，比如缺水和缺粮相比，缺水对生命的危害要大得多，又如柔弱者往往比刚强者更长寿。在治国安邦方面，柔弱也胜过刚强，无为而治、虚静而为的统治者比那些喜欢战争、肆意攻击别人的统治者要长久。

"天下莫不知，莫能行。"弱的东西可以战胜强的，柔的东西可以战胜强的，这个天下人都知道的。水能把石头滴穿，但石头不能把水斩断。石头肯定不能斩断水，等你把石头一抽，这个水又合起来，天衣无缝。水和火相比，水能把火浇灭，火就不能把水怎么样。火把水烧干了，变成水蒸气了，但它还是水。天下人都知道这个道理，但是没有人去做。我们说道理，它是很浅显的，但是要做起来就太困难了，知道和做到相差十万八千里。

"是以圣人云：受国之垢，是谓社稷主；受国不祥，是为天下王。"所以，圣人说了，能承受国家屈辱的人，才能真正称得上是社稷的君主；能承受国家不祥的东西也就是灾难的人，才能真正称得上是国家的君王。

这里老子告诉我们，如何才能成为"社稷主"、"天下王"。除了柔弱之外还要承受国家的"垢"和"不祥"。"垢"本指污垢，这里指屈辱；"不祥"指灾难。如果一个国君能够忍辱负重，能经受苦难，就一定会有大作为。比如说越王勾践，卧薪尝胆，忍受吴王对他的羞辱，忍受国人不理解的责怨，终于灭吴兴越。一个人能忍辱、受难，同样会有大出息，如韩信年轻时能忍受胯下之辱，后来终成名将。

"正言若反。"这是老子从大量的对待事物的方法中总结出来的普遍原则、辩证规律，是"反者道之动"的具体表现。老子多次说过，"大成若缺、大盈若冲、大巧若拙、大直若屈、大白若辱"，还说过"曲则全、枉则直、洼则盈、敝则新"。这些常人难以理解的话闪烁着睿智的光辉，从另一方面也说明我们常人受表面现象的迷惑太久了，难以看到表象背后的本质。

我给大家讲一个故事。一位美国将军来到西点军校做演讲，他说，我们这些当指挥官的，一定要有坏脾气。然后他就说了几个坏脾气，第一要懒惰，第二要空想，第三要轻信，第四要盲干，第五要无知，第六要愚蠢，第七狂妄，第八要违纪，第九要无能，第十要懦弱。结果这成为西点军校最有名的一篇演讲。那这是什么意思？他是把正面的话反面来说。你看他是这么说的，要懒惰是什么意思？是说你自己（指指挥官）要尽量放手让部下去做。要空想，总认为你下面的人，人人都尽职责而不逃避责任。要轻信别人，要相信任何人都能战胜自己。要盲干，你这个指挥官，最困难的时候最要去战胜它。要无知，你要不耻下问，不要觉得自己什么都知道。要愚蠢，要踏踏实实，埋头苦干，不要计较报酬，不要受表彰。要狂妄，你这个指挥官不要去盲从那些大人物，不要唯唯诺诺，要提不同的意见。要嘴快，就是说不要封锁你的信息，要告诉别人。要违纪，只要没有

牧牛图

接到上级具体的命令，就按照你自己的理解去做。要无能，就是要屈尊向你的下属求教。要懦弱，就是要甘愿周围的人超过自己，不要去嫉妒别人。这就是正面的话反面来说。

当然老子这个"正言若反"还不仅仅是这个意思，老子说的是"正"和"反"的一种辩证关系。也是告诉我们，我们在前面不是学过吗？"反者道之动"，你一定要从反面入手，那反而能达到最高境界。所以你完成一件正面的事情，一定要反向地去说去做。这点我是比较有体会的，随着年龄的增大，在这方面越来越有体会。任何事情你都反向去想，就绝对不会偏激。儒家也说过类似的话，他没有说去反面地说，没直接说这个"反"字，他一般都正面地说。道家是反面地说。但是儒家说过"中庸"，什么意思？就是"执其两端而用其中"，既不左也不右，走中间路线。

有一年中央电视台播出《感动中国》时，一位老太太被评为"感动中国人物"。这个老太太，记者去采访她的时候她说了一句话："我啊，也没什么文化，她也不识几个大字，但是我的爸爸妈妈给我说了一句话，我就受用终身了。做任何事情都有三条理，不要走两边，就走中间。"这是什么意思？这实际上和老子说的是完全一样的，你去仔细想。

有的人听我讲课讲过上面这个事情，有一次，一个学生对我说："张老师，你的话救了我一命啊，你说的做任何事情都有三条路，不要走两边，要走中间。"我说："是什么事情啊？"她说："我的丈夫在四川成都，平常就靠打电话，一打就吵。听了你的话以后，我们不吵了，夫妻关系特别好。"处理夫妻关系有三条路，第一条路是离婚；第二条路是不离婚，但是老吵架；第三条路是走中间，就是不吵也不离。你要真的离婚了又能怎么样呢？有的第二婚、第三婚的，过得也不错。我问她："你怎么能不吵呢？"她说："之前打电话我声音都是高八度，现在我降了八度。"一开始，她丈夫不适应，过了几个月适应了，感觉好得不得了。没有什么大事嘛，"天下本无事，庸人自扰之"，你说出轨了、有外遇了那又算什么大事嘛，你想这算什么东西嘛，你们自己去琢磨。这叫反向地做，叫大智慧。她这个就是反向地做，反向地想，这样就能走中道啊，结果夫妻关系反而好了。你什么事情都从反面去想，肯定能走中道。所以要经常运用反向思维，这就是老子给我们的招。

# 第七十九章　和大怨必有余怨

和大怨，必有余怨，安可以为善？是以圣人执左契，而不责于人。有德司契，无德司彻。天道无亲，常与善人。

【语译】

调和大的怨恨，一定会有余留的怨恨，这哪里能说是好办法呢？因此圣人好像拿着借据存根，却并不向人索取偿还。有德的人就像掌握借据那样从容大度，无德的人好像掌管税收那样苛刻计较。自然法则是没有偏爱的，总是帮助善人。

【解读】

"和大怨，必有余怨。""和"是调和的意思，调和大的怨恨，必定有余留的怨恨。这是不是指调和大怨没有必要呢？不是！老子的意思是说深重的怨恨是难以彻底调和的，所以调和并不是一种好办法。

"安可以为善？""安"，疑问代词，"哪里"的意思。"善"，指好方法。那怎样做才能没有大怨呢？当然不能以怨报怨，冤冤相报何时了。老子是主张以德报怨的。可要解除"大怨"，光靠报德也是不现实的。老子认为最彻底的办法，就是不结怨。从源头上解决问题，也就是无为而治。

"是以圣人执左契，而不责于人。""契"就是契券，相当于现代的借条。古代借贷金钱、粮食、财物都用契券，用竹木制成，劈为左右两片，刻上相同的文字，

寒山图

记着借贷的金钱、粮食、财物的名称、数量、人名等，中间刻横画。左片刻着负债人的姓名，由债权人保存；右片刻着债权人的姓名，由负债人保存。左片叫左契，右片叫右契。索取债物时，两契相合就是凭据。这里"执左契"，就是拿着刻着负债人姓名的借据存根，说明"圣人"就是债权人，所以可以"责于人"，即向借债人讨债。但圣人却"不责于人"，说明有道的统治者的宽厚、仁慈、大度。

"有德司契，无德司彻。""司契"，就是掌管契据。司契的人总是借钱给别人，乐善好施，只凭契据来收取，所以显得宽厚大度，受人欢迎。"司彻"，就是掌管税收，"彻"是周代规定农民按收成交租的税收制度。司彻的人收税时总是斤斤计较，唯恐交租人少交、漏交，所以显得苛刻严酷，令人讨厌。老子将有德的人比喻为"司契"，将无德的人比喻为"司彻"。老子反对像"司彻"那样用严酷的税收和刑罚来压榨人民，"司彻"必然遭到人民的怨恨和反抗；主张像"司契"那样，"执左契而不责于人"，不逼迫百姓，不干扰百姓的生活，宽厚大度。"司契"必然受到百姓的欢迎和拥护。"司彻"是有为而治，是刑治；"司契"是无为而治，是德治。

其实我们每一个人的人生态度又何尝不像"司契"和"司彻"那样呢？有的人待人宽容大度，有的人待人苛刻严厉，结果得到的回报也就截然不同。

"天道无亲，常与善人。""天道无亲"与"天地不仁"（第五章）的意思相同，"亲"是偏爱的意思，这是就自然之天也就是自然规律而言的，说明"天"的公平性；"常与善人"，"与"是帮助的意思，这是就主宰之天也就是有意志、有神灵之"天帝"而言的，说明"天"的倾向性。你做善人，不逼着别人还债，老天会善报你的。两者看似矛盾，可又是统一在一起的。

所以说，那些大的怨恨是难以去彻底调和的，最好的办法是一开始就不产生怨恨。老子是最彻底的，从自己身上找原因，才能彻底铲除产生怨恨的根源。

# 第八十章　小国寡民

小国寡民。使有什伯之器而不用，使民重死而不远徙。虽有舟舆，无所乘之；虽有甲兵，无所陈之。使民复结绳而用之。甘其食，美其服，安其居，乐其俗。邻国相望，鸡犬之声相闻，民至老死不相往来。

【语译】

缩小国土，减少人口。即使有各种器具也不使用，使人民珍重生命而不远走他乡。虽然有船只车辆也不必乘坐，虽然有铠甲兵器也无意陈列。让人民再使用结绳记事的办法。让他们觉得吃得甘甜，穿得美好，住得安适，习俗欢乐。邻国之间互相看得见，鸡鸣狗叫的声音相互听得见，但人民直到老死也不相互往来。

【解读】

这一章生动描述了老子理想的社会结构、理想的国家模式。

"小国寡民"，"邻国相望，鸡犬之声相闻"，一幅多么宁静、悠然的乌托邦景象！这个"小"和"寡"都是动词，"小"就是缩小，缩小国土。"寡"就是减少，减少人口。这是老子对当时统治者"广土众民"——用武力扩大自己的疆土、侵略别国、俘虏民众行为的不满和反对。老子从原始农村的宁静、自然的生活中得到启发，如果每一个国家都能像这种原始村落一样，就不会有战争——"使有什伯之器而不用"，"虽有甲兵，无所陈之"。"什伯之器"指各种各样的器具，包括

竹庐山房图

兵器。"甲兵",铠甲和兵器,泛指武器装备。"陈"指陈列,一说同"阵",即摆列阵势。即使有各种各样的器具,但是却不去使用它。虽然有铠甲和兵器,但是不去把它陈列出来,不要去用它。

在这样的社会里,"民重死而不远徙",看重生命,说明不轻易冒险,不愿出兵征战,不朝远方迁徙。"虽有舟舆,无所乘之",舟舆就是船和车,因为是小小的国家,所以没有必要乘车船。"使民复结绳而用之",结绳记事是远古时期文字发明之前,人民采用的记事方法,在绳子上打结,绳上的结有不同的打法,本部落的人一看就明白了。老子主张不用文字,重新回复到远古时代,后来庄子也描述了这种原始生活,称之为"至德之世"(《庄子·胠箧》)。当然在当今社会,这是不可能实现的。很多人以此认为老子反对一切文明产品,回到原始社会,因而是落后的、消极的、出世的,其实这是对老子的误解。

老子真正追求、真正向往的是和平、安宁的"理想国",是"甘其食,美其服,安其居,乐其俗"的平静生活,是恬静、淡泊的心灵家园。甘、美、安、乐都是意动词,觉得甘甜、觉得美丽、觉得安适、觉得快乐。说明虽然在现世食物不丰厚、服饰不精美、居处不安适、习俗不安乐的情况下,但只要人人都回归自然淳朴的本性,就会有甘甜、美好、安适、快乐的感觉,就会回归到平和、清静的精神家园、心灵世界。《论语》中记载的颜回不就是这样吗?"一箪食,一瓢饮,居陋巷,人不堪其忧,回也不改其乐,贤哉,回也。"他居住在陋巷,吃的也不好,粗茶淡饭，但他觉得特别美，幸福不就是一种感觉吗？人人都能这样，相互之间就可以相安无事，而不需要依靠政治、法律来维持。在这样的社会里，社会秩序、人伦关系、道德习俗都是自然、本真、和谐的。

"邻国相望，鸡犬之声相闻。"国与国很小，实际上就相当于一个个自然村，所以鸡犬叫的声音都能相互听得见，但那已经是另外一国了。"民至老死不相往来。"人民住这么近，但老死了也互相往来。有的时候往来多，是非也多，走动干吗呢？自足自乐就完了。其实我理解老子是要建构一种"小国寡民"的，馨宁安逸的国度，这才是真正的和谐社会。

陶渊明的《桃花源记》正是老子"理想国"的生动写照。当今社会文明进步，日新月异，物质生活水平不断提高，可是人生的烦恼却反而增多，幸福指数反而降低，怎样消除现实中的纷扰、争斗、焦虑、痛苦？我想，体悟老子的思想，回归心灵的"桃花源"，或许是一种明智的选择。

# 第八十一章　信言不美

　　信言不美，美言不信。善者不辩，辩者不善。知者不博，博者不知。圣人不积，既以为人，己愈有；既以与人，己愈多。天之道，利而不害；圣人之道，为而不争。

**【语译】**

　　诚信的言语不漂亮，漂亮的言语不诚信。善良的人不巧辩，巧辩的人不善良。智慧的人不广博，广博的人不智慧。圣人不私自保留，尽全力帮助别人，自己反而更富有；尽全力给予别人，自己反而更丰足。自然法则，是有利万物而不加害万物；为人准则，是帮助别人而不与别人相争。

**【解读】**

　　"信言不美，美言不信。善者不辩，辩者不善。知者不博，博者不知。"老子不愧为辩证法大师！你看这里一开头就用了三个排比句，充满了辩证智慧。"信言"与"美言"、"善者"与"辩者"、"知者"与"博者"构成三对相反的关系，"信言"、"善者"、"知者"的共同点是真实，"美言"、"辩者"、"博者"的共同点是浮华，两者是相对的，排斥的，但也是可以转化的。

　　诚实的话由于朴实，所以不华丽，不动听；反过来，华丽的话，由于动听，往往夸张、虚假，所以不诚实。善良的人，由于本质纯真、朴素，所以不必能言善辩；反过来，能言善辩的人，由于看重口才，喜好辩论，往往强词夺理，失去本真，所以不善良。智慧的人，由于明察事物的简单本质，总是把复杂问题简单化，所以不必去追求知识的广博；反过来，追求知识的广博人，由于注重知识的积累和丰富，往往把简单的问题复杂化，所以并不智慧。

老子看到，现实生活中人们往往只注重表面的东西，看不到它的背后、它的深层次的东西，所以才用这种"正言若反"的句式揭示外在形式与内在本质的不同。通过信与美、善与辩、知与博三对范畴的探讨，实际上说明了一切对立范畴如真与假、美与丑、善与恶，都不仅仅是矛盾关系，同时又暗示了它们之间具有转化性。信言、善者、知者如果不能坚持，或者加上意念、欲望，就会变成美言、辩者、博者。同样，美言、辩者、博者如果加以改变，就会变成信言、善者、知者。

"圣人不积，既以为人，己愈有；既以与人，己愈多。""圣人不积"，说明有道明君不积累、不保留、不收藏、不停滞，一切都回归于虚无之"道"，也就是做一个信言、善者、知者。所以他尽全力帮助别人越多，自己得到的反而就越多；为他人付出的越多，自己收获的也越多。《庄子·天道》中描述了这种情况："天道运而无所积，故万物成；帝道运而无所积，故天下归；圣道运而无所积，故海内服。"

"天之道，利而不害；圣人之道，为而不争。"天之道啊，是利益万物而不会加害万物，水不就是道的化身吗？水善利万物而不争。因此圣人之道是符合天之道的，得道的人——圣人，也是道的化身，他帮助别人，不与别人相争斗。老子一贯反对为了私欲去妄为、去争夺。"不争"不是消极，也不是颓废，而是要顺应朴素的自然、顺应清

听琴图

净的本性，自然而然地发挥自己的才能。"不争"不仅是不与别人去争，而且是不与自己去争。这样才能保持一种不急不躁、淡泊自然、宁静安详的心境，才会有快乐感、幸福感。

"不争"是一种人格，更是一种境界。

唐代大诗人白居易的《感兴》诗可谓参透《老子》的人生智慧：

吉凶祸福有来由，但要深知不要忧。

只见火光烧润屋，不闻风浪覆虚舟。

名是公器无多取，利是身灾合少求。

虽异匏瓜难不食，大多食足早宜休。

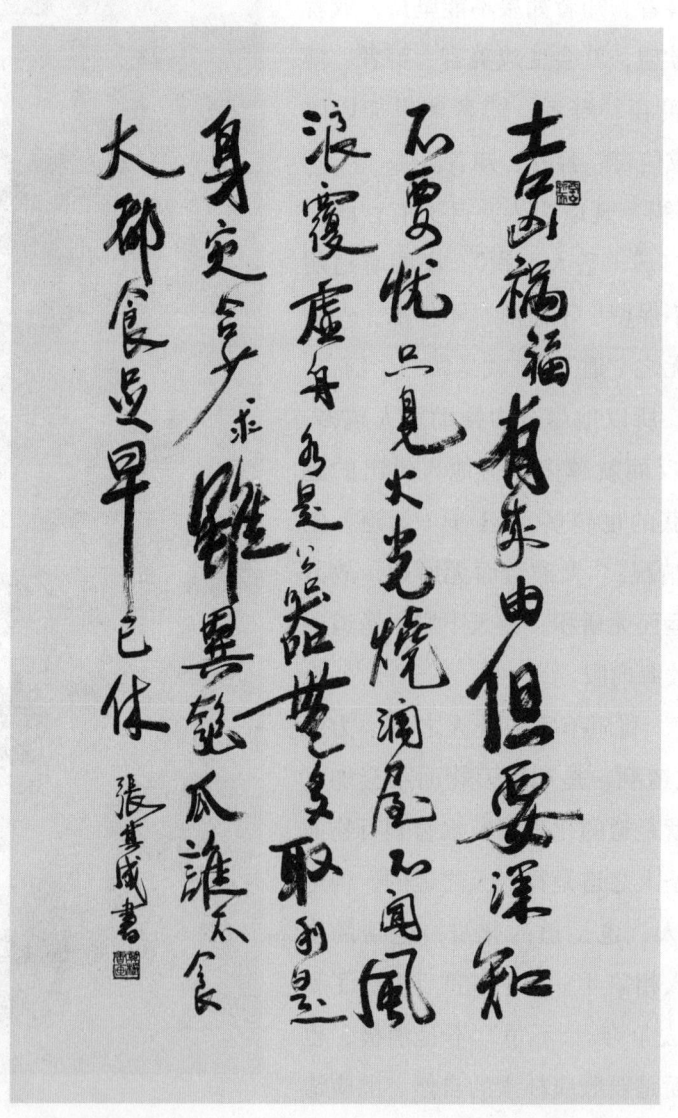